러시아의 동아시아 외교전략

― 중국에 맞서는 러시아와 ASEAN의 연합전선

서 미 애

늘봄

러시아의 동아시아 외교전략

— 중국에 맞서는 러시아와 ASEAN의 연합전선

냉전의 종식과 함께 세계는 정치, 경제, 특히 군사 전략적인 부분에서 범세계적일 뿐만 아니라 국지적으로 커다란 역사적인 변화를 겪었다.

이로 인해 발생한 새로운 힘의 구도 속에서 동아시아의 경제 강국인 일본, 지역 리더를 꿈꾸는 중국, 역내에서 비중 있는 역할을 수행하면서 자신의 입지를 굳혀나가고자 하는 한국, 동남아국가연합(ASEAN) 및 러시아의 동아시아 역내 주도권 잡기를 위한 힘겨루기는 가속화되는 양상을 보이고 있다. 강국들은 모두 냉전 종식 후 역내에 형성되고 있는 새로운 국제관계 구도가 자신들의 이권에 부합되도록 하기 위해 다방면에 걸친 노력을 하고 있는 것이다.

러시아의 공식적인 대외정치 목적은 러시아에 유리한 국제환경을 만들고, 주변 모든 국가들과 우호관계를 유지하면서 민족이익을 최대로 극대화 하는 데 있다.

러시아가 이러한 자신의 대외 정치 목적을 성공리에 달성해서 세계 초강국으로 남고자 하는 거시적인 목적을 달성하기 위해서는 유럽에 속하면서 동시에 아태지역에 속하는 자신 만의 독특한 특수성을 잘 조화시켜야 할 것이다.

러시아는 국민들의 복지 수준을 높이면서 국제 사회에서 존경 받을 만한 자리에 위치할 수 있도록 외교적인 노력을 기울이고 있는데, 이러한 목표는 성취를 위한 수단이나 방법에 변화가 있었을 뿐 냉전 후 러시아를 이끌어 가는 대외정치의 중요한 목표로 자리매김 되어 있는 것에는 변함이 없다.

이 책은 우선 정치, 경제, 군사, 과학 기술 부분에 있어 세계적인 강국이었던 소련의 직위를 러시아 연방이 계승하고 있다는 현실성으로부터 출발한다.

냉전의 종주국이었던 나라를 계승한 러시아 연방이 그동안 그들에게는 등한시 되어 왔던 지역인 아태지역에서 어떻게 대외정치 구도를 만들고 이끌어 나가는지에 대해 연구하는 것은 오늘날 빠르게 바뀌고 있는 역내 정치, 경제 상황을 고려할 때 아주 복잡하면서도 흥미로운 일이라 할 수 있다.

아태지역 내에서 동북아시아는 러시아에게 커다란 정치, 경제, 지전략적인 무게를 가지고 있다. 한편 중요성을 따라 그 다음 순으로 동남아시아를 꼽을 수 있다. 특히 동남아시아 국가들 중에는 소련 시절 신뢰할만한 동조자였던 동인도차이나가 위치하고 있다.

최근 들어 모든 동남아시아 국가들의 이익을 대변하는 지역조직으로의 정비를 마치고 아태지역에서 명실공히 새로운 힘의 진원지로 부상한 동남아국가연합은 동아시아의 정치, 경제 상황 발전에 지대한 영향력을 행사할 수 있는 거점으로 아태지역 국가들의 이목을 끌고 있다.

냉전 종식 후 근 10여년에 걸쳐 동남아 모든 나라들을 포괄하는 연합체로 거듭난 ASEAN과 또 다른 하나의 탈냉전의 산물인 러시아와의 대외정치 형성의 관점과 특수성들을 연구하는 것은 동아시아의 중심 국가로 거듭나고자 하는 한국에게 대외정치의 관점이나 국제관계를 정립하고 아태지역의 역내 질서를 더 잘 이해하는 데 직.간접적으로 많은 도움을 줄 수 있을 것이다.

차 례

I 장

소련/러시아와 동남아연합(ASEAN)의 정치 관계

1. 소련과 ASEAN의 정치 관계

2. 러시아와 ASEAN — 소극적 단계 1991 - 1995

3. 변혁의 단계 — 1996 - 2002

1. 소련과 ASEAN의 정치 관계

1970년대 후반 인도차이나에서 미국이 철수한 후에 형성된 힘의 공백을 고려하면서 소련은 베트남으로 위시 되는 역내 공산주의의 전초기지를 강화하여 동남아시아에서 자신의 정치, 경제적인 입지를 강화 시키려 노력했다.

냉전의 시기 동안 모스크바는 한국, 미국, 일본, 중국 등 거의 모든 아태지역 국가들과 대립 관계에 있었다. 이 국가들은 하나의 반소련 전선을 형성하여 소련에 대치했다. 한편 소련은 이러한 반소련 전선에 맞서기 위한 방편으로 동남아시아에 위치한 베트남을 전략적 파트너로 삼아 아태지역에서 자신의 입지가 약해지는 것을 막고자 했다.

1960년대 중반 인도네시아에 있었던 심각한 정치적인 변화는 활발했던 소련과의 관계에 부정적인 영향을 미쳤다. 1965년 9월 30일 사건 후에 인도네시아 공산주의 자들에게 가해진 많은 제재들이 소련 지도부의 비난을 사게 된 것이다. 이 사건 이후로 인도네시아에는 서방 우호 세력의 활동이 눈에 띄게 활발해졌다. 새로운 지도층은 대외 외채 상환에 있어 모라토리움을 선언하고, 공산주의 국가들과의 기술-경제적, 문화적 협력을 억제했다.

소련과 ASEAN[1] 회원국들의 국제문제에 대한 견해가 무기경쟁의 제한, 동남아시아에 긴장의 거점 청산, 인도양을 평화와 안정의 지역으로 변화시키는 것, 식민지 정책과 인종차별주의의 비난 등과 같은 포괄적인 문제들에 있어 비슷하고, 일치하는 부분이 많았음에도 불구하고 소련은 80년대 중반까지 하나의 조직으로서 ASEAN과의 관계를 맺을 시도를 하지 않았다.

이것은 1967년 ASEAN의 창립이 많은 부분에 있어 소련의 신뢰를 얻지 못했기 때문으로 설명될 수 있다. ASEAN 회원국들의 정치적인 제도가 반공산주의적인 성격을 띠는 것과 그들의 친서방주의 대외 정치는 소련으로 하여금 동남아연합을 '제국주의 블록' 그리고 '제2의 동남아시아 조약기구(SEATO)[2]'로 간주하게 하는 원인을 제공했다.

ASEAN의 설립 목적이 동남아시아에 평화의 지지, 회원국들의 경제와 문화적인 발전의 조성임이 공식적으로 성명되었음에도 불구하고 모스크바는 동남아연합 창립자들이 ASEAN에 덧붙일 수 있는 군사적인 성격에 신경을 곤두세웠다.

비록 동남아연합 회원들이 개별적으로 베트남에서 일어나고 있는 무력충돌에 미국과 사이공측에 서서 직간접적으로 연루가 되었다 할지라도, ASEAN이라는 기구의 이름으로는 한번도 베트남 전투에 직접적으로 참여한 적은 없었다.

태국과 필리핀은 남부 베트남에 소수이긴 하나 군부대를 파병했다. 자신들의 영토에 있는 군사기지로부터 남부 베트남으로 전투병력, 무기, 탄약을 공급하고, 비행장에서는 전투기나 폭격기가 이륙했다. 싱가포르에서는 미국의 무기 및 군장비가 수선되기도 했다.

ASEAN 회원국들의 정치, 군사적인 지지를 감지한 사이공정권은 여러 번에 걸쳐 동남아연합의 회원국이 되려는 시도를 했으나 준수자의 자리에 도달하는데 그쳤다.

이런 상황 속에서 소련 지도부는 동남아시아에 미국, 일본, 중국의 영향력에 대항세력으로 자신을 이용하고자 하는 나라들과의 쌍방관계를 발전시키면서 ASEAN을 기구로 인정하지 않았다.

한편 설립 초기에 국제적인 성격의 문제들에 있어 ASEAN 회원국들이 갖는 입지가 미미한 것이었으나 상기에서 언급한 국제 문제들에 대한 소련과 비슷한

---

1) The Association of South East Asia Nations은 1967년 8월 인도네시아, 말레이시아, 필리핀, 싱가포르, 태국 등 5개국에 의해 지역안보와 경제협력을 통한 동남아 국가들의 공동발전이라는 목적 아래 조직되었으며, 1984년에 브루나이, 1995년에 베트남, 라오스, 미얀마, 1999년 캄보디아를 마지막으로 동남아시아 전 국가를 포함하고 있는 명실 상부한 지역 협력체로 오늘에 이르고 있다.

2) South East Asia Treaty Organization.

견해들이 회원국들의 정치에 이런 저런 모양으로 존재하고 있어 이것이 객관적으로 소련과 동남아연합 회원국들의 쌍방 접촉을 성립하게 만드는 요소가 되었다.

인도네시아에서 일어난 공산주의자들의 탄압으로 인해 인도네시아와 소련과의 관계가 악화되는 면이 있었으나, 이것이 발판이 되어 다른 ASEAN 회원국들과 소련이 외교적 접촉을 하게 되는 계기가 되었다. 1967년에 소련은 말레이시아와 외교적 수교를 맺었고, 일년 뒤 그 뒤를 싱가포르가 이었다. 1970년 9월에는 싱가포르 수상 이관유(Lee Kuan Yew)가 모스크바를 방문했다. 이것은 ASEAN 국가 대표의 첫 소련 공식 방문이었다. 싱가포르와 말레이시아의 소련과의 관계 발전은 동남아시아에 힘의 균형을 유지하기 위한 방안으로 간주되었다.

쌍방은 각각 나름대로의 안보 시스템 형성을 위한 방법들을 채택했다. 소련은 아시아 전체의 안보에 관심이 있었던 반면 ASEAN은 좀더 구체적으로 평화, 자유, 중립 지대 형성(ZOPFAN)[3]에 기초한 동남아시아의 안보에 중점을 두었다. ZOPFAN 사상은 소련의 지지를 받았고 ASEAN 국가들과 소련 간의 대화의 기반을 넓히는 역할을 했다.

1972년 9월 29일부터 10월 5일까지 말레이시아 수상 압둘라작(Abdul Razak)이 소련을 방문했다. 1976년 여름 필리핀 대통령 마르코스(Ferdinand Marcos)의 모스크바 방문도 좀더 균형 있는 대외정치를 수행하고, 소련과 외교적 수교를 맺기 위한 노력의 일환이었다. 필리핀 대통령의 방문으로 소련은 모든 동남아연합국들과 공식적인 교섭을 갖게 되었다.

마르코스 대통령 방문 기간 동안 대사급 수준에서 외교대표부들을 교환하는 것에 대한 공동성명서가 조인되었다. 이것은 양국 관계의 새로운 시작을 알려주는 커다란 사건이었다. 공동성명서에서 양국은 평화적인 공존, 상호 주권 및 영토 보장, 내정의 불간섭 그리고 UN 정관에 기초한 평등과 상호 이익을 존중하는 것에 합의했다. 이밖에 과학-기술 분야에서의 협력, 문화, 교육, 스포츠의 교류 확대를 위해 양국이 노력할 것 이라는 내용이 성명서에 포함되어 있다. 이와 더불어 방문시 체결된 무역협약서는 상호 무역 확대를 위한 계기를 마련해 주는 것이었다.

그러나 "유감스럽게도 이후 시기 동안 객관적인 요소들을 포함, 여러 원인들로 인해 양국 관계의 무한한 가능성이 많은 부분에 있어 현실화 되지 못했다"고

---

3) Zone of Peace, Freedom and Neutrality in Southeast Asia.

러시아 외교관인 벨르이(М. Белый)는 전한다.[4]

　　소련과 수교를 맺으면서 동남아연합 국가들은 경제적인 부분도 고려를 했었다. 그들은 자신들의 대외교역을 다변화할 수 있기를 기대했고, 특히 서방에서 그들이 생산하는 원료제품의 여러 종류에 대한 수요가 감소하고 있는 시점에서 이를 보완하는 차원으로 소련 시장으로의 침투를 의도하고 있었다. 이것은 국영 기업체뿐만 아니라 민간 사업체들의 거대한 사회주의 국가 시장에 대한 관심에서 비롯되었다. 모든 나라들과의 협력이 자신들의 경제 성장의 속도를 가속화 시킬 수 있다는 논제 하에 필리핀이 내세우고 있는 '발전을 위한 외교'[5]는 이에 대한 증명이라 할 수 있다. 태국 또한 정치, 경제, 사회적인 제도의 차이에 개의치 않고 모든 나라들과 경제, 교역 관계 및 우호적인 관계를 발전시키겠다는 의도를 성명하기도 했다.

　　그러나 동남아연합국들의 소련에 대한 경계심은 계속되었고, 철저히 실용주의적인 차원에서 관계를 유지했다. 소련과 중국의 거센 정치-이데올로기적인 반목의 상황에서 ASEAN 국가들은 중국과의 관계를 정상화시켰다.

　　1975년 봄 남부 베트남과 캄보디아의 친미정권이 무너진 후 25차 소련공산당전당대회에서는 모든 동남아시아 앞에 '새로운 지평선이 열렸다'는 환영의 메세지가 성명되었다.[6]

　　베트남이 통일된 후 ASEAN 회원국들은 공산주의로부터 오는 위협에 대항하려 동남아연합 내에서 군사적인 협력을 넓혀가려는 경향을 보이는 한편, 베트남과 폴포뜨(Полпота) 정권이 이끄는 캄보디아와의 협력관계 발전에도 많은 노력을 기울였다.

　　70년대 일정 부분 미국과 소련의 정치 군사적인 경쟁의 약화와 인도차이나 국가에서의 변화는 소련과 ASEAN 회원국들과의 관계가 적극성을 띠도록 만들었다. 외무장관에서 부통령까지 역임했던 인도네시아의 아담말릭(Адам Малик)에 따르면 긴장요소의 완화, 무장해제, 신식민주의와 인종차별주의에 대한 공동 대항, 인민의 평화와 안전 보장과 같은 현대화의 중요한 문제들에 있어 쌍방의 공통된 견지가 소련과 인도네시아 사의의 협력관계 발전을 위한 굳건한 기반을 만들어 주었

---

4) Международная жизнь. No.6, 2001, С.59
5) Дипломатия на службе развития
6) Материалы XXV съезда КПСС.-М., 1976. С.6

다고 전하고 있다.

베트남의 재통합과 공산주의 선언은 모스크바에게 동남아시아에 공산주의 세력을 넓히는 국제적인 사건으로 인식되었다.

소련은 ASEAN의 활동에 이데올로기적인 요소를 가미하려는 군국주의 세력에 대항하여 ASEAN 스스로 동인도차이나의 사회주의 국가들과 향후 협력을 강화하려는 의지를 가지고 있는 것에 대해 지지의사를 밝혔다.

이렇게 ASEAN의 활동에서 두 가지 경향이 나타나고 있음을 확인할 수 있었다. 첫째 동남아시아 국가들 이권 속에 지역내 협력 발전, 둘째 제국주의와 반동세력의 이권 속에 ASEAN을 군사-정치 블록으로 변화시키는 것. 결론적으로 이 두 경향 사이의 대립이 ASEAN 내에서 일어나고 있는 것이다.

소련은 중국과의 관계가 대립적인 성향을 갖게 되자 ASEAN 국가들을 중국의 독재하에 두고자 하는 중국 지도층의 의도에 맞서 대항하는 ASEAN의 노력을 눈여겨 보기 시작했다.

한편 캄보디아의 국경에서 베트남과 함께 그 지역을 긴장 상태로 몰고 가고 있는 폴포트 정권의 모험주의 적인 정치로 인해 동남아시아의 긴장완화의 시기는 그리 오래가지 못했다.

이런 상황 속에서 1978년 11월 소련과 베트남은 우호와 협력에 관한 조약을 체결했다. 이 조약은 의심할 나위 없이 많은 부분에 있어 베트남의 캄보디아에서의 활동을 지지해 주는 것이 되었다.

쌍방은 세계적인 평화와 국민들의 안전 보장을 포함 모든 분야에서 협력을 강화하고 넓히는데 최선의 노력을 기울일 것을 약속했다. 만약 그들 중에 한쪽이 공습의 대상이 되거나, 침략의 위협에 놓이게 되면 쌍방은 그러한 위협의 퇴치를 위해 즉시 상호 협의에 들어가고 그들 나라의 평화와 안보 보호를 위해 상응하는 효과적인 방법을 채택하기로 했다.[7]

1978년 12월 말 베트남은 자신들의 병력을 폴포트의 친중국 정권이 타도된 캄보디아에 배치했다. 결과적으로 인도차이나에 ASEAN을 포함한 아태지역 나라들 대부분과 소련간의 반목의 매듭이 생기게 된 것이다. 아태지역 국가들은 소련이

---

7) История международных отношений и внешней политики СССР, том третий, 1970-1978 годы, редактор тома профессор Г.В. Фокеев, С. 290.

캄란(Камрань)을 군사기지로 제공한 베트남의 도움으로 동남아시아에 침투하려 하고 있다고 간주했다. 베트남의 캄란 제공은 예전에 소련에게 허용되지 않았던 동남아시아 국경으로 소련이 접근할 수 있는 길을 터준 셈이 되었다.

하노이의 이러한 결정을 부득이한 것으로 간주하는 인도네시아 정부조차 베트남이 스스로 지역 내부적인 일에 강국 중에 하나를 끌어들였다며 안타까움을 표했다. 소련과 베트남이 우호, 협력 조약을 체결한 후 인도네시아 외무부 장관 쿠수마트마쟈(М. Кусуматмаджа)는 베트남이 다른 길을 선택할 수 있도록 양자택일의 기회를 주어야 한다고 주장했다.

소련의 베트남에 대한 원조는 캄보디아와 라오스에게 '맏형'의 역할을 담당해야 하는 베트남의 물질적인 부족분을 채워주면서 동인도차이나에서 베트남의 입지를 강화시켰다. 아울러 소련은 중국에 대한 대항 세력으로 베트남을 무장시키면서 미국의 경제 재제 속에 베트남의 경제를 지탱해 주는 힘이 되어 주었다.

다른 한편 모스크바의 정책노선에 대한 하노이의 전적인 지지는 동남아시아에서 소련의 입지를 강화시켜주었고, 소련 지도층으로 하여금 인도차이나 문제에 적극적으로 영향력을 행사할 수 있도록 해주었으며 필요에 따라 중국에 압력 행사를 가능하게 했다.

ASEAN 국가들 특히 전방국가(прифронтовое государство)로서 태국은 하노이에 대한 모스크바의 지지에 대해 강력하게 반발했다. 태국의 민족안보회의 비서실장 순시리(П. Сунсири)는 소련이 베트남에게 물질적인 도움을 주면서 그로 하여금 캄보디아를 점령하게 하여 태국의 안보와 동남아시아의 평화를 위협하고 있다고 성명했다.

ASEAN은 당시 국제사회에서 소련의 가장 적수였던 중국 및 미국과 한 진영이었다. 1979년 가을 소련군의 아프가니스탄 주둔은 ASEAN과 소련의 관계를 더욱 소원하게 만들었다. 동남아연합 회원국들은 이러한 일련의 사건과 캄보디아를 둘러싼 소련과 베트남의 연맹을 자체 힘 뿐만 아니라 지역 동조자의 도움으로 소련이 자신의 영역을 아시아로 확장하는 것이라고 평가했다.

1979년부터 소련과 ASEAN의 상호 관계를 결정짓는 근간이 되는 문제는 캄보디아를 둘러싼 분쟁이었다. 80년대 초반 국제정세의 팽팽한 긴장감, 소련과 미국의 분쟁이 심화되는 상황 속에 ASEAN의 소련에 대한 비판적인 인식은 극에 달하게 되었다.

    국제적인 정세 악화에 대한 〈소련과 미국의 책임〉이란 주제를 놓고 ASEAN 국가들의 대중매체들은 소련이 더 근본적인 원인을 제공하고 있다는 입장을 폈다. 그들은 소련이 베트남을 지지해 주는 것은 강국이 지역 내부 일에 간섭하는 것이라고 평가했다. 이런 세태 속에 소련은 ASEAN 나라들을 두 개의 그룹 즉 싱가포르와 태국과 같은 반베트남 국가들 그리고 말레이시아와 인도네시아처럼 중도의 입장인 국가들로 나눴다. 당시 모스크바에서는 싱가포르와 태국은 캄보디아에 반공산주의 시스템을 강요하려 하고, 필리핀은 미국의 보호 아래 약간 동떨어져 있고, 인도네시아와 말레이시아는 소련뿐만 아니라 중국으로부터 오는 통제 속에 그들이 갇히는 것을 피하고, 무력 충돌을 막아 보려 노력하면서 동인도차이나 국가들과의 관계를 정상화 하려 하는 것으로 간주되었다.

    실제로 베트남이 한쪽으로 편중되지 않고 중립적인 입장으로 되돌아 오게 하려는 인도네시아와 말레이시아의 노력은 1980년 말레이시아 콴탄(Куантан)에서 수하르토(Soeharto) 대통령과 후세인 온(Datuk Hussein Onn) 수상이 채택한 성명서에 기록되어 있다. 콴탄 성명은 인도차이나의 내부 일에 소련이나 중국과 같은 강국이 간섭하지 말라는 호소였다. 또한 유럽이나 일본과 같은 선진 국가들이 베트남의 경제를 재 건설하고 발전시켜 줄 뿐만 아니라 베트남으로 하여금 정치, 경제적으로 독립성을 갖도록 도움을 줄 것을 제안하고 있다.

    콴탄 성명 주창자들은 베트남에게 있어 캄보디아가 그의 안보 보장의 측면에서 중요한 전략지대임을 인정하고 베트남의 캄보디아에 대한 영향력의 유지를 허용하는 대신 소련으로부터 더 독립적인 국가가 되도록 하노이의 동의를 구하고자 했다. 본질적으로 이 성명은 베트남에 대한 중국의 압력을 약화시켜 소련이 지역에 남아있을 원인을 제거하는 데 있었다. 중국으로부터 오는 군사적인 위협이 실제로 줄어들면 소련으로부터 멀어져서 ASEAN, 유럽, 일본 등과 관계를 정상화 시키겠다는 베트남의 제안이 있었기 때문이다.

    자카르타에 따르면 한편으로 베트남의 안보 문제를 총체적으로 고려하고 다른 한편에서는 ASEAN 국가들 특히 전방 국가인 태국이 납득할 만한 문제 해결 방법이 필요로 되었다.

    소련 정부는 동인도차이나 세 나라와의 '형제애'를 강화하는 측면에서 캄보디아 문제에 대한 베트남, 라오스, 캄보디아의 제안을 전적으로 지지하고 아울러 ASEAN 국가들에게 동남아시아에 평화와 안정에 대한 조약 체결시 동인도차이나 국가들의 제안을 정당하게 평가해 달라고 권고했다.

소련은 동인도차이나와 ASEAN 국가들의 상기 조약 체결 후에 이 조약의 국제적인 승인을 목적으로 열릴 수도 있는 국제 회의에서 만약 참가하는 안전보장 이사회 상임위원들이 모두 이에 동의한다면 자신도 기꺼이 이에 참여할 준비가 되어 있다고 성명했다.

1981년 2월 소련 정부의 지령에 따라 인도네시아, 말레이시아, 싱가포르, 필리핀 등에 주재 소련 대사들은 동남아시아에서 베트남, 라오스, 캄보디아의 입장 및 그들의 건설적인 주창들을 지지하는 성명을 일제히 발표했다.

또한 1981년 12월에 베트남에서 열린 전 사회주의 국가 외무부 차관 회의[8]에서 표명된 베트남에 대한 지지는 비공산주의 세계에 새로운 전시 효과를 주었다. 이 회의 참가자들은 동남아시아 국가들이 자신들의 지역 문제 해결을 위해 무엇보다도 우선적으로 대화에 나서야 함을 강조하고, 지역 내 평화와 안정을 위한 인도차이나 세 국가들의 수고와 노력에 찬사를 보낸다고 말했다. 또한 동남아시아 모든 국가들과 우호적인 관계를 발전시키고, 이 지역을 평화와 우호, 협력의 지역으로 바꾸기 위해 정기적으로 의견교환을 할 준비가 되어 있음을 설명했다.

1984년 모스크바에서 이루어진 인도네시아 외무부 장관 쿠수마트마쟈(Кусуматмаджа)와의 회동에서 당시 소련 외무부 장관이었던 그로므이코(A. Громыко)는 인도차이나와 ASEAN의 관계가 너무 얽혀 있어서 대화로는 도저히 해결할 방법이 없는 그러한 복잡한 문제는 없다고 말했다.

캄보디아 및 베트남 문제에 대한 소련의 정치 노선은 고르바초프(M. Горбачев)를 선두로 하는 새로운 권력층이 생긴 후에도 빠른 변화를 겪지는 않았다.

고르바초프가 지휘한 뻬레스트로이카(перестройка) 첫 단계에서도 소련의 아태지역에 대한 정책의 주요한 내용은 줄 곧 유지되어 왔던 것과 별반 차이 없이 베트남, 라오스, 캄보디아를 내세워 사회주의의 국제적인 입장을 강화시키는 것에 있었다. 소련은 이 정책노선 안에서 모스크바와 하노이에게 유리한 분위기가 조성되어 있는 동남아시아의 당시 상황을 그대로 유지하기 위해 인도차이나 국가들에게 군사적 원조 규모를 넓히고, 그들의 제안이나 발의를 최대한 지지해 주는 방안

---

8) 당시 이 회의에 참가한 국가들은 소련, 동독, 불가리아, 헝가리, 몽골, 쿠바, 폴란드, 체코슬로바키아, 베트남, 라오스, 캄보디아 이다.

들을 검토했다.

이러한 모든 것은 동남아시아 국가들을 늪에 빠지게 하는 분쟁이 유지되도록 하고 ASEAN의 동인도차이나에 대한 불신을 깊게 했으며 지역내 무기경쟁 및 반목을 강화시키는 역할을 했다.

유엔에 산정된 여러 가지 국제 문제들[9]의 결정에 있어 ASEAN은 소련과 많은 부분에 있어 동일한 입장을 보였고, 당시 경제법에 대해서는 미국이나 그 지지자들에 대항하여 소련과 함께 반대표를 행사하는 등 나름대로 독립적인 활동을 폈다. 그럼에도 불구하고 소련은 사회주의 이념에 갇혀 ASEAN의 높은 생존력 및 국제사회에서 이 기구의 영향력을 단지 80년도 중반 이후에야 인정하게 되었다.

소련의 몇몇 외교 관계자들에 따르면 소련과 ASEAN 회원국들과의 관계의 교착상태는 1985년까지 많은 부분에서 아태지역에 대한 소련 지도층의 보편적인 관념속에 존재하고 있는 인식 결여에 의한 것이었다. "아태지역에 대한 우리의 정치는 스스로 자책하고 있는 것처럼 어떤 일정한 부분에 있어 나태하고 적극적이지 못했다. 이 지역은 우리에게 먼 변방이었고 그들의 문제에 대해서 우리는 늘 동일한 잣대로 쟀다. 이미 예전의 기준으로 측량하기에는 이 지역이 너무도 커버렸는데도 불구하고 말이다."[10] 당시 소련의 외무부 차관이었던 로가쵸프(И. Рогачев)가 1988년 10월 1일 블라지보스톡에서 ≪아태지역: 대화, 평화, 협력≫(Азиатско-Тихоокеанский регион: диалог, мир, сотрудничество)이란 주제로 열린 국제대회 참가자들 앞에서 연설한 내용이다.

하나의 독립된 국제조직으로서 ASEAN을 대하기 위한 소련 지도층의 새로운 태도가 필요시 되었다. 1986년 고르바초프의 블라지보스톡 연설에서 처음으로 ASEAN의 활동, 소련과 ASEAN의 관계에 대한 적지않은 긍정적인 면들이 언급되었다. 이 연설에서 소련공산당 중앙위원회 서기장은 ASEAN이 추구하는 동남아시아 비핵지대 조성에 대한 사상에 깊은 관심을 표명했다.

한편 인도네시아 정치가 바나지(Ю. Ванади)는 소련 지도자의 연설문에 동남아시아에 대한 내용은 아주 미미했다고 분석하면서 소련은 캄보디아 문제를 둘

---

9) 구체적인 예를 들자면 34회 유엔 총회에서 거론되었던 중동문제 조정에 대한 문제, 남아프리카에 인종적 차별대우 퇴치, 태평양 남부 비핵화 지역 조성, 해양협정, 인도양에 대한 결의 등이 있다.

10) Проблемы Дальнего Востока. 1989, № 1. С. 6.

러싸고 여전히 베트남의 입장과 동일하기 때문에 ASEAN 국가들과 긴밀한 관계를 갖는 다는 것이 사실상 불가능하다는 해석을 하기도 했다.

그러나 소련 지도부가 아태지역의 어떤 나라도 제외함이 없이 모든 나라와 관계를 활성화하고, 군사적인 반목의 강도를 낮추며, 아태지역 경제 공동체에 적극적으로 참여하겠다라는 새로운 목표를 세우는 등 '신정치 사고'(новое политическое мышление)에 입각한 외교관계를 지향하면서 상황은 바뀌기 시작했다.

이 목표를 현실화 시키기 위해 소련은 대부분의 동남아시아 국가들과 대화를 시작했다. 1987년 3월 당시 소련 외무부장관이었던 쉐바르드나제(Э. Шевард надзе)가 태국을 방문한 것은 이런 맥락에서 첫 시도라 하겠다. 태국 방문중에 소련 외무부장관은 아시아를 포함하여 세계에 존재하고 있는 각종 문제 해결을 위해 새로운 시각이 필요함과 신뢰와 우호적인 분위기가 동남아시아 지역에 만연하게 되도록 최선의 노력을 다해야 함을 강조했다. ASEAN 설립 후 20년 동안 처음으로 있었던 소련 장관급 방문은 동남아연합 국가들에게 높게 평가되었다. 태국 신문은 쉐바르드나제 장관의 태국 방문은 캄보디아 문제 해결을 위한 소련의 노력을 반영하고 있는 것이라고 기록하고 있다. 인도차이나와 ASEAN 국가들의 총체적인 대화를 지지하는 소련과 시작된 대화를 계속 유지해 나아가야 한다는 의견이 동남아 연합 국가들 사이에 넓게 형성되었다.

1987년 여름 인도네시아 ≪메르데카≫(Мердека) 신문과의 인터뷰에서 고르바초프 대통령은 미국으로부터 상응하는 조치가 있다면 아시아에 배치되어 있는 중거리 미사일을 해체 시킬 준비가 되어있음을 성명했다. 이 성명은 두말할 나위 없이 동남아연합 국가들에게 긍정적인 반향을 불러일으켰다.

ASEAN은 모스크바가 하노이로 하여금 캄보디아에서 군사를 철수시키도록 하는 등 동인도차이나에서 좀 더 탄력적인 정치를 펼쳐나가길 원했다. 그러나 소련은 주권 국가인 베트남에 그러한 압력을 가할 수는 없었다. 하여 아프카니스탄에서 소련군 철수, 중국과의 대화 활성화, 세계 각 '위기지역'에 민족적인 화해를 호소하는 등 스스로 선행을 보이며 베트남을 감화시키는 방법을 택했다.

1987년에서 1989년 사이 ASEAN 회원국들의 모스크바 방문[11]은 오랫동안

---

11) 이 시기에 태국의 외무부 장관을 선두로 태국의 수상, 말레이시아의 수상, 인도네시아의 외무부 장관이 모스크바를 방문했다.

쌓여 왔던 소련 정치에 대한 불신감을 해소 시키는데 도움을 주었다. 말레이시아의 마하트히르(M. Mahathir) 수상과의 담화에서 고르바초프 대통령은 지역내 협력발전에 대한 ASEAN의 기여를 높게 평가하고 소련은 하나의 기구로서 ASEAN 및 그 소속 회원국들과 협력할 준비가 되어 있다고 성명했다.

　　1987년 12월 마닐라에서 열린 제3차 ASEAN 정상회담에 참석한 소련 정부는 동남아연합이 아태지역에서 중요한 정치, 경제적인 거점 중에 하나로 대두되고 있음을 인정하면서 그들과의 굳건한 협력관계 확립을 제의하는 내용을 담은 교서를 전달했다. 또한 동남아시아를 평화, 자유, 중립 지대로 만들고 지역을 비핵지대로 만들겠다는 ASEAN의 사상을 높게 평가하고 동남아연합과 상호협력 관계를 발전시킬 준비가 되어 있음을 시사했다.

　　상호 관계 발전은 각 회원국들과도 계속되었다. 1988년 12월에 쉐바르드나제 외무부 장관이 마닐라를 방문했고, 몇 달 후에 필리핀의 만글라푸스(P. Мангл апус) 외무부 장관이 모스크바를 찾았다. ASEAN 국가들과 소련의 대화의 화제는 캄보디아 문제 해결과 관련된 것에 집중되어 있었다.

　　소련의 새로운 정책 노선, 캄보디아 분쟁에서 벗어나려는 노력, 하나의 기구로서 ASEAN과 협력할 준비를 하는 등의 변화는 많은 부분에서 동남아연합 국들과의 교류 촉진을 가져왔다.

　　1989년 9월 7일부터 12일까지 있었던 인도네시아 수하르토 대통령의 소련 방문은 커다란 의미를 주는 것이었다. 인도네시아의 대통령의 모스크바 방문은 1964년 수카르노(Soekarno) 대통령 이후 25년만의 일이었다.

　　수하르토 대통령의 소련 방문의 가장 큰 성과는 소련과 인도네시아 간 우호관계와 협력에 대한 근간을 이루는 성명서의 조인에 있었다.

　　그러나 여러 세계 정세의 확연한 변화는 아프카니스탄으로부터 소련군의 철수, 소련-중국 관계의 정상화, 소련-미국의 반목의 중단, 캄보디아 문제 해결에 있어 진전이 있은 1989년 말에 이루어졌다. 당연히 이러한 국제관계의 변화는 소련과 ASEAN 간의 협력 관계 발전에도 커다란 영향을 미쳤다.

　　80년대 말에 캄보디아 주변 상황은 눈에 띄게 좋아졌다. 1989년 여름 파리에서 캄보디아 문제 논의를 위한 첫번째 국제회의가 열렸다. 베트남군이 캄보디아에서 철수했고 유엔 안전보장이사회 5개 상임이사국들은 캄보디아 문제의 정치적인 조정에 대한 계획안을 작성했다.

차츰 캄보디아 분쟁에 대한 첨예한 부정적인 국제 시각은 사라지게 되었다. 또한 캄보디아 문제가 더 이상 소련과 ASEAN의 관계 발전을 억제하지도 않게 되었다.

1990년 9월에 싱가포르 수상 이관유(Lee Kuan Yew)가 모스크바를 방문했다. 소련과 동인도차이나 국가들과의 협력관계는 소련의 《신정치 사고》 현실화의 범주 안에서 ASEAN 국가들과의 교류 확대로 인해 뒷전이 되버렸다.

미국과 중국이 베트남, 캄보디아, ASEAN에 여전히 영향력을 행사하고 있는 것과는 달리 소련은 실제적으로 정치뿐만 아니라 경제적인 부분에서 동인도차이나를 외면했다. 특히 이것은 캄보디아 문제 조정 마지막 단계에서 미국과 중국이 중재자 역할을 스스로 포기한 소련을 제외한 채 베트남을 왕래할 때 나타났다.

1991년 10월 제2차 파리회의에서 동남아연합국들은 1990년 도쿄에서 고르바초프가 제안한 아태지역 5개 강국 즉 미국, 소련, 중국, 일본, 인도 대표들의 회의 소집에 대해 《강국들의 음모》로 평가하면서 부정적인 반응을 나타냈다. 1991년에 아태지역 모든 국가들의 외무부 장관 모임을 갖자는 소련의 제의도 받아들이지 않았다.

한편, 소련의 제의들을 거부하면서도 동남아 연합은 1991년 여름 ASEAN 외무부 장관들과 그들의 정식 대화상대국들[12] 회담에 소련과 중국 대표를 손님의 자격으로 초청하는 예기치 못한 제안을 했다.

소련과 중국의 쿠알라룸푸르 회의에 참석은 국제기구로서 ASEAN과의 첫 번째 접촉이었다.

ASEAN의 수출을 위해서도 전망 있는 시장으로 나타나는 새로운 참여국들을 ASEAN 대화 기구로 끌어들여 아태지역에 대한 미국, 일본의 영향력에 균형을 잡게 하고 대신 동남아연합국들은 행동에 자유를 보호 받고자 했다.

말레이시아 수상은 쿠알라룸푸르 회의에서 "지금 소련과 ASEAN 그리고 중국과 ASEAN은 함께 대화 테이블에 앉기로 결정했다. 우리들 사이에 이데올로기적인 장애물은 이미 사라졌지만 심리적인 장애 요소들은 극복하기 위해 노력해야만 한다. 우리들 사이의 관계가 아태지역의 평화와 협력 문제에서 더 빛을 발할 수 있도록 함께 최선을 다하자"[13]라고 개회 연설을 했다.

---

12) 한국, 미국, 일본, 오스트레일리아, 뉴질랜드, 유럽연합이 당시 정식 대화상대국들이었다.

마슬유코프(Ю. Маслюков)를 위시하여 처음으로 ASEAN 대화모임에 참석한 소련 대표단은 마치 정치, 경제 시스템이 다르기 때문에 ASEAN은 소련과 더 밀접한 관계를 갖을 준비가 되어 있지 않다는 것을 나타내는 것처럼 동남아연합 외무부 장관들 회동에 소련, 중국과의 대화에 대한 프로그램은 준비되어 있지 않았었다고 첫 방문담을 남겼다.

전체적으로 소련과 ASEAN의 관계는 80년대 말까지 억제되고, 간혹 일정 부분에 대해서는 적대 관계로까지 변하는 성격을 보여주었다. 경제적인 의존으로 인한 ASEAN의 서방편중정책, 냉전의 국제적 상황, 세계적일 뿐만 아니라 지역적 수준에서 이데올로기의 반목 등이 이에 대한 원인이라 할 수 있다.

80년대까지도 소련과 ASEAN 외무부의 대외정치 노선 결정에서 이들은 서로서로에게 별 의미를 두지 않았다.

미국이나 일본, 기타 다른 국가들과는 달리 80년대 중반까지도 소련은 ASEAN의 활동을 군사-정치적인 시각에서 바라보고 있었기 때문에 하나의 기구로서 동남아연합을 인정하지 않았다. 그리고 동남아 회원국들은 캄보디아 문제의 조속한 해결을 강요했기 때문에 서로간에 관계가 수동적이고, 소극적일 수 밖에 없었다. 게다가 소련은 아태지역에 새로운 지역정치 중심의 형성 경향에 대해 적극적인 관심을 두지 않았었다.

《신사고》가 대외정치에 있어 기존의 견지를 거부함을 내포하고 있음에도 불구하고 소련과 동남아연합국들 각자의 전략적 노선의 수정과 상호 관계의 변화는 실제적으로 훨씬 뒤에 이루어졌다.

소련이 붕괴되고 난 후 예전보다 더 '아시아적인' 국가로 변화된 러시아는 ASEAN과 밀접해지는 과정을 가속화하기 시작했다.

---

13) Правда. 22.07. 1991.

2. 러시아와 ASEAN 관계
— 소극적인 단계 1991-1995

소련의 붕괴와 함께 세계 지정학적인 상황은 많은 변화를 겪었다. 소련의 계승자 러시아는 객관적인 요인들에 의해 세계 초강국이라는 자리를 내놓아야 했다. 이와 더불어 아태지역을 포함 국제사회에도 다른 중요한 변화들이 일어났다.

극동지방에 배치되어 있던 러시아 군사력과 무기량이 대규모로 삭감되고 이와 맞물려 경제 개혁이 어려움을 겪고 성공할 가능성이 희박해지는 상황들은 러시아가 적극적으로 지역 일에 참여하는 것을 제한했다. 한편으로 이것은 동아시아 국가들에게 모스크바로부터 오는 실제적인 또한 가상적인 위협에 대한 위압감을 약화시켰고 다른 한편으로는 아태지역의 강국들 사이에서 힘의 균형자 역할을 해왔던 러시아가 계속 그러한 역할을 해낼 수 있을까 라는 것에 의문이 생기면서 지역에 불투명성을 가져다 주게 되었다. ASEAN 또한 냉전 후 기간 동안에 새로운 문제에 봉착했다. 러시아와 ASEAN은 각각 나름대로의 존재의 과도기에서 일정 기간 동안 서로를 보는 시각뿐만 아니라 협력의 효과적인 방법을 찾는 것에 어려움을 겪었다.

그러나 냉전이라는 ≪장애물의 철거≫는 이들 서로를 아주 밀접하게 만들어 주었다. ASEAN에게 러시아는 태평양에서 더 이상 공격적이고 침략적인 계획의 원산지로 비춰지지 않았다. 오히려 러시아는 ASEAN과 그 주변 강국들 중국, 일본과의 관계에 있어 유일한 중재자로 그리고 향후 전망 있는 시장으로 비춰졌다. 러시아에게도 ASEAN 회원국들과 같은 동맹자 혹은 파트너를 갖는 것은 중국이나 일본과 같은 이웃을 둔 그에게도 중요한 전략적 의미를 갖는 것이었다. 태평양의 현상 유지는 러시아와 ASEAN 모두에게 객관적인 관심 사항이었다. 러시아를 위해서 태평양의 현상 유지는 쿠릴열도 남부 섬들과 관련한 문제들에 있어 일본과의 관계에 중요하게 작용하고, ASEAN에게는 남중국해에 위치한 논쟁이 끊이질 않고 있는 섬들의 문제에 있어 중요하다.

러시아 외무부 장관 코즈이레프(А. Козырев)가 손님의 자격으로 참가한 1992년 마닐라에서 열린 25차 동남아연합 외무상 회의에서 ASEAN 국가들은 러시아를 소련의 계승자로 인정했다.

코즈이레프는 필리핀의 새로운 대통령 라모스에게 러-필리핀 간 정상회담을 제의하는 엘친(Б. Ельцин) 러시아 연방 대통령의 교서를 전달했다.

1993년 여름 26차 외무상 회의에서 코즈이레프는 러시아와 ASEAN 협력의 실제적인 성과들이 쌍방의 관계가 더 깊은 단계로 넘어갈 수 있게 하는 근거를 제시해 주고 있음을 강조하면서 지역안보, 경제 협력과 같은 새로운 분야에서 총체적인 파트너가 되어 서로의 교류를 시스템화 시키자는 제안을 했다. 반면 ASEAN 회원국 대표들은 러시아를 지역 일들에 있어 중국 견제자 역할을 할 나라로 간주하고 러시아와의 관계를 중국과의 관계에 대한 문제와 한 맥락에서 다루고자 했다.

1994년 초에 러시아 의회에 참석한 엘친 대통령은 ASEAN 국가들을 포함한 아시아 주요 국가들과 협력관계 발전을 위한 새로운 가능성을 이용하라는 과제를 남겼다. 1994년 태국에서 열린 제27차 동남아 외무상 회의에 러시아는 중국과 함께 안보 문제를 다루는 아세안 지역협의회[14] 정회원으로 참가했다.

러시아-ASEAN 회담에서 코즈이레프 외무부장관은 러시아의 아시아 태평양 지역에 대한 정책의 기본적인 전략은 동쪽경계선의 안정, 대량살상무기확산방지, 시베리아와 극동의 모든 지역을 역내 경제교류 시스템에 접목시키는 것이라고 말했다. 또한 그는 러시아가 보는 ASEAN에 대해서도 언급을 했는데, 러시아는 ASEAN 국가들을 자신들의 신뢰할만한 파트너로 간주하고 있고, ASEAN 기구는

---

14) ASEAN Regional Forum: ARF.

동남아연합에 참여하는 모든 국가의 이익보호를 위해 적극적으로 활동하고 있는 효율적인 지역통합체의 예가 되는 것으로 평가한다고 했다.

1995년 7월 28일부터 8월 1일까지 브루나이에서 열린 제28차 ASEAN 외무상 회의는 베트남의 동남아연합 가입을 기념했다. 이것은 새로운 역사의 장을 여는 것이었고 아태지역에서 동남아연합의 역할이 상승하는 효과를 가져다 주었다. 또한 베트남과 다른 동남아연합 국가들의 경제적 잠재력의 통합으로 인해 전통적으로 굳건한 동반자 관계를 유지해 왔던 러시아는 동남아연합과 협력관계의 가능성을 확실히 넓힐 수 있는 계기를 갖게 되었다.

러시아-ASEAN 회담에서 코즈이레프 러시아 외무부 장관은 중요한 지역 및 국제 문제에 있어 ASEAN과 외교적인 상호협력을 돈독히 해 나갈 것임을 밝혔다. 또한 아세안 지역협의회에 대하여 아태지역 안보 문제에 대한 새로운 모델을 주변국가 모두가 함께 모색할 수 있게 해주는 동시에 이지역의 특수성에 가장 적절하게 맞을 수 있는 기구로 높이 평가하기도 했다. 코즈이레프 장관은 러시아가 군사 블록 불참가 운동의 감시자 및 UN산하 아태지역 경제, 사회 이사회(ЭСКАТО)[15]의 지역 회원이 되도록 협조한 것에 고마움을 표하고, 아·태 경제협력기구(APEC)[16]에 러시아가 참여할 수 있도록 동남아연합 국가들이 밑거름이 되어줄 것에 대한 기대감을 나타냈다.

그러나 아태지역에서의 외교적인 노력에도 불구하고 1995년 가을 프리마코프(Е. Примаков)가 외무부 장관에 오르기 전까지 이 지역은 예전의 고르바초프 대통령 때와 다름 없이 친서방주의, 대서양주의에 가려 러시아의 민족적 이익을 실현시키는 중요한 거점으로 인식되지 못했다.

90년대 중반까지 러시아의 대외정치노선은 이 시기에 급격한 경제 발전 지역으로 또한 정치적인 힘의 중심으로 부상하고 있고 아울러 러시아의 믿을만한 동조자가 있는 동남아 지역을 뒤로한 채 중국, 한국, 일본에 치우쳐 있었던 게 사실이다.

소련의 마지막 시기 동안에 그리고 그 뒤를 이은 러시아의 여러 학술서에서 러시아가 세계 경제 시스템에 통합되기 위해 가장 전망 있는 곳 중 하나로 아태지역

---

15) Экономическая и Социальная Комиссия ООН для Азии и Тихого океана.
16) Asia-Pacific Economic Cooperation: APEC

을 제시하였던 이론들은 러시아가 유럽과 동아시아 간 중개역할을 할 것이란 생각처럼 실제적인 구현이 되지 못했다. 이렇게 실현되지 못한 거시적인 과제로부터 러시아는 확실히 늦은 감을 주며 역내에서 예전의 입지를 고수하고 가능한 자신들의 약화를 최소화 한다는 미시적인 과제로 눈을 돌렸다. 말레찐(Н. Малетин) 국제관계학박사[17]의 지적처럼 개혁 초기에 러시아는 동인도차이나와 ASEAN 국가들을 통해서 아태지역에서 자신의 역할을 강화할 수 있었는데도 불구하고 그 시기를 놓친 셈이다.

   게다가 동남아시아를 향하여 정치, 경제적인 성향을 띠는 이런 저런 제의들을 하는데 있어 모스크바는 지역 민족성을 제대로 이해하지 못한 채 과잉 발의를 함으로 인해 오히려 동남아 국가들에게 긴장감을 불러 일으키고 내부 저항을 초래하는 결과를 빚었다. 이 모든 미묘한 갈등들은 마닐라, 싱가포르 방콕 등 ASEAN 주요 국가들에서 열린 회담에서 러시아 대표단의 제의에 대한 그들의 반응에 그대로 나타났다. 동남아 국가들은 형식적으로는 모든 러시아의 제안들을 받아들이면서 내부적으로는 더 면밀히 검토하여 수용여부를 가리고자 했다. 나름대로의 행동 방식과 일 처리 방법이 존재하고 있는 아시아 국가들에게 중대한 주창을 할 경우 사전에 미리 알리고 너무 성급하지 말았어야 했다. 즉 자기 방식대로 강요하지 말았어야 한다는 의미다.

   결과적으로 90년대 상반기 동안 러시아는 아시아 지역에서 멀어졌고 이를 대신에 유럽으로 편입되지도 못했다. 한 예로 1996년 방콕에서 열린 첫 아시아—유럽 회담(ASEM)에 초청되지 못한 것이 이를 증명해 주고 있다.

   이 회담 개최 전 러시아 대사관은 방콕 정상 회담에 러시아의 참여에 관한 공식 성명서[18]를 태국 외무부에 제출했다. 이 성명서는 '거대한 정치 경제적인 잠재력을 가진 러시아는 유럽연합과 밀접한 관계를 갖고 있고 아시아 국가들과도 협력관계를 넓혀가고 있다. 하여 러시아가 '아시아-유럽 대화'에 참여하는 것은 당연한 것이다'라는 것을 골자로 하고 있다.

   그러나 자신의 지정학적, 지경제적인 입장에서 거대한 유라시아 국가로서 이러한 종류의 회담에 두말할 조건 없이 참여할 권리가 있는 러시아는 '홈경기장의

---

17) Малетин Н. П. АСЕАН: три десятилетия внешней политики. М., 1999. С. 173.
18) ИТАР-ТАСС 07.03. 1996, С. 16-17

28

이방인'이 되어 버렸다. 이것은 유럽과 아태지역 사이에서 매개체 역할을 하겠다는 러시아의 사상을 현실화 시키는 것에 대한 신빙성을 없애는 것이었다. 아시아인들과 유럽인들이 모스크바에 의해서 여러 차례에 걸쳐 주창된 것을 받아들이지 않고 새로운 매개체를 설립하는 것을 선호한다는 사실은 러시아로 하여금 좀 더 고찰되고, 새롭고, 탄력성 있는 아시아 정책을 개발할 필요성이 있다는 것을 증명해 주는 것이었다.

객관적으로 아시아인들도 유럽인들도 러시아를 자기 진영으로 쉽게 받아들일 수 없었다. 이는 러시아의 정체성의 불투명성 때문이었다.

아시아–유럽 정상회담 참여에 대한 문제에서 러시아는 아시아일 뿐만 아니라 유럽 국가라는 독특한 입지 때문에 유럽 혹은 아시아로 구분해서 나눌 수 없는 야누스 혹은 샴쌍둥이[19]로서 받아들여진 것이다.

러시아의 지리적인 위치 때문에 이런 회담에서는 그만을 위한 특수한 자리가 필요시 된다. 결국 이런 종류의 회담이 계속 유지되기 위해서는 러시아와 같은 나라가 수용할 수 있을 정도의 확실한 정책이 요구된다고 할 수 있다. 아울러 러시아 측에서도 이러한 국제적인 움직임에서 소외되지 않도록 다방면에 걸친 외교 노력을 아끼지 않아야 할 것이다.

---

19) 러시아를 혀를 두 개 가진 사람을 의미하기도 하는 야누스 태양신과 머리는 두개 인데 동체가 붙어 있는 샴쌍둥이로 대비하여 아시아 국가 이면서 동시에 유럽 국가인 러시아의 상태를 설명하고 있다.

3. 변혁의 단계 — 1996 - 2002

1997년 8월 이즈베스찌야 신문은 러시아와 유럽과의 ≪로맨스≫는 이루어지지 않았다는 기사를 실었다. 유럽은 러시아가 생각하는 것처럼 그렇게 움직여 주지 않았다. NATO의 확장, 보스니아에서 북대서양조약기구의 일방적인 작전, 발틱지역에서 러시아어 사용 주민 학대에 대한 간과, 모스크바의 이란, 리비아와의 접촉을 방해하려는 시도, 경제협력의 불만족스러운 결과[20] 등은 서방이 예전 소련 구성 공화국들에게 민족주의가 성장하도록 하고 그들을 러시아와 멀어지게 독려할 때처럼 모스크바의 분개를 불러일으켰다.

러시아는 차츰 유럽편중 정책으로부터 벗어나 동아시아에 관심을 기울여야 할 필요성을 인식하게 되었다. 특히 동북, 동남아시아에서 재정과 기술지원을 끌어들이기 위해 적극적으로 투쟁해야 함을 느낀 것이다. 이런 상황들 속에서 러시아의 대외정책전략은 질적인 변화를 겪게 되었다. 즉 러시아 성립 후 초기에 수행되었던 서방편중 정책이 ≪다방면외교≫로 변화된 것이다. 세계에서 묵시적으로 인정하고 있는 미국 단일 체제 속에서 러시아는 최 단기간에 세계를 ≪다극적구조≫로 발전하게 만들겠다는 입장으로 돌아섰다. ≪위대한 대서양주의≫ 정책 수행으로부터 러시아는 유라시아주의 정책, 동방과 서방에 균형을 두는 정치로 전환하기 시작했다.

---

20) 미미한 신용대부, 높은 이자율, 적은 투자, 러시아 수출 견제, 기술전수 방해 등.

통상적으로 이러한 정책의 수행을 프리마코프 노선과 연관짓는다.

러시아에게는 미국이나 유럽 무대에서 자기 이익을 차리는 것보다 아시아 시장에서 자신의 ≪게임≫을 즐기는 것이 더 유용할 수 있다. ≪G-7+1≫ 형태로 G-7회담에 초대되고, 유럽 선진 공업국의 명망 있는 클럽인 EU에 받아들여지기는 했으나 러시아의 유럽 진입은 ≪수강생≫, ≪청원자≫의 역할을 벗어나지 못했다.

그러나 러시아가 냉전에서 패배하지 않은 아시아에서는 그의 정치적인 역할, 기술력, 우주연구, 군사기술이 중요하게 평가되었다. 그리고 아시아 지역 내에서뿐만 아니라 세계에서 한 국가가 독재하는 것에 대해 부정적으로 생각하는 견지가 러시아와 아시아 국가들을 서로 연합하게 하는 요소가 되었다.

러시아 내에서 대외정책 노선에 더 탄력성을 주자는 의견이 설득력을 얻어가고 있었다. 정치인들뿐만 아니라 사회 일반에서 러시아는 한쪽으로 편중되는 정치를 중단하고 세계의 여러 나라들과 균형 있는 협력 관계를 맺어나가야 한다는 목소리가 커지게 된 것이다.

이런 여론을 대변해 주고 있는 프리마코프 외무장관은 러시아에 이익을 줄 수 있는 곳이라면 어느 나라든 개의치 않는 ≪전방위 정치≫를 내세웠다. 내부 개혁을 성공리에 추진하기 위해 우호적인 국제 환경을 조성하려면 러시아는 모든 나라들과 호의적인 관계를 유지해야 한다. 이것은 서방과의 밀접한 관계 수준으로 아시아와의 협력관계도 끌어올려야 함을 의미한다.

1996년 7월 러시아 정부 초청으로 동남아시아연합 의장인 아지트 싱그(Аджит Сингх)가 모스크바를 방문했다. 그의 중요한 방문 목적은 ASEAN과 러시아의 향후 발전 방향 모색 및 협력관계의 질적인 향상을 도모해 보고자 하는 것이었다. 회담 중에 프리마코프 외무장관은 러시아는 빠르게 역내 국가들의 진보적인 통합을 이루고 있고 민족건설에 괄목할 만한 성공을 거두고 있는 ASEAN과의 외교 관계에 커다란 관심을 가지고 있음을 알렸다.

러시아와 ASEAN 간 교류가 현격하게 많아진 점을 이야기 하면서 쌍방은 대화 수준의 향상, 경제·무역, 과학 기술관계의 발전 및 이런 분야들에 민간사업체 대표자들의 활발한 참여의 중요성을 강조했다.

1996년 7월 19일부터 25일까지 자카르타에서 '아세안 위크'(ASEAN Week)가 열렸다. 이 기간 동안에 제29차 외무부 장관 회의, 제3차 아세안지역안보 회의, 아세안 확대외상회의(ASEAN PMC)[21], 아세안 회원국 각 장관들과 대화상대국들과의 개별적 만남이 이루어졌다. 이 회의 때 러시아는 중국과 함께 대화상대국 정회원의 자격을 얻었다. 이렇게 러시아의 ASEAN 연례행사에 참여는 포괄적인 성격을 띠게 되었다. 그리고 그것은 러시아가 아태지역에서 담당하는 역할의 중요성을 ASEAN 회원국들이 인정한다는 것을 의미하는 결과가 되었다.

　　　　ASEAN과의 교류에 있어 대화상대국 정회원의 자리는 동남아연합과 지역 외부국가들과의 협력관계에 있어 가장 높은 수준의 형태를 의미하는 것이다. 이 자리를 얻음으로써 러시아는 아태지역의 다른 강국들과 동등하게 연례행사로 열리고 있는 아세안 외무장관 회의 후 아세안 확대외상회의에 참여할 권리를 갖게 되었다. ASEAN PMC 회의에서는 지역 및 국제 문제들을 협의하고 대화상대국들과 동남아연합간 관계에서 발생할 수 있는 총체적인 문제들을 논의한다[22].

　　　　러시아의 아시아 담당 제2국 국장이었던 로슈코프(A. Лосюков)가 지적한 대로 대화는 동남아연합과의 관계의 향후 관계 발전을 위해서 뿐만 아니라 아태지역에서 러시아의 이익을 성공적으로 관철시키기 위한 폭넓은 가능성을 열어주는 상호 협력 방식이다. 대화상대국들과의 실제적인 협력은 전문적인 기관들의 시스템을 통해서 가능한데 그 중 공동협력위원회(JCC: Joint Coorporation Commitee)는 가장 중추적인 역할을 하고 있다.

　　　　수하르토 대통령의 영접을 받은 프리마코프 외무부 장관은 인도네시아 대통령에게 옐친(Б. Ельцин) 대통령이 전하는 서한을 전달했다. 이 서한에는 동남아시아의 거대한 나라 인도네시아와의 협력관계를 넓혀 나가고자 하는 러시아의 의향이 나타나 있었다. 수하르토 대통령은 러시아가 대화상대국 정회원이 됨과 함께 양국뿐만 아니라 여러 다른 국가들과의 관계에도 커다란 발전이 있을 것이라는 기대감을 나타냈다.

　　　　이와 관련 러시아도 만족스러움을 나타내면서 프리마코프 장관은 동남아연합을 형성되고 있는 다극적 세계의 시스템에 영향력 있는 거점으로 간주하고 ASEAN 국가들이 정치적으로 중요하고 경제적으로 전망 있는 파트너로서 러시아

---

21) 아세안 확대외상회의는 ASEAN 모든 회원국 대외정치기관의 장관급과 대화상대국들이 모두 참여하는 "총회" 와 ASEAN 회원국들 중 한 나라의 외무부 장관이 이끄는 대표단과 대화상대국의 외무부장관이 참여하는 "ASEAN+1" 회담으로 이루어진다.

22) 세부적인 ASEAN PMC 회의를 살펴보면 실무자급에서 모든 대화기관의 활동을 조정, 관리하는 공동협력위원회 회의들, 개별적 협력 기관들 회의 등이 있다.

에 걸고 있는 기대들을 실증해 보이려 노력할 것임을 다짐했다.

비록 프리마코프 장관의 인도네시아 방문, 수하르토 대통령 및 알라타스(A. Alatac) 외무부 장관과의 회담이 공식적인 성격을 띠지는 않았을 지라도 실지로 러시아-인도네시아 교류 역사상 고위급에서 이루어진 첫 러시아측의 방문과 회담이었다.

1996년 7월에 이루어진 ASEAN과 그의 대화상대국들의 장관급 회담에서 거론된 문제들은 다양한 내용을 포괄하고 있었다. 매년 이 회담에서 지역 및 국제적인 첨예한 문제들에 대한 참석자들의 의견을 조정하고 합의하는 일들이 이루어진다. 또한 그들의 경제적인 협력의 방향을 설정하기도 한다. 대화상대국 정회원의 자격을 얻은 러시아도 이러한 회담에 처음으로 참석했다.

프리마코프 장관은 아태지역에 대한 러시아의 구체적인 정책 방향에 대해 첫째로 지역의 모든 나라들과 함께 가능한 한 서로 이익이 되고 협력적인 관계를 발전시키는 것, 둘째로 러시아의 극동 경계의 안보 유지, 셋째로 러시아의 경제 개혁 특히 극동 지역의 경제 발전을 가속화 하기 위해 우호적인 조건 마련이라고 설명했다.

러시아 외무부 장관은 러시아는 동남아시아 모든 국가들이 ASEAN으로 연합하는 과정을 환영하고 동남아시아를 핵무기로부터 자유로운 지역으로 만들겠다는 사상을 지지하며 1976년에 맺은 동남아시아의 우호와 협력에 대한 발리 협약[23]에 적절한 형태로 참여할 준비가 되어 있음을 성명했다.

'러시아-ASEAN 대화' 개회사에서 프리마코프 장관은 러시아는 자신의 대외 정치에 있어 우선대상 지역 중 하나로 ASEAN을 생각하고 있고, 동남아연합과 발전적인 관계를 유지하기 위해 모든 필요한 조건을 갖추고 있다고 연설했다.

정치 부분에 있어 좀더 활발한 대화를 나누기 위해 러시아 측은 책임자급 수준에서 서로 의견을 교환할 수 있는 기구를 시스템화 시키자는 제안을 했다.[24]. 세부적 사항으로 프리마코프 장관은 쌍방 협력의 구체적인 문제들을 정기적으로 협의할 수 있는 러시아-ASEAN 위원회를 만든 후 모스크바에 상주하고 있는 ASEAN 국가들 대사와 러시아 외무부차관과의 정기적인 만남을 실제적으로 조성해 보자고

---

23) Treaty of Amity and Cooperation in Southeast Asia, Bali, 24 February 1976.
24) ASEAN은 다른 기존 대화상대국들과는 이미 이런 기구를 운용하고 있다.

제의했다.

또한 그는 국제적인 차원의 중요한 문제를 해결하는 방법, 세계 정세를 바라보는 관점의 유사성이 국제사회에서 러시아와 ASEAN의 상호협력을 위한 장을 넓혀 주고 있음을 강조하면서 러시아는 동남아연합뿐만 아니라 개별적으로 각 회원국들과도 적극적인 협력관계를 발전시켜나갈 준비가 되어 있음을 성명했다.

러시아와 ASEAN의 대외정책 담당 기관들은 쌍방의 대화 인프라 구축을 위한 작업들을 적극적으로 수행했다. 모스크바에 상주하는 ASEAN 국가들의 대사들로 이루어진 동남아연합 모스크바 위원회(ACM)는[25] 실무적인 수준에서 정보를 교환하고 균형 있는 활동을 수행하도록 해주는 대화의 범위에서 나름대로의 자문기관이 되었다. 1996년 12월 협력 관계에 대한 총체적인 문제들을 협의하기 위해 ACM 회원들과 러시아 외무부 장관의 첫 만남이 있었다.

이 회담에서 그들은 여러 다양한 조직들이 한편에서는 정치적인 문제를 그리고 다른 한편에서는 경제, 무역, 과학, 기술 등의 분야를 다루고 있는 점을 지적하며 러시아와 ASEAN의 상호 협력의 모든 부분을 감독하고 관리하는 공동협력위원회(ARJCC)를[26] 상위 기관으로 만들기로 합의했다.

1997년 1월 러시아와 ASEAN은 ARJCC의 정관을 승인하고, 같은 해 6월 모스크바에서 러시아-ASEAN 대화의 틀내에서 창립회의를 개최했다. ARJCC는 동남아연합과 러시아 간 상호 활동에 관여하는 모든 기관들의 활동을 조정하고 경제, 과학 기술, 문화, 인문과학 등의 범위에서 협력 조직, 전체적인 원리와 방향 제시, 구체적인 계획안을 승인하고 회계감사의 역할을 담당하게 된다.

프리마코프는 환영사에서 러시아는 세계 경제, 정치의 새로운 중심지로서 ASEAN을 주목하고 있고 정치적인 자문부터 구체적인 프로젝트 수행까지 다양한 분야에서 ASEAN과 상호 이익이 되는 협력 관계를 발전시켜 나갈 준비가 되어 있음을 강조했다. 그리고 이것이 아태지역 더 나아가 세계의 평화를 고착시키는데 기여할 것임을 시사했다.

1년 반에서 2년 마다 ARJCC는 정기 회의를 개최 수행한 업무에 대한 감사를 하고, 향후 사업 계획을 수립하게 된다. ARJCC 정관에는 러시아와 ASEAN 간

---

25) ASEAN Committee in Moscow.
26) ASEAN-Russia Joint Cooperation Committee.

의 교류에 근간이 되는 원리들이 정의되어 있는데, 이를 살펴보면 상호 존경과 이해, 선량한 의지, 우호적인 협력과 지지, 쌍방의 잠재력 및 민족이익에 대한 충분한 고려, 상호 이익, 실제적인 결과물을 얻도록 하는 사업적 분위기 조성 등으로 되어 있다.

ASEAN-러시아 공동협력위원회 회의 기간에는 다음 기구들이 구체적인 사업 분야에서 수행하고 있는 활동들을 조정하는 일들도 도맡는다.

첫째 과학-기술 운용 그룹(Working Group on Science and Technology: WGST). 1997년 6월에 모스크바에서 첫 회의를 개최하고 이 중요한 대화 기구의 활동을 규정화하기 위한 필수적인 문서들을 채택했다. ASEAN 회원들은 러시아의 과학기술부 요원들과 서로 의견을 교환할 뿐만 아니라 과학기술연구소에서 개발되고 그 생산 라인에서 만들어진 여러 가지 러시아 기술력이 담긴 제품들을 직접적으로 접할 수 있는 가능성을 갖게 되었다.

둘째 무역-경제 운용 그룹(Working Group on Trade and Economic Cooperation: WGTEC). 1997년 ARJCC 창립 회의에 참여한 사람들은 통상이나 경제 분야에서 상호 교류를 촉진시키고 조정하는 차원에서 이 기구의 조속한 개원에 많은 관심을 보였다. 동남아연합 회원국 대표들은 러시아와 ASEAN이 가지고 있는 협력 가능한 부분에 대한 정보를 제공하고 쌍방 국가들에서 활동하고 있는 국영기업체와 민간기업체들 간 협력 관계를 조성해주며 외국인들을 위하여 무역-경제, 투자 활동에 대한 규율 정보를 배포해 줄 수 있는 공식적인 실무 기관 설립이 절실함을 공개적으로 알렸다.

셋째 비즈니스 회의(Business Council: BC)는 러시아연방 및 동남아 연합 상공회의소 산하에 설립되었다. 이 기관의 중요한 과제는 러시아와 ASEAN 회원국들의 민간 기업가, 재정 분야 및 상업에 종사하고 있는 사람들간 교류를 촉진시키는 것이다.

넷째 ASEAN 모스크바 위원회(ASEAN Committee in Moscow: ACM)는 모스크바에 있는 ASEAN 회원국 대사들의 모임이다. ACM에서는 러시아에 있는 동남아연합 회원국의 장성급 및 여러 기관의 대표자들과의 밀접한 접촉을 우선 과제로 삼고 있다. 이에 덧붙여 러시아 일반인 및 사업가들과의 교류에도 적극적으로 참여하게 된다. 러시아 외무부가 ACM 회원들과의 정기적인 만남을 주선하게 된다.

다섯째 협력 펀드(Cooperation Fund: CF)는 러시아-ASEAN 간 대화 기구 시스템 중 통상적으로 아주 중요한 자리를 차지한다. 동남아연합의 관례상 ASEAN의 대화상대국 정회원이 되는 모든 국가들은 일정한 기금을 납부할 의무를 갖는다. 이 자금은 ASEAN과 상대국가의 공동 집행위원회의 감독하에 쌍방에 의해서 승인된 연합 프로젝트에 재정 지원을 하게 된다. 일반적으로 이 자금은 비즈니스 세미나, 전문가 양성, 통상이나 무역 등과 관련된 곳에 사용된다. 애석하게도 러시아는 대화상대국 정회원이 되면서 불입해야 되는 소위 '입회금'을 국가 차원에서 지불하지 못했다. 러시아-ASEAN 대화 시작의 가능성 자체가 의문시 되었을 때 러시아 외무부는 러시아-ASEAN 펀드의 공식적인 '헌혈자'가 되어줄 민간기업체들을 찾아내는 유례없는 일을 성사시켰다.

러시아의 거대한 항공운송 업체인 볼가-드네프르(Волга-Днепр)는 입회금을 위하여 $500,000를 기부하면서 비정부 기관이면서 거대한 비영리 조합인 러시아-ASEAN 펀드를 조성하는 주축이 되었다.

당시 러시아 외무부 제2국 대표로 있었던 로슈코프(А. Лосюков)는 비영리 협력펀드의 설립은 러시아-ASEAN 간 대화의 기반을 만들어 주는 놀랄만한 업적 중에 하나라고 설명했다. 우선적으로 동아시아지역에 러시아의 경제 참여를 활성화 시키고자 하는 국가 전체의 관심이 이러한 단합의 기반을 마련한 것이다.

러시아-ASEAN 협력 기구 설립에 대한 평가를 내리면서 러시아 외무부 차관 카라신(Г. Карасин)은 ASEAN과의 다방면에 걸친 교류를 발전시켜 나가는 것은 러시아를 위하여 중요한 의미를 갖는 것이고 중국, 인도, 일본과의 관계의 중요성에 비추어 절대로 등한시되어서는 안된다고 했다.

공식 방문차 모스크바에 온 동남아연합 의장 아쥐트 싱그(Аджит Сингх)가 ARJCC 창립식에 참석했다.

그는 러시아 외무장관뿐만 아니라 다른 정부 각료, 기업가들과 만난 자리에서 러시아와 ASEAN간 교류를 더욱 돈독히 할 방법에 대해서 의견을 나눴다. 또한 이 회담에서는 과학-기술, 통상-경제 협력, 투자, 환경보호, 관광, 인적자원개발, 인적 교류 등 우선협력 분야를 정하기도 했다

1997년 7월 28일 동남아연합 9개국[27]과 대화상대국 10개국의 연례회의가 소집되었다. 회담 중에 몇 가지 긴요한 국제문제에 대한 열띤 토론은 ASEAN의 높아진 위상이 동남아연합을 정치적인 영향력을 행사하는 거점 중 하나로 바뀌게 했

다는 것을 확인시켜 주었다. 1997년 7월 '9+1' 형태의 러시아-ASEAN 회담에서
대화 중재자로 나선 베트남 외무부장관 누구엔만캄(Нгуен Мань Кам)은 러시아의 아세안지역협의회(ARF) 참여를 환영할 뿐만 아니라 높게 평가하면서 러시아가 동남아시아 핵무기 자유지대 조약[28](SEANWFZ)에 대한 의정서에 조속히 서명하는 핵강국 중 하나가 되고 또한 역외 국가들의 참여가 가능하게 될 1976년 맺은 동남아시아의 우호와 협력에 대한 발리 협약에 멀지 않아 가입하게 되기를 기대한다고 성명했다.

동남아연합은 아세안-러시아 대화의 틀내에서 쌍방의 고위급 관리들이 만나는 회의 기구를 만들자는 러시아의 제안에 원칙적으로 합의했다. 그러나 이 제안을 실현시키는 것과 관련된 문제들을 협의하는 것은 나중으로 미뤄졌다.

프리마코프 러시아 외무부장관은 ASEAN 30주년을 맞아 동남아연합 대표자들에게 환영의 인사를 보내고 새로운 회원들의 가입으로 인한 연합의 확장을 축하했다. 그는 안보문제를 따른 아세안지역협의회의 조성과 이 기구의 성공적인 활동이 동남아연합의 대외정치에서 가장 괄목할 만한 성과 중에 하나임을 강조하면서 아태지역에서 평화와 안보 문제에 대한 러시아와 ASEAN의 시각이 서로 일치함을 다시 한 번 부각시켰다.

러시아는 ASEAN을 독보적인 국제기구 중에 하나로 간주하고 국제사회에서 그의 높아져 가는 비중은 냉전 후 세계 시스템이 다극적세계로 전환되고 있음을 증명해주는 것이라고 했다.

또한 러시아는 Asia-Europe Meeting(ASEM)에 커다란 의미를 부여하고 두 대륙 간 관계를 더욱 돈독히 하기 위해 ASEM에 참여하고 싶다는 의사를 밝혔다.

점차 ASEAN은 러시아 대외정치에서 중요한 자리를 차지하게 되었다. 그리고 동남아시아 국가들과의 관계 발전은 아태지역에서 러시아 정치의 중요한 요소가 되었다. 1997년 9월에 체결된 러시아-필리핀 성명서에 옐친 대통령과 피델 라모스(Фидель Рамос) 대통령은 러시아와 아세안 간 대화의 발전을 더욱 촉진하

---

27) 이 회담이 있기 이틀 전에 라오스와 미얀마가 동남아연합에 정식으로 가입했다. 이로 인해 동남아연합 초창기
    멤버인 5개국에 브루나이, 베트남, 라오스, 미얀마가 합세해 9개국으로 늘어난 것이다.
28) Treaty on the Southeast Asia Nuclear Weapon-Free Zone, Bankok, December 1997.

고자 하는 희망을 담았다. 이것은 다른 동남아연합 회원국들의 바램이기도 했다.

1997년도 11월 24일부터 28일까지 ACM은 동남아연합 창립 30주년을 기념하여 'ASEAN 주간'을 열고 동남아연합과 그의 목표에 대해 러시아 대중이 좀더 친밀하게 느낄 수 있도록 하는 목적에서 여러 행사들을 개최했다.

1997년 말 외무부 차관 주재 하에 ASEAN 문제를 전문적으로 다루게 될 러시아연방위원회가 설립되었다. 이 기관의 중요한 과제는 동남아연합 및 그 회원국들과 러시아의 각 부처 및 여론, 기업, 상업 조직들이 구체적인 분야에서 서로 이익이 되는 협력 관계를 발전시켜 나갈 수 있도록 최선의 환경을 만들어 주는 데 있었다.

같은 해 12월에는 동남아시아연합국들과 다방면에 걸친 교류를 더욱 활성화하는 방안의 하나로 러시아와 ASEAN 간 협력을 증진시키기 위한 정책안들이 러시아 대통령 주재로 마련되기도 했다. 이 정책안의 수행은 러시아 정부와 외무부에서 관리하도록 했다.

한편 ASEAN 창립 30주년 기념이 되는 1997년은 동남아시아에 불어 닥친 경제불황과 태국, 인도네시아의 심각한 정치적인 불안으로 인해 침울한 해이기도 하다. 지역의 많은 나라들이 경제 불황의 위협을 받았고 사회문제가 더욱 심각한 수준으로 번져나갔다. 러시아와의 경제, 기술, 군사, 인문과학의 협력도 소원해지는 양상을 나타냈다.

그럼에도 불구하고 정치적인 상호활동은 계속 유지되었는데, 이것은 국제문제에 있어 러시아와 ASEAN의 관점이 일맥상통함으로 인한 것이었다.

러시아와 ASEAN 국가들의 외무부 장관들은 캄보디아 및 남·북한 문제, 메콩강 주변 국가들의 발전 과제, 아시아횡단철도 및 국제문제들에 있어 쌍방의 협력관계의 추진 방향을 의논하면서 실속 있는 대화를 이끌어냈다. 그들은 러시아-아세안 협력 발전의 기본적인 방향들을 설정하고 러시아가 ASEAN에게 도움을 줄 수 있는 가장 적합한 분야들을 찾아냈다. 러시아 외무부 내에서는 러시아의 중요한 대외 정치, 경제 파트너 중 하나인 ASEAN과의 협력이 계속될 것이고 이는 긴요하고 중장기적인 성격을 띨 것이며 러시아의 민족이익에 총체적으로 부합할 것이라는 의견이 힘을 얻었다.

1998년 6월 상호교류 역사상 처음으로 정치문제를 다루는 고위급 회담[29]이 개최되었다. 모스크바에 정치 문제를 의논하기 위한 러시아 및 동남아시아 9개국 외무부 차관들이 모였다. 이 회담을 계기로 러시아와 ASEAN의 협력 관계에 또 하나의 중요한 기구가 정기적인 활동을 시작하게 되었다.

러시아 측에서는 카라신(Г. Карасин) 외무부 차관이 그리고 ASEAN에서는 러시아와 동남아연합 대화의 중재자이기도 한 베트남의 느구엔탐지엔(Hryeн Там Тиен) 외무부 차관이 ASEAN 대표로 나섰다. 이 회담에 ASEAN 의장 세베리노(Р.Северино)도 참석했다. 회의 안건은 러시아-아세안 간 대화에 관한 건, 국제문제, 지역문제로 나뉘어졌다. 국제 및 지역 문제를 바라보는 양측의 시각은 많은 부분에서 일치했다. 각자의 의견을 교환하는 것이 서로를 더 잘 이해하는 데 도움을 주었고 아태지역의 상황을 면밀히 검토할 수 있게 했으며 러시아와 아세안이 가까운 미래에 서로 협력할 수 있는 부분을 인식하게 만들었다.

1998년 7월 제5차 안보문제와 관련한 지역협의회 연설에서 프리마코프 외무부 장관은 형성되고 있는 다극적 세계에 정치적인 영향력과 힘의 독립적인 거점으로 나타나는 ASEAN과의 대화에 러시아는 많은 관심을 가지고 있고 동남아시아 우호와 협력에 대한 1976년 발리 조약이 역내 평화와 안정을 보호하고자 하는 이해관계에 부합함을 강조하며 적절한 시기에 필요한 절차를 따라 이 조약에 참여할 의사가 있음을 다시 한번 시사했다.

그러나 러시아를 포함한 아태지역 다른 국가들에게 까지 퍼져나간 심각한 경제 불황은 러시아와 동남아시아 각 나라 및 동남아연합과의 교류를 극도로 약화시키는 결과를 초래했다.

"지금 우리는 아시아로부터 오는 경제 불황의 나쁜 영향을 최소화하고 지역에 평화와 안정을 유지할 뿐만 아니라 역내에서 우리의 입지가 약화되거나 지역내 국가들의 관계에서 배제되는 것을 허용해서는 안 되는 중요한 과제를 안고 있다"[30]고 1999년 초 새로 부임한 이바노프(И. Иванов) 외무부 장관이 성명했다.

1999년 7월 싱가포르에서 열린 제6차 ARF회의에 참석한 이반노프 장관은 냉전 종식 후 여러 해 동안 쌓아온 긍정적인 발전을 토대로 캄보디아를 동남아시아연합에 가입시키면서 역내 모든 나라들을 하나의 기구로 통합시킨 ASEAN과의 대화에 변함없는 관심을 가지고 있음을 밝혔다. 또한 러시아는 ASEAN을 영향력 있

---

29) 이 경우에 고위급은 외무부 차관을 의미한다.
30) Независимая газета 23. 02. 1999 г.

는 국제 기구이며, 형성되고 있는 다극적 세계에 독립적인 거점 중 하나로 간주하고 있음을 다시 한 번 강조했다.

러시아-ASEAN 만남에서 쌍방은 향후 더 적극적인 협력 관계를 유지해 나가고 협력의 새로운 형태를 찾아나가자는데 의견을 같이했다. 또한 이 회담에서 러시아와 ASEAN은 중요한 정치 사안들을 협의하는 고위급 회담을 활성화할 뿐만 아니라 경제 협력의 범위를 넓혀 나갈 것을 다짐했다. 즉 건설적이고 상호이익이 되는 동반자 관계를 유지하자는데 양측 모두가 변함없는 관심을 가지고 있음을 확인한 셈이다.

1999년 10월 15일 베트남 호시민에서 열린 제2차 러시아-ASEAN 고위급 회담에 참석한 카라신 외무부차관은 러시아와 ASEAN국가들과의 협력 관계가 다방면에 걸쳐 폭넓게 이루어질 것이라고 성명했다.

쌍방은 첨예한 지역 문제들을 논의했는데, 그 안건들 중에는 러시아와 동남아시아 국가들이 가지는 세계적인 위치, 한반도 및 남중국해 문제 등이 다루어 졌다. 또한 NATO의 새로운 전략적 개념, 코소보, 중동문제 등 국제적인 문제들도 회의 안건에 포함되었다. 카라신 외무부 차관은 ASEAN이 많은 부분에 있어 러시아와 의견을 같이 하고 있고 러시아가 주장하는 국제적 시스템인 다극적 세계의 개념을 지지하고 있다고 전했다.

러시아 대표단은 북카프까즈 상황을 포함하여 러시아에서 일어나고 있는 일들에 대한 전반적인 정황을 설명 하고 '21세기 평화 개념'(Концепция мира XXI века)[31]을 개발하자는 옐친 대통령의 제안을 소개했다. 여기에는 지역내 안보 문제, 아태지역의 경제 통합의 고착, 로켓과 핵무기 비확산 조약의 강화, 국제 테러 및 범죄와 같은 국경을 초월하는 중요한 현안이 되는 문제의 해결을 위한 상호 활동 등의 문제들에 특별한 주의를 집중시키고 있다.

러시아에 새로운 대통령으로 푸찐(B. Путин)이 입성한 후에도 ASEAN과 각 개별 회원국들과의 관계를 돈독히 하고자 하는 것은 러시아의 대외정치의 핵심 사안 중에 하나로 남아 있었다. 이것은 동남아시아연합 회원들과 다방면에 걸친 협력 관계를 넓혀나가고자 하는 러시아 지도부의 실제적인 노력에서 비롯된 것이었다.

---

31) 옐친 대통령에 의해 제의된 이 개념은 향후 현실화되지 못하고 자취를 감췄다.

2000년 여름 빈 아웅(Вин Аунг) 미얀마 외무부 장관이 공식적으로 모스크바를 방문, 양국의 우호적인 협력 관계에 대한 공동성명서에 조인했다.

그리고 2001년 봄에는 캄보디아의 호르 남홍(Хор Намхонг) 외무부 장관이 모스크바를 방문했고, 여름에는 라오스의 삼사바트 렝사바트(Самсават Ленгсават) 외무부 장관이 뒤를 이었다. 특히 같은 해 러시아 대통령 푸찐이 베트남을 방문해 양국 간 전략적 동반자 관계에 대한 합의문을 채택한 것은 러시아와 ASEAN 교류 사상 역사적인 일로 기록되었다.

2002년 봄에 말레이시아 수상 마하트히라 모하마드(Махатхира Мохамад)가 모스크바를 방문 러시아 대통령과 회담을 나눴고 같은 해 가을에는 싱가포르 외무부 장관 좌야쿠마르(Ш. Джаякумар)가 다녀갔으며 태국의 외무부 장관 사찌엔타이(С. Сатиентай)와 수상 치나바트(Ч. Чинават)가 모스크바를 방문해 러시아-태국간 공동 기자회견을 가졌다.

마카파갈-아로이오(Г. Макапакал-Аройо) 행정부가 이끄는 필리핀과의 관계도 활기를 띠었다. 2002년 12월에 러시아 외무부 장관이 필리핀을 방문해 블라솜 오플레(Бласом Опле) 필리핀 외무부 장관과 회담을 가졌다.

2003년 봄 인도네시아 대통령 메가바찌 수카르노푸드리(Мегавати Сукарнопутри)의 러시아 방문과 21세기 양국의 우호와 동반자 관계를 골조로 한 성명서의 조인은 러시아와 인도네시아 외교 관계에 실제적인 돌파구가 되어주었다.

이와 같은 동남아시아국가들과의 상호협력 관계의 발전은 러시아로 하여금 ASEAN과의 접촉을 더욱 활발하게 했을 뿐만 아니라 그들과의 관계를 질적으로 새로운 단계에 돌입하게 했다.

ASEAN-러시아 대화와 ARF 활동에 러시아의 참여가 더욱 두드러지게 된 건 두말할 필요가 없었다. 2001년 7월 21일 하노이에서 열린 ASEAN 연례 회의 중에 개최된 ASEAN-러시아 회담에서는 협력 문제에 대한 심도 있는 논의가 있었고 상호이익을 대변해 주는 몇 가지 국제적이고 지역적인 문제들에 대한 협의가 이루어졌다.

ASEAN 국가들과 러시아의 협력 기간 동안 상호 노력의 결과로 협력의 거대한 가능성과, 훨씬 폭넓은 상호 활동을 위한 실제적인 선행조건들이 만들어졌다.

개회사에서 이바노프 외무장관은 러시아는 아세안과의 관계에 중요한 의미를 부여하고 있고 아태지역 및 국제 문제에 있어 ASEAN의 건설적이고 적극적인 활동을 지지하며 그와의 대화를 위해 항상 열려 있음을 성명했다. 그리고 ASEAN 과의 다방면에 걸친 협력 관계의 강화는 러시아의 아시아 정치에 있어 중요한 부분으로 나타남을 강조했다. 특히 러시아 대외정책개념에 정의되어 있는 ASEAN과의 협력 관계에 대한 정책을 향후 계속 이어갈 것임을 밝혔다.

ASEAN과 대화상대국들이 참여하는 총회에서 이바노프 장관은 러시아는 아태지역 국가들과의 정치, 경제적인 상호활동을 예전 러시아가 유럽국가들과 이루었던 수준으로 올리려 노력하고 있음을 알리고 그것은 시간과 집중된 노력이 필요함을 역설했다.

러시아-ASEAN 회담 막바지에 외신 기자들 앞에서 이루어진 인터뷰에서 러시아 외무장관은 ASEAN을 현대 사회의 영향력 있는 거점 중 하나로 간주하고, ARF, APEC과 같은 권위 있는 지역 기구들에서 동남아연합의 창의적이고 조직적인 역할을 높게 평가하며 강하고 굳건하게 발전하고 있는 ASEAN에 러시아는 변함없는 관심을 가지고 있음을 알렸다.

특히 이바노프는 대화 협력기구의 활동에 찬사를 보냈다. 2001년 ARJCC 보다 더 조직적인 러시아-ASEAN 계획운영위원회[32]가 활동을 시작했다. 이 위원회는 러시아와 아세안의 상호 활동에 구체적인 프로젝트 및 새로운 아이디어를 제공하는 일을 맡게 되는 《러시아-ASEAN 연구소》 역할을 담당하게 되었다.

2002년 8월에는 브루나이의 반다르-세리-베가반에서 아세안 연례회의가 개최되었다. 회담 기간에 가진 러시아-아세안 대화에서는 특히 2001년 9월 11일 테러 이후에 국제 테러와 관련된 주제들과 비합법적인 마약 거래 등에 관련된 역내 및 국제적 문제들이 협의되었다.

회담에 참여한 이바노프 장관은 다국적 및 양자적 상호 협력의 효과를 극대화하고 국제적인 감시를 강화하며, 모든 국가들이 함께 최선을 다할 때 이러한 부정적인 현상들은 퇴치될 수 있다고 확신했다.

그에 따르면 아프가니스탄 영토에서 이루어지고 있는 마약의 위협을 막기 위해 아프가니스탄 주변에 《안전지대》를 설립, 강화하고 타지키스탄 공화국에 배치되어 있는 러시아 국경수비대의 영향력을 강화해야 한다고 주장했다. 또한 러시아와 카자흐스탄 경계에 제2의 안전지대를 만들자고 제의했다.

---

32) Russia-ASEAN Joint Planning and Management Committee

ASEAN은 반테러 운동에 러시아와 상호 협력을 강화할 준비가 되어 있음을 밝히고 상하이 협력 기구(Shanghai Cooperation Organization: SCO)안에 지역 반테러 조직[33]을 설립함과 함께 그들과의 협력 관계를 갖고 싶다는 심중을 내비쳤다.

이와 관련해서 러시아는 간단하게 나마 SCO와 그의 활동을 알리고 두 기구 간 협력 가능성을 타진하기 위해 대통령의 전문 대변인을 자카르타에 있는 ASEAN 비서국에 보내기로 했다.

브루나이 연례회의에서 러시아와 ASEAN은 2002년 9월에 모스크바에서 ARJCC, 계획운영위원회, 통상-경제 협력에 따른 실무그룹의 모임 등 러시아-아세안 활동과 관련된 모든 조직들의 만남을 주제하자는 합의를 다시 한번 확인했다.

냉전 종식 후 지리적 여건으로 인해 아시아적인 성향을 많이 가지게 된 러시아는 아태지역에서 일어나는 모든 사건에 직접적인 영향을 받는 나라가 되었다. 따라서 유럽에서와 마찬가지로 아시아에서 러시아의 이해관계는 중요한 의미를 갖는다. 러시아가 아태지역에서 일어나고 있는 경제 통합의 경향에 성공적으로 안착하는 것은 러시아 극동지방과 시베리아의 안정적인 발전을 위한 중요한 요소가 된다.

러시아-ASEAN 회담에 참석한 싱가포르 외무부 장관은 2003년에 태국을 대신하여 싱가포르가 ASEAN 러시아-회담의 중재국이 됨을 알렸다.

2002년 9월 20일 모스크바에서 제3차 러시아-ASEAN 공동 협력 위원회(ARJCC)가 막을 올렸다. 회담에 러시아 대표단과 동남아연합 10개국 그리고 ASEAN 비서국 대표들이 참석했다. 로슈코프 러시아 외무부 차관, 수쉬트라 히란푸릭(Сушитра Хиранприк) 태국 외무부 장관이 회담의 공동대표가 되었다.

제2차 공동 계획위원회와 러시아-ASEAN 통상-경제 실무 그룹 설립 회담이 이 회담이 있기 하루 전인 9월 19일에 있었다.

ARJCC 회담 중에 2000년 자카르타에서 있었던 회담 이후 러시아와 ASEAN의 상호협력의 상황과 활동성이 비교 분석되었다.

개회사에서 로슈코프 차관은 동남아연합과 러시아간 관계 발전에 있어 우선 긍정적인 경향들을 말하고, 이에 덧붙여 양측 관계에 새로운 자극이 필요함도 지

---

33) Региональная антитеррористическая структура

적했다.

　　　　ASEAN과 러시아는 정치, 경제 그리고 기타 다른 분야에서 이룬 진보를 만족스럽게 주시하면서 협력 관계를 심화 시키고 새로운 분야를 개척하려는 노력을 아끼지 않았다.

　　　　한편 양측은 상호 협력 관계 발전을 위해 가지고 있는 커다란 잠재력을 십분 이용하지 못한 아쉬움도 남겼다. 하여 그들은 보다 더 성과 있는 상호 관계 발전을 위한 방안들이 모색되어야 할 필요성이 있음에 의견을 같이 했다.

　　　　러시아와 ASEAN은 상호 협력 발전에 기본이 되는 방향을 설정했는데, 국제범죄 특히 국제 테러와의 전쟁이 그 범주에 속한다. 러시아와 아세안은 이 범주에서 공동의 협약서를 작성하기 위해 서로 자문을 주고 받기로 합의했다.

　　　　2003년은 러시아-ASEAN 대화 관계에 의미심장한 해로 기억된다. 1월14일 로슈코프 차관의 영도 하에 러시아 외무부 내에서 동남아시아연합 업무와 관련된 제6차 러시아연방 위원회 회의가 열렸다. 국가회의 및 연방회의 대표를 비롯 ASEAN과의 협력 관계에 관심이 있는 각 부처 및 학교, 기업 단체들이 참여했다.

　　　　회담 중에 2002년에 행한 일들에 대한 활동 보고 및 향후 협력 관계를 심화 시킬 수 있는 방안과 2003년 활동 계획이 수립되었다.

　　　　러시아가 ASEAN과의 대화에 정회원의 자격을 부여 받은 후 6년 동안 실제적으로 대화의 조직적인 하부구조들 형성이 완성되었다. 또한 협력의 다양한 범주에서 교섭 기관들이 활동적으로 일하고 있고 ASEAN 비서국과 러시아 대표와의 정기적인 접촉도 이루어 지고 있다.

　　　　한편 경제 및 과학 기술의 협력에 있어서는 더 발전된 단계로의 도약을 위한 협력의 제도적인 근간의 부족으로 인해 이 분야에서의 협력이 억제되고 있는 부분도 없지않아 있었다.

　　　　2003년 러시아-ASEAN 공동 협력 위원회에서는 동남아연합과 러시아의 동반자 관계를 실제적인 열매가 있는 협력의 궤도로 옮기는 것을 근본적인 과제로 삼았다. 이런 맥락에서 러시아와 ASEAN 간 경제협정서와 정치적인 성명서를 만드는 것에 대한 문제가 논의되었다.

　　　　2003년 6월 19일 캄보디아의 푸놈펜(Phnom Penh)에서 열린 동남아시아연합 연례회의에서 러시아와 ASEAN 회원국 외무부 장관들에 의해 아태지역의 번영과 발전 그리고 평화와 안전에 대한 공동 성명서[34]가 조인되었다. 이것은 러시아와 ASEAN의 관계에 확실한 법적, 정치적 근간을 가져다 주는 중요한 문건이었다. 이 성명서의 주요 내용을 살펴보면 다음과 같다:

러시아 외무부장관 그리고 브루나이, 태국, 캄보디아, 베트남, 인도네시아, 말레이시아, 싱가포르, 라오스 미얀마, 필리핀 외무부장관들은 평화와 안보, 번영과 발전을 조성하기 위한 목적으로 대화와 협력을 강화하려 노력하고 UN의 규정과 국제법의 원리와 규칙에 준하여 아태지역의 정치, 경제, 안보의 범주에 역동적으로 변화하고 있는 상황에 적극적으로 대응해 나가면서, 1976년 2월 24일에 채택된 동남아시아에 우호와 협력에 대한 협약서의 의미를 되새기고, 독립과, 주권의 평등, 서로간 영토의 통일성 인정, 내정 불간섭의 원리, 힘에 의한 위협이나 무력을 사용하지 않고 평화와 안정 그리고 번영을 위한 협력을 강화해 나간다. 안보라는 것은 지역에 번영과 발전, 평화 유지를 목적으로 정치, 경제, 법, 외교 및 기타 모든 평화적인 수단을 동원한 총체적인 태도를 요구하고 포괄적인 성격을 지님을 인식하며, 국제정세의 변화와 국제관계의 공정하고 균형 있는 시스템 조성에 관심을 기울이면서 러시아와 ASEAN 회원국들은 다음에 대해 성명한다:

러시아-ASEAN은 아태지역에 있는 국가들의 균형 있는 공존을 조성하면서 협력과 교류를 강화하고 발전시킬 것이다.

쌍방은 국제협력과 안전, 모든 세계의 평화 보장 기구로 UN의 중심 역할을 인정하고 향후 UN의 효율성의 향상을 지지할 것이다.

그리고 세계화의 이점을 인정하는 동시에 세계화로 인해 발생할 수 있는 다양한 위협 요소들에 대응할 방법을 모색하기 위해 쌍방은 서로 협력할 것이다.

러시아와 ASEAN은 아태지역의 평화와 안정, 번영과 발전을 강화하기 위해 공동의 노력을 다할 것이며 이와 관련하여 양측은 계속적으로 다방면에 걸친 협력 관계를 활성화 하는 반면 세부적으로는 굳건한 신뢰 구축과 더욱 밀접한 협력 관계를 바탕으로 아세안지역협의회(ARF)와 같은 현존하고 있는 다양한 지역 기구들을 더 효율성 있게 만들 것이다.

러시아는 동남아시아를 핵무기로부터 자유로운 지대로 만들고자하는 의정

---

34) "Joint Declaration of the Foreign Ministers of the Russian Federation and the Association of Southeast Asian Nations on Partnership for Peace and Stability, and Prosperity and Development in the Asia-Pacific Region"

서와 동남아시아의 우호와 협력에 대한 조약에 대화 상대국들을 참여시키려 독려하고 있는 ASEAN의 노력에 박수 갈채를 보냈다.

한편 동남아연합은 상하이 협력 조직(SCO)내에서 지역에 안보와 평화를 지키려는 러시아의 노력에 주목했다.

이들은 정치, 경제적인 대화와 협력을 늘리고, 현존하고 있는 러시아-ASEAN 외무상 회의, 러시아-ASEAN 정부 고위급 회담, 러시아-ASEAN 공동 협력 위원회, 러시아-ASEAN 공동 계획 운영 위원회와 같은 대화 기구들을 이용한 쌍방간 협력을 향상시켜야 할 의무가 있음을 인식했다.

또한 서로의 대화 관계가 점진적으로 발전하는 것에 준하여 향후에는 러시아-ASEAN 정상회담과 같은 새로운 협력 기구의 설립의 가능성을 검토하기로 합의했다.[35]

양측이 이 성명서에 서명함으로써 점진적인 러시아-ASEAN의 친밀한 관계를 위한 과정은 총체적인 단계의 완성을 이루게 되었다. 그리고 그들 상호 관계에는 질적으로 새로운 장이 열리게 되었다.

결론적으로 협력 관계를 강화하고 발전시키는데 서로 관심을 가지면서 대부분의 첨예한 지역 및 국제 문제에 일치하거나 비슷한 견지를 가지고 있는 러시아와 ASEAN은 장기적인 측면에서 건설적이고 상호 이득이 되는 동반자 관계를 유지해 나갈 넓은 활동 무대를 가지고 있음이 증명된 셈이다.

---

35) Независимая газета. 23. 02. 1999.

Ⅱ장

소련/러시아와 ASEAN의 경제 관계

1. 소련과 ASEAN : 전략적 동반자 관계

2. 러시아와 ASEAN : 탁상공론에서 현실로

3. 베트남 ― 동남아시아에 러시아의 교두보

4. ASEAN 회원들과 러시아의 군사 · 기술 협력

1. 소련과 ASEAN : 전략적 동반자 관계

소련과의 관계를 정비하면서 ASEAN은 경제적인 측면의 파급 효과를 우선적으로 고려했다. 동남아연합 국가들은 자신들의 대외 교역을 다양화하고자 했고 서방에서 그들의 많은 종류의 원재료들의 주문이 줄어들고 있는 상황에서 대체시장으로 소련을 어떻게든 확보하고 싶어했다.

70년대에 자본주의 경제의 공황현상, 에너지 문제, 개발도상국 상품들에 대한 보호관세주의, 교역과 신용거래에 대한 조건의 악화와 관련하여 동남아연합 국가들의 사회주의 국가들에 대한 관심이 실제적으로 높아졌다.

이 기간 동안에 ASEAN 국가들은 소련과 그 외 사회주의 국가들과의 경제적인 교류를 맺고 발전시키기 위한 중요하고 실용적인 방안들을 채택했다. 태국과 필리핀에서는 사회주의 국가들의 선박이 정박하지 못하게 하는 것이나 그들과의 교역을 금지하는 정책을 폐지시켰다. 말레이시아에서는 사회주의 국가들과의 교역 제도를 자유화했다. 그리고 인도네시아의 러시아에 대한 채무변제 문제가 인도네시아에게 유리한 조건으로 조정되었다.[36]

한편 동남아연합 회원국들 중 몇 나라는 정치적인 이유로 교역에 의한 소련

---

36) 1970년에 체결한 소련과 인도네시아간 의정서에서 인도네시아의 채무 금액을 30년에 걸쳐 매년 일정금액으로 상환하도록 규정했다.

과의 경제협력을 제한하기도 했다. 1970년 초에 인도네시아 정부는 기존에 협의되었던 소련과의 공동 과제 수행을 무제한 연기한 바 있다.

협력의 적절한 형태를 선택하고, 공조 관계에 편견이 없을 시 그 관계는 모두를 위해 상호 이익이 되는 방향으로 발전할 수 있다는 것이 실제 상황에서 증명이 되었다.

해상운송 분야에서 싱가포르, 태국, 필리핀과 소련의 경제 관계가 성공적으로 수행되었다. 1968년부터 동남아시아에서 유럽과 미국,캐나다 간 항로를 운행하는 소련-싱가포르 소시악 라인(Социак лайн) 주식회사가 운송 활동을 하고 있다.

소련과 싱가포르는 선박 수선 및 제조 분야에서도 성공적으로 상호 협력 관계를 발전시켰다. 싱가포르 항구에서 소련 선박의 수리 및 제반 서비스는 지역경제 발전에 커다란 영향을 주는 것이었다.[37] 소련의 주문으로 싱가포르 조선소에서 굴착 갑판이 만들어 졌고 70년대 중반부터는 소련이 어획한 어류 및 해산물을 판매하는 싱가포르와 소련의 합작회사 마리스코(Марисско)가 영업을 시작했다.

1974년부터는 소련-필리핀 선적회사 필소프 쉬핑(Филсов шиппинг)이 동남아시아로부터 북아메리카, 유럽, 인도와 오스트레일리아로 물류 운송을 시작했고, 태국에서도 또한 거대한 소련-태국 합작회사 타소스(Тасос)가 운영되기 시작했다.

1976년에는 필리핀 대통령 마르코스(Markoc)의 소련 방문 결과로 소련-필리핀 간 첫 무역협정이 체결되었다. 그리고 70년대 소련은 말레이시아 고무를 가장 많이 사들이는 국가 중 하나가 되었다. 당시 말레이시아로부터 수출되는 동제품의 12~15%를 소련이 차지했을 정도다. 인도네시아로부터는 생산되는 고무의 7~8% 가량을 수입했다. 소련과 ASEAN 국가들과의 총 교역량은 1977년 311백만 루불로 1976년 240백만 루불에 비해 거의 30% 정도가 증대되었다. 그리고 1979년에는 380백만 루불에 육박해 1968년과 비교해 교역량이 세배 가량 성장했다.[38] 이는 아시아의 개발도상국들과 소련의 무역 성장 템포를 월등히 넘는 수치였다.[39]

그러나 당시 소련과 ASEAN 국가들과의 교역은 소련의 수입이 수출보다 훨

---

37) 1979년 한 해 동안 소련 선박의 싱가포르 항구 이용횟수는 대략 1,000건으로 기록되어 있다. За рубежом № 43, 1090, С. 113
38) Малетин Н.П. АСЕАН: три десятилетия внешней политики. С. 156.
39) Гришин И. К взаимной выгоде - Правда, 25. 11. 1978.

씬 우위를 점하면서 계속되는 불균형의 구조를 가지고 있었다. 소련은 1976년 37.3백만, 1977년 34백만 그리고 1979년에는 44.8백만 루블의 무역적자를 입었다.[40]

동남아연합 국가들은 사회주의 국가들과의 교역관계의 발전에 있어 일정 부분에서 서방의 견제를 받기로 했으나 비교적 초지일관적인 모습을 보여 주었다. 방콕은 강국들의 정치 변화에 자신의 무역 정치를 관여시키고 싶지 않다는 이유를 명백히 하면서 1980년에 소련을 대상으로 곡물 수출을 금지하려는 미국의 의도에 반대표를 행사했다. 1980년까지 소련과 태국의 교역량은 몇 배나 성장했다. 1982년 당시 미국 외무부장관 앙굴리-로르다-칼링톤(Англии лорда Каррингтон)이 ASEAN 나라들을 순방하며 그들을 독려하여 소련과 폴란드에 경제적 제재를 가하는 것에 동참하게 하려 했으나 실패했다. 교역관계 발전에 따른 경제적인 이익이 정치적이고 이데올로기적인 반목보다 우위를 점하고 있었던 것이다.

더군다나 80년대에 몇몇 상품의 무역에서 소련은 동남아국가들을 위한 판매시장으로서 중요한 역할을 담당하고 있었다. 1982년에 소련은 태국으로부터의 모든 설탕 수출의 1/5, 형석 수출의 1/3을 차지했고, 필리핀으로부터 설탕과 야자유의 약 10%, 말레이시아로부터 고무의 5% 이상, 주석의 8%를 차지했다. 이 제품들을 다량으로 구매하면서 소련은 세계시장에 이 제품들의 가격을 좀더 안정적으로 유지될 수 있도록 했다. 이 제품들 및 기타 다른 제품들에 있어 소련은 동남아국가들의 오랜 교역 파트너였다. 1985년에는 소련-인도네시아 협력위원회가 설립되기도 했다. 다음 표는 교역의 역동성을 보여주고 있다.[41]

1970-1986년 ASEAN 국가들과 소련의 교역액

(단위 : 백만 루블)

	1970	1975	1980	1981	1982	1983	1984	1985	1986
ASEAN	154	175	658	868	611	530	650	483	320
인도네시아	29	29	60	93	54	58	57	94	45
말레이시아	113	102	208	190	250	259	229	191	104
싱가포르	8	15	83	117	71	89	227	90	63
태 국	3	17	173	320	142	63	74	68	91
필리핀	–	13	134	158	94	61	53	40	17

이 표에서 보여지는 것처럼 절대지수의 실제적인 성장에도 불구하고 80년대에 소련과 동남아시아 국가들의 교역량은 안정적이지 못하고 해마다 변동이 아주 심한 것으로 나타난다.

소련은 동남아국가들에게 상품의 공급자로서 중요한 역할을 하지는 못했다. 소련은 천연비료와 그외 화학제품들, 몇 종류의 기계와 장비, 농기구 등을 공급했다.

교역되는 상품들의 종류가 통상 5~6개로 분류될 정도로 제한적이었고 수출과 수입 구조의 허약점이 나타났다. 일회성으로 끝나는 경우가 많았고 무역에 대한 전체적인 전략이 부재한 상태였다.

결과적으로 소련의 동남아연합과의 교역에 있어 무역적자는 계속 누적되었다. 1980년에서 1985년 사이에만 거의 29억 루블을 기록했다.[42]

소련의 모든 개발도상국들과의 무역에서 동남아연합 국가들이 차지하는 몫은 3~5% 수준에서 형성되었고 동남아연합 국가들의 교역에서 소련이 차지하는 몫은 드물게 1%를 넘었다.[43]

전체적으로 ASEAN 국가들과 소련과의 무역-경제 관계를 볼 때 소련에게 ASEAN 국가들이 더 요구되어지는 성격을 띄었다.

80년대 상반기에 소련군의 아프가니스탄 주둔, 베트남 군의 캄보디아 주둔과 같은 요소들이 동남아연합 국가들과 소련의 무역-경제 관계에 악영향을 미쳤다. 결과적으로 인도네시아에서는 4개 항구만 소련 선박의 정박을 허가했다. 그리고 몇몇 동남아 국가들은 일본과 같은 제3세계 시장에 목재나 기타 원료 공급에 있어 소련이 이미 그들의 경쟁국이 되었거나 될 수 있다는 견제의 시각을 나타냈다.

국제적인 긴장감이 팽배했던 1980년 상반기 동안에 아태지역에 대한 소련의 관심은 정치, 경제적인 요소의 타격을 받으면서도 안보 강화를 위한 군사적인 측면에 불균형적으로 치우쳐 있었다. 이는 지역에 무기경쟁을 초래했고 역내 비사회주의 국가들로 하여금 소련은 자신의 경제적인 영향력을 넓혀나가는 것에는 관심이 없는 오로지 군사강대국일 뿐이라는 인식을 심어주는데 일조했다. 당시 소련 대외

40) Внешняя торговля СССР. Статистический сборник. М., 1986
41) Международные отношения в Юго-Восточной Азии.С.12
42) Там же. С. 173
43) Там же.

정치 개념에는 빠른 경제 성장 템포로 세계 경제 중심의 하나로 부상하고 있는 아태지역의 상황이 적절한 의미를 부여 받지 못하고 있었던 것이다. 결과적으로 소련의 극동지역은 역내에서 생성되고 있던 국제 노동 분리 시스템에서 제외되었고 80년대 중반 소련의 대외 교역에서 아태지역은 아주 미미한 부분을 차지하는데 그쳤다.

1986년 소련 지도부는 신사고 정치 테두리에서 아태지역의 모든 국가들과의 관계에 적극성을 부여하고, 지역 분쟁을 조정하며 군사적인 반목의 수준을 낮추고, 태평양의 경제 공동체에 참여하는 것을 과제로 내놓았다.

이 시기 소련의 대외정치뿐만 아니라 경제적인 활동성은 동인도차이나 국가들과는 점점 소원해 지는 경향을 보이고 동남아연합 국가들과의 무역-경제 분야의 개별 협력은 증가하는 추세를 나타냈다. 소련측은 합작회사를 만들자는 제안을 하는가 하면 미국 시장에서 판매가 어렵게 된 태국 쌀의 구입량을 늘리겠다는 의향을 내비치기도 했다. 또한 마르코스(Ф. Маркос) 체재 붕괴 후 필리핀 경제 회생에 미국, 일본과 함께 도움을 제공할 준비가 되어 있음을 성명하기도 했다.

그러나 사회주의 국가들과의 무역-경제 관계에서 ASEAN 국가들의 정책 형성 시 정치, 이데올로기적인 요소들이 완전히 자신의 의미를 잃은 것은 아니었다. 태국의 민족 안보 위원회(Национальный совет безопасности)가 소련 상공회의소와 협력에 대한 결의서 체결을 반대한 것이나 1986년에 미국과 영국의 압력으로 싱가포르에서는 군사용으로 사용될 수도 있는 기술적인 노하우가 축척 된 제품의 소련 수출이 감시를 받는 것 등이 이를 증명해 준다.

결국 80년대 하반기에 들어서도 소련과 ASEAN의 무역은 호전되는 기미가 없었다. 예를 들어 1988년 양측의 총 교역량은 전년도 350.8백만 루블에서 290백만 루블로[44] 감소되었다. 태국을 제외하고 모든 동남아연합 국가들과의 교역량이 줄었든 것이다.[45]

이러한 가운데 1990년 2월에 소련 공동위원회 대표 르이쉬코프(Н. Рыжков)의 태국과 싱가포르 방문은 그들과의 경제적인 관계 발전을 조성해 주는 계기를 만들었다. 그의 방문 중에 1988년 5월에 맺은 과학-기술 협력 문제를 따른 소련-태국 간 공동위원회 설립에 대한 양측 협의서가 실행될 수 있게 하는 결의서가

---

44) 소련 수출 96.9백만 루블, 수입 193.1백만 루블로 계속 무역적자를 면치 못하고 있다.
45) Внешняя торговля. М., 1989, №3

채택되었고 각국 수도에 대사관 설립을 위한 대지 무상 공급에 대한 결의, 1990-1991년 문화, 과학 분야에 대한 정부 주도 프로그램 등이 논의 되었다. 1990년 2월 17일 싱가포르 회담에서는 양측 대표들에 의해 무역-경제, 과학-기술 협력 발전에 대한 소련 싱가포르 정부간 위원회 설립 결의서가 조인되었다.

아예로플로트 대표단이 인도네시아를 방문한 후인 1990년 여름에는 모스크바와 자카르타 간 직항로의 재개에 대한 협의가 이루어졌다. 이 직항로는 1983년 한국 민항기 추격 사건 후에 중단되었었다. 언론에서도 언급되었던 것처럼 1989년 수하르토 대통령의 모스크바 방문 후 소련과 인도네시아 관계는 전체적으로 처음에 생각했던 것 보다 훨씬 빠른 속도로 발전되어 갔다.

한편 소련은 모든 동남아연합 국가들과 무역 교류 시 특혜 조건을 부여 받는 것을 근간으로 하는 무역 협정서를 체결하고 있었음에도 불구하고 그들과의 교역량을 빠른 속도로 소생시키지 못했다. 1990년 동남아연합 회원국 각각과의 무역 구조를 보면 소련은 기존과 마찬가지로 무역불균형을 가지고 있었다. 소련이 동남아연합 국가들로 수출하는 금액은 250백만 달러인데 반해 그들로부터 수입은 660백만 달러에 육박했다.[46]

오랫 동안 정치, 이데올로기적인 요소가 동남아연합국가들과의 무역-경제 협력의 발전에 저해를 가져왔다고 간주되어 왔다. 그러나 소련과 ASEAN 국가들의 정치적인 접촉이 활성화가 되고 있는 시점에서 상호 이익을 주는 협력관계를 제한하고 있는 다른 요소들이 불거져 나왔다. 첫째 소련 제품들이 동남아 시장에서 일본 및 미국제품들과 비교하여 경쟁적이지 못했다. 이로 인해 소련의 동남아연합 수출은 원료가 총 수출액의 3/4을 차지했고 기계나 장비는 소련이 다른 개발도상국에 수출하는 물량에 비해 5배나 적었다. 둘째 소련과 동남아연합의 경제관계는 합작기업이나 과학-기술적인 협력이 부재한 단순 무역에만 의존하고 있었다.

90년대 초반기에 들면서 소련과 ASEAN의 무역-경제관계는 약간의 진전을 보이기 시작했다. 이 시기에 접어 들면서 동남아연합국가들은 그들 나라로 입국하려는 소련 사업가들에게 비자 발행 업무를 신속히 처리해 주기로 결정했다. 당시 싱가포르 총리 이관유(Lee Kuan Yew)는 자국 지역 사업가들에게 소련에 기본적인 개혁이 완료되었을 시 이미 그곳에 그들이 정착을 하고 있을 수 있도록 시간과 노력

---

46) Малетин Н.П. АСЕАН: три десятилетия внешней политики.. С. 164.

과 물질을 투자하도록 촉구했다. 한편 이러한 일련의 노력들은 소련의 붕괴, 냉전의 종식과 함께 새로운 전기를 맡게 되었다.

2. 러시아와 ASEAN : 탁상공론에서 현실로

소련을 계승한 러시아와 ASEAN과의 경제 관계는 1992년 동남아연합 외무상 회담에 러시아가 말레이시아의 초빙 손님으로 쿠알라룸프루에 처음으로 모습을 드러낸 이후부터이다.

소련의 붕괴 후에도 동남아시아 국가들에 대한 러시아의 관심은 계속되었다. 러시아는 ASEAN 국가들과 소련이 체결한 경제관계 협의서들 대부분의 법적인 효력을 그대로 물려받았다. 이는 우선 채무 변제 문제에 있어 큰 의미를 지니는 것이었다. 소련 시절 집행된 채권을 러시아가 회수할 수 있게 된 것이다.[47] 몇몇 국가들에서 잠시 동안 나타난 러시아 입지의 약화는 쌍방의 필요성에 의한 잠재적인 협력 가능성을 현실화 시키고 경제적인 붕괴를 피하면서 점차 회복되어 갔다. 자유 시장 경제 체제의 오랜 경험과 발달된 사회적 생산 기반, 그리고 풍부한 자원을 가진 ASEAN과 다양한 기술과 많은 전문 고급 인력을 가진 러시아는 서로 서로의 필요를 채워줄 수 있는 경제 파트너가 되기에 충분했다. 특히 동남아시아 국가들은 러시아에게 국방산업을 위한 큰 시장이었고 이는 향후 협력관계 전망을 밝게 해주는 중요한 요소가 되었다.

러시아 외무부 장관 코즈이레프(А. Козырев)는 아태지역 국가들과 함께

---

47) 인도네시아의 채무 변제 건을 예로 들 수 있다.

러시아의 극동지방과 시베리아를 합작으로 개발하고자 하는 '통합-21세기 프로그램'과 같은 다국적 기업 형성의 아이디어들이 검토되고 있음을 성명했다. 코즈이레프 장관은 이 프로그램 속에서 아태지역 특히 ASEAN 국가들 출신의 비즈니스맨들이 자신들의 자리를 찾을 수 있기를 기대했다.

1993년 봄 러시아 부대통령 루쯔코이(A. Руцкой)가 공식 방문차 쿠알라룸프루를 방문했다. 태국 수상 마하트히르(M. Махатхир)와의 회담 중에 그는 미그 전투기를 판매하고자 하는 러시아의 심중을 밝혔다. 러시아의 대략적인 제안서에는 비행기와 전투 헬리콥터의 공급도 포함되어 있었다. 총 계약 금액은 760백만 달러에 달했다. 루쯔코이 부대통령이 제안한 계약서에는 관련 전문 인원 교육과 부품 공급에 대한 것도 명시되어 있었다. 러시아는 무기 판매에 대한 계약이 성사되면 말레이시아로부터 매년 백만 톤의 야자유를 구매하겠다고 제안했다.[48]

1993년에 동남아연합 국가들과 러시아의 무역교역량은 이미 20억 달러를 눈앞에 두고 있었다. 이는 소련 시절 최고치를 기록했던 것 보다 훨씬 많은 양이었다. 러시아는 식량과 공예농작물, 소비재의 수입을 늘렸다. 그리고 사기업들뿐만 아니라 국영기업들과의 관계도 넓혀나갔다.

코즈이레프 외무부 장관은 1993년 ASEAN 외무상 회의에 참석하여 러시아의 시베리아 및 극동지역과 협력이 가능한 분야들을 대상으로 투자 프로젝트 목록을 제출했다. 그러나 이 제안에 대한 뒤따르는 반응은 없었다.

1년 여가 지난 1994년 동남아연합 국가들과 만난 자리에서 러시아 대표단은 옐친(Б. Ельцин) 대통령의 지시에 따라 외국인 투자자들이 토지에 대한 소유권, 사업 후 첫 5년간 세금 면제, 판매 이익금의 자유로운 반출 등의 많은 특혜를 받았음을 강조하면서 러시아의 기술 이전 및 러시아 및 동남아연합 국가들 영토 내에 합작 기업 설립 등을 포함하는 새로운 협력 가능한 목록을 제시했다. 이 목록에는 구체적인 러시아 파트너들이 기재되어 있었고, 여행, 문화 교류 분야뿐만 아니라 에너지, 항공-해상 운송, 우주항공기술 등 우선 관심 분야도 명시되어 있었다. 아울러 러시아는 ASEAN 국가들이 자신들의 문화 센터를 모스크바에 건립하겠다는 제안을 기꺼이 검토할 것이고 러시아의 고등 교육 기관들은 동남아연합 국가들에서 입학하는 학생들을 맞을 준비가 되어 있으며 그들과 학문연구를 하는데 협력할 만반

48) Дипломатический вестник № 15-16. 1994. С. 13-14

의 태세가 갖추어져 있음을 공고히 했다.

당시 이타르-타스 기자와의 독점 인터뷰에서 러시아 대외정치 기관 책임자는 다음과 같은 말을 남겼다. "러시아의 제안은 아주 실용적인 성격을 띠고 있다. 모스크바는 동남아시아 무기 시장에 침투할 수 있도록 적극적으로 대응할 것이고 이미 말레이시아 공군에 러시아 비행기를 공급하는 것에 대한 구체적인 협상이 이루어 지고 있다. 그리고 그 밖에 다른 동남아시아 국가들과도 이러 종류의 대화가 진행되고 있다."

1990년 중반에 이르러 ASEAN 국가들은 러시아의 무역 상대국으로서 이미 적지 않은 의미를 얻고 있었다. 러시아와 이 지역 국가들과의 교역량은 모든 아프리카 대륙의 교역량을 초과했고 러시아의 싱가포르 지역 수출액은 이집트로의 수출액보다는 많고 캐나다 지역에 버금갔다. 러시아 제품 구매자로서 태국은 그리스와 견줄만 했다.[49]

그러나 러시아가 ASEAN 국가들로부터 수입해 오는 물건들은 예전과 다름없이 천연고무, 고무나무의 유액, 야자유, 차, 소비재 등이었고 러시아가 수출하는 품목들은 기계나 장비가 차지하는 범위는 극히 일부분이고 대부분이 화학제품, 비료, 종이, 금속제품 등과 같은 원료 제품들로 제한되어 있어서 그동안 계속되어온 교역 제품 제한의 한계를 벗어나지 못하고 있었다.

한편 러시아는 동남아시아 국가들과의 무역에서 소련 시절 계속되었던 무역적자의 부정적인 면을 극복했을 뿐만 아니라 하기 표[50]에서 보여주는 것처럼 1995년에는 이들 국가들로의 수출이 수입에 비해 월등이 증가하고 있는 무역흑자의 긍정적인 면을 보여주고 있다.

러시아와 ASEAN 국가 간 기술 분야의 교류 즉 기술-경제 협력이 미미한 상황에서 동남아 지역 경제에 러시아가 참여할 수 있도록 하는 것은 단순 교역뿐이었다. 이런 요인으로 인해 러시아 총 대외교역량에서 동남아연합 국가들이 차지하는 몫은 1995년에 단지 1.7%(수입에서 2.2%, 수출에서 1.2%)에 불과했다. 미얀마와 베트남을 포함하여도 2%를 넘지 못했다.[51] 즉 러시아에게 동남아연합 국가들은

---

49) Дипломатический вестник № 9. 1995. С. 19

50) Восток №3. 1997. С. 165

51) Foreign Trade Bulletin, ABP, N 4, 1995. Дипкурьер № 12/18 июль 1996. С. 50

1991-1996년 ASEAN 국가들과 러시아의 대외 무역액

(단위: 백만 달러)

나 라	명 목	1991년	1992년	1993년	1994년	1995년	1996년
인도네시아	수출	43.6	37.2	134.5	153.2	229.8	337.5
	수입	23.6	16.6	39.3	42.7	93.4	181.4
	총교역액	20.0	20.6	95.2	110.5	136.4	156.1
말레이시아	수출	73.3	41.0	110.7	125.0	734.0	355.0
	수입	18.9	24.5	22.8	69.0	654.0	235.0
	총교역액	54.4	16.5	87.9	56.0	80.0	120.0
싱가포르	수출	274.6	709.8	531.9	1,096.5	1,225.1	977.1
	수입	110.2	160.1	241.6	202.9	312.1	100.8
	총교역액	164.4	549.7	290.3	893.0	913.0	876.3
태 국	수출	210.4	524.5	347.4	1,230.8	1,600.0	1,066.0
	수입	133.7	271.4	233.5	909.2	1,200.0	907.0
	총교역액	67.7	253.1	113.9	321.6	400.0	154.0
필리핀	수출	24.4	43.2	38.5	168.3	198.0	225.0
	수입	21.1	32.7	34.4	157.7	185.5	205.0
	총교역액	3.3	10.5	4.1	10.6	12.5	20.0
베트남	수출	–	–	–	–	453.5	280.4
	수입	–	–	–	–	303.6	174.5
	총교역액	–	–	–	–	147.2	105.9
브루네이	총교역액	–	–	–	–	–	–
	수출	–	–	–	–	–	–
	수입	–	–	–	–	–	–
ASEAN	총교역액	617.3	1,355.7	1,163.0	2,773.8	4,440.4	3,241.0
	수출	307.5	505.3	571.6	1,381.5	2,751.3	1,803.7
	수입	309.8	850.4	591.4	1,392.3	1,689.1	1,433.3

판로의 넓은 시장도 필요한 물품 공급의 원천지도 아니었던 것이다. 약한 경제적인 입지가 동남아 지역에서 영향력을 강화시키고자 하는 러시아의 노력을 객관적으로 방해하고 있었다.

　　ASEAN 국가들과 교역되는 제품 구조가 러시아 민족 이익에 결코 부합되지 않았다. 판매 제품의 약 90%가 원료 상태로 러시아로부터 수출되었다. 즉 동남아연합 국가로의 러시아 수출 경향은 다양화 되지 못한 원재료가 주를 이루며 예전 소련 시절과 별반 차이가 없었던 것이다.

90년대 상황의 특징은 ASEAN 국가들이 러시아 국경으로부터 멀리 떨어져 있고 러시아의 정치, 군사-전략적인 측면에서 최우선적인 의미를 가지는 국가들이 아니었음에도 불구하고 그들과의 관계에 있어 경제적인 측면은 아주 중요한 의미를 가지고 있었다. 왜냐하면 이 지역 국가들이 군사-기술, 기술-경제 협력의 범위에서 러시아에게 가지고 있는 채무가 적지 않았기 때문이다.

인도네시아는 예전 소련에게 가지고 있었던 채무에 따라 러시아에게 채무가 있음을 공식적으로 인정한 그 지역 내 유일한 나라다. 소련은 그들에게 공급한 물품대금을 정기적으로 자유롭게 경화로 지불할 수 있게 했다. 라오스에게는 812백만 루블에 해당하는 금액의 채무변제 기간을 2000년까지 연장해 주기도 했다.[52]

한편 1995년에 ASEAN의 회원이 된 베트남의 채무변제 문제는 훨씬 더 복잡한 양상을 띠었다. 베트남의 채무 총액은 대략 100억 달러로 추정되었다.[53] 뿐만 아니라 대부분이 특수한 자산 공급에 따른 대금들로 구성되어 있었다. 1996년까지 모든 채무 금액의 변제에 대한 방법이 정확히 결정되지도 않았다. 그러나 기한이 도래한 물품 대금 지불과 러시아-베트남 공동 프로젝트에 러시아 측이 분담금조로 재투자하는 것에 대한 협의는 이루어졌다.

이러한 모든 요소들이 러시아 외교의 새로운 노선에 실제적인 영향을 미쳤다. 지역에 안정은 국가들 간의 경제적인 관계 발전의 문제들과 밀접하게 관련이 있다는 시각으로부터 러시아는 아태지역 국가들과 시베리아 및 극동지역과의 관계를 장려하려 실질적인 발걸음을 내디뎠다. 러시아 연방 주도의 시베리아-극동지역의 경제, 사회 발전 10개년(1995-2005) 프로그램이 세워진 것이다. 이 프로그램에서는 석유, 가스체굴, 금강석, 금, 주석을 포함한 채광산지 개발, 어업, 운송, 목재업, 위락시설 등과 같은 보다 중요하고 이점이 많은 분야에 외국인 투자를 장려하는 것이 주요 목표였다.

1995년 말에 코즈이레프를 대신해 러시아 외무부 장관에 오른 프리마코프(E. Примаков)는 이 프로젝트를 '새로운 접근'으로 불렀다. 왜냐하면 이전까지 러시아의 극동은 모스크바를 통해서만 대외 관계를 가져왔기 때문이다.

---

52) Симпозиму 《Россия-АСЕАН》. С. 46

53) Малетин Н.П. АСЕАН: Три десятилетия внешней политики. С. 175

1996년 여름 인도네시아에서 열린 ASEAN 외무상 회의에 참가한 프리마코프 장관은 러시아가 동남아시아와 유럽을 잇는 철도 건설과 메콩강 지역[54] 발전 계획안과 같은 두 개의 거대한 지역 투자 프로젝트에 러시아도 참여할 준비가 되어 있음을 밝혔다.

러시아 측은 자신의 유일무이한 유라시아의 위치가 ASEAN 국가들에게 그들의 제품이 용이하게 유럽으로 수출될 수 있도록 해주고 반대로 유럽 국가들로부터 그들의 수요를 충족시켜줄 제품들의 수입을 도와 줄 수 있음을 피력했다. 아울러 러시아의 군사기술에서 보인 것처럼 생태학, 신소재, 통신, 에너지 대체품 등의 범위에서도 러시아 학자들이 괄목할 만한 성과를 올렸기 때문에 동남아연합 국가들이 관심을 가져볼 만 함을 강조했다.

또한 러시아는 ASEAN이 우주지질조사, 천재지변에 대한 정보 소유, 원격통신의 중심 및 평화를 위한 목적으로 우주 공간을 사용하는 범주에서 역내 전문인력 배양의 거점이 되도록 힘을 실어 줄 수 있는 우주 모니터링과 통신 센터의 발족을 제안했다.

무역-경제 관계 정립을 위해 러시아는 동남아연합-러시아 재정경제 펀드와 양측 상공회의소 산하에 러시아-ASEAN 비즈니스위원회 설립이 시기 적절하고 향후 전망이 있다고 생각했다.

러시아 외무부 장관은 러시아는 ASEAN의 능동적인 파트너가 되기 위해 노력하고 있고 2003년까지 아세안 자유무역지대가 조성되는 것과 함께 이에 동참할 수 있는 권리를 갖게 되는 나라가 되도록 만반의 준비를 다할 것임을 성명했다.[55]

1996년 ASEAN 회담의 의장 역할을 한 인도네시아 외무부 장관 알리 알라타스(Али Алатас)는 이타르-타스 통신과의 인터뷰에서 새로운 조건 속에서 러시아와 ASEAN의 좋은 공동경제협력프로그램이 개발될 수 있었으면 한다는 희망과 함께 이것이 상호 관계 발전에 확실한 촉진제가 될 수 있을 것임을 역설했다.

러시아 주재 싱가포르 대사 마르크 홍(Марк Хонг)은 러시아와 ASEAN과의 관계에서 서로 서로의 보완적인 면을 강조했다. 러시아는 ASEAN으로부터 열대기후에서 생산되는 상품과 전자제품을 수입하고 반면 군용제품, 원료, 에너지, 고

---

54) 인도차이나, 태국, 미얀마, 남중국 등이 이 지역에 포함된다.
55) Дипломатический вестник №2. 1996. С. 14

정밀 기술력을 수출하기 때문이다. 이런 상황 속에서 양측은 서로 서로의 자원과 수요의 가능성에 대한 실제적이고 실용적인 평가에 기초한 결실이 있고 효과적인 협력을 계속적으로 발전시켜 나가야 만 한다. 러시아와 ASEAN에게는 이에 대한 강한 정치적인 의지가 존재하고 있다.

거대한 잠재적 가능성과 상호 희망을 고려하며 러시아와 동남아연합은 쌍방의 대화 관계 발전의 가장 우선적인 분야 중에 하나로서 과학-기술 협력을 들었다. 이와 더불어 러시아-ASEAN 간 대화 조정자인 베트남의 누구엔 만 캄(Hryeн Мань Кам)은 기존에 설립된 과학-기술협력을 따른 실무단과 별개로 양측의 무역과 투자 접촉을 활발하게 할 수 있도록 무역-경제 협력 분야 실무단 및 러시아-ASEAN 비즈니스 회의 설립을 촉구했다.

한편 비정부 차원의 러시아-ASEAN 공동 비즈니스 회의 설립에 대한 제안들이 검토되기 시작했다. 러시아의 사업가들이 1997년 3월에 동남아연합 첫 비즈니스 정상회담이 열린 자카르타에 초대되기도 했다.

1997년 6월 모스크바에서 열린 러시아-ASEAN 협력 창립 회의에서 동남아연합 대화 상대국 정회원이 된 러시아는 전체적인 협력 프로그램을 관리할 러시아-ASEAN 공동협력위원회(JCC)를 만들었다. 공동협력위원회는 과학-기술협력단, 무역-경제협력단, 비즈니스 회의, 동남아연합 모스크바 주재 대사들이 주축이 되는 모스크바 위원회, 러시아-ASEAN 협력 펀드와 같은 구체적인 분야의 상호 활동을 관리하게 될 것이다.

공동협력위원회는 1년 반에서 2년마다 정기적으로 모임을 갖으며 수행된 업무에 대한 평가 및 향후 업무 계획을 수립하게 된다. 러시아-ASEAN 공동협력위원회 창립 회의에서 러시아의 제의에 따라 기존에 협의된 내용의 범위에서 러시아-ASEAN 협력 펀드가 구성되었다.

이 펀드에는 동남아시아 국가들과 과학-기술, 무역-경제, 문화교류 등의 발전에 다방면에 걸쳐 관심이 있는 러시아 국영 및 건실한 사기업들이 참여했다.

이 펀드의 목적은 첫째 러시아 기업체들과 ASEAN 회원국들 기업체들간 협력 촉진 및 발전을 겨냥한 양자간 혹은 다자간의 프로젝트와 회의의 재정적 지원, 둘째 펀드의 공동프로젝트에 참여하고 있는 러시아와 외국 기관들의 활동 조정, 셋째 문화, 과학, 기술, 경제, 생태계, 관광, 민간교류 등의 범주에서 러시아 법인과 ASEAN 회원국 법인들 간 협력 도모, 넷째 러시아에서 실행되고 있는 가장 효과적인 프로젝트에 ASEAN 회원국의 투자와 신용대부를 얻는 것, 다섯째 ASEAN 지역에서 수행되고 있는 프로젝트에 재정지원의 목적으로 러시아의 투자를 얻는 것, 여섯째 검토된 프로젝트에 대해 전문가들의 평가를 수행하고 조직하는 것, 일곱째 러시아와 ASEAN의 기업체들 간 협력 증진을 따른 투자 프로젝트 형식의 계획안들을 만드는 것, 여덟째 러시아와 ASEAN의 상품이나 서비스에 대한 증빙법칙이나 법규에 대해 관심 있는 사람들에게 자문을 해주는 것 등이다.

　　　펀드는 러시아 행정부 연방기관들, 현지 자치 단체들 및 사회, 개인 단체들과 상호 협력 하에 자신의 업무를 구성한다. 또한 러시아 외무부와 함께 자신의 활동을 조율하고 추진해 나간다.

　　　초창기에 펀드 회원에는 ASEAN 지역에 대한 중대한 프로젝트와 그에 대한 실현 가능성을 가지고 있는 러시아 회사들만 가입되었다. 효율적이고 활동능력이 있는 기관으로 만들기 위해 회원 가입을 위한 엄격한 자격 제한을 두었던 것이다.

　　　러시아는 동남아지역의 전략적 원료에 대한 자신의 관심을 공개적으로 알렸다. 우선적으로 천연고무, 식물성 기름, 주석 등이 이에 속한다. 러시아 경제에 필요한 천연고무의 87%, 야자유의 2/3 이상이 이 지역에서 러시아에 공급되고 있다.[56]

　　　러시아와 인도네시아, 말레이시아, 싱가포르의 교역이 현저하게 증가했다. 또한 태국과 필리핀 시장에 러시아 수출 호조는 경쟁국들의 반목을 불러일으키기도 했다. 경쟁국가들이 러시아의 덤핑 의혹을 제기하고 나선 것이다. 이로 인해 이 지역에 대한 러시아의 수출이 약간 축소되는 면도 없지 않았다. 그러나 러시아제 무기 판매에 있어서는 여전히 동남아연합 국가들이 중국 다음으로 거대한 시장을 형성하고 있었다.

　　　러시아-ASEAN 대화 참석자들은 각 측 경제 부문의 대표자들간 접촉이 이루어질 수 있는 장을 마련해야 한다는데 의견을 같이 했다. 1997년 7월 말에 쿠알라룸프루에서 있었던 ASEAN 외상회의 때 프리마코프 장관과 아세안 회원들이 만난 자리에서 이 문제가 세밀하게 검토되었다.

　　　무역이나 석유채취, 광석개발과 같은 생산분야, 농업, 해상운송, 관광 등의

56) 30 лет АСЕАН. Итоги и перспективы. М., МГИМО, 1998, МЖ №7

분야에 합작기업수가 증가했다. 1997년 여름-가을 동남아시아에 경제공황이 있기 전까지 ASEAN으로부터 러시아 경제에 투자 흐름이 있었다.

유감스럽게도 러시아는 캄보디아 문제가 조정된 후 90년대 초반 소련의 중요한 협력자 들이었던 인도차이나 국가들이 동남아연합의 회원국이 되는 노선을 선택했음에도 불구하고 동남아지역, 더 나아가 아태지역에 자신의 영향력 확장을 위해 그들을 발판으로 삼는 대신 오히려 그들을 계속 도외시했다. 이 지역에 러시아가 직접적으로 개입하는 것 보다 인도차이나 국가들을 이용해 간접적으로 영향력을 행사하는 것이 동남아연합이나 다른 국가들의 경계심을 낮추는 묘안이 될 수 있었을 것이다.

결과적으로 베트남, 라오스, 캄보디아로 이루어진 인도차이나 국가들과의 교역은 80년대 중반 호황기를 가졌으나 90년대 들어서 아태지역의 다른 러시아 교역국과 비교해 10배 가량이 뒤쳐지는 양상을 나타냈다.

동남아연합은 러시아 정부에게 동남아시아 국가들에서 이루어지는 산업 분야 및 기타 각 부문의 인프라 구성, 그리고 국제 경제 기구에서 할당하는 재원으로 이루어지는 다양한 프로젝트의 수행에 잠재력 있는 러시아 투자자들을 참여시켜 핵심적인 역할을 맡아 주도록 요청했다. 소련 시대에 그랬던 것처럼 절대적으로 거대한 투자자들일 필요는 없었다. 구체적으로 베트남은 국제 경제 기구에서 행하는 프로젝트의 공개 입찰에 러시아도 참여하도록 권고했다.

베트사프뻬트로(Вьетсовпетро)는 소련 시절에 생성된 베트남과 소련의 거대한 합작기업이다. 새로운 세기가 도래 했음에도 불구하고 이 기업은 여전히 베트남과 러시아의 경제 공동체의 근간을 이루고 있다. 그리고 시작 단계에 있는 석유가공 공장 건설은 베트남 중부 지역의 발전을 도모하게 될 것이다. 베트남에는 러시아에서 교육 받은 많은 베트남 엔지니어, 학자, 노동자들이 활동하고 있는데 이런 요소가 합작 회사의 성공에 기여한 부분도 없지 않아 있다.

동남아연합 회원들이 충분한 과학적 기반 없이 수출용으로 기술집약적인 제품을 생산하려는 것을 과제로 삼고 있음을 고려할 때 러시아는 동남아연합 국가들에게 충분한 '과학-기술 헌혈자'가 될 수 있다.

말레이시아 바다비(Бадави) 외무부 장관은 메쥬드나로드나야 쥐즌(Международная жизнь) 잡지 기자와 가진 인터뷰에서 말레이시아는 러시아의 과학-기술 잠재력의 총체를 높이 평가하고 있다. 그러나 말레이시아 인들에게는 러시아의 미래 기술을 소개하는 엔지니어링-97(Инжиниринг -97) 전시회에서 러시아 기술을 접하는 것이 고작이다 라고 말한 적이 있다. 엔지니어링-97은 말레이시아와 러시아의 공동 노력으로 1997년 3월 초 쿠알라룸프루에서 개최되었다. 이 전시회가 개최되기 전 말레이시아의 과학, 기술, 환경부 장관들과 실무진들이 모스크바를 방문, 자신들의 우선 관심 분야를 밝혔다. 이를 살펴보면 통신, 전자, 우주분야, 핵기술 등과 같이 러시아가 전문적인 잠재력과 기술적인 노하우를 가지고 있는 분야들이다. 러시아는 거대한 양의 비료와 철을 말레이시아에 공급하고 있다. 쌍방 교역량은 1996년에 350백만 달러에 달했다. 이는 소련시절 가장 교역량이 많았던 때 기록인 296.5백만 달러를 훨씬 웃도는 것이었다.[57]

러시아의 동남아시아를 상대로 한 수출에서 극히 미미한 부분을 차지했던 기계나, 설비의 비중이 점점 높아지는 양상을 보이는 것에 주목할 만 하다. 동남아시아 국가들은 자신들의 항공산업 건설, 핵연료발전소 설립, 생명공학의 이용 등에 대해 모스크바와 협의 중에 있다.

90년대 러시아는 거의 모든 동남아연합 국가들의 무기 시장 침투에 성공했다. 이것이 ASEAN 지역에서 러시아의 경제, 정치적인 입장을 극도로 강화 시켰을 거라는 것은 의심의 여지가 없다.

인도네시아는 소련에게 지고 있었던 모든 채무를 변제하는데 성공했다. 인도네시아가 50~60년대 수카르노 대통령 시절 모스크바로부터 융통한 약 900백만 달러에 해당하는 금액이다. 채무변제는 러시아의 대외무역 기관이 이 금액 만큼 천연고무, 차, 야자유, 카카오 제품들, 커피, 약품, 전자제품 등 인도네시아에서 생산되는 상품들을 들여오는 식으로 이루어졌다.

한편 1997년에 일어난 경제 불황은 러시아와 동남아시아 국가들과의 경제적인 협력의 속도에 제동을 걸었다. 그럼에도 불구하고 모스크바는 발전 가능성이 있는 분야에서의 접촉을 회복시키려 노력했고 베트남과 무역-경제, 과학-기술 협력 등 다방면을 다루는 긴요한 문서들을 채택했다. 이들은 양측의 민족이익에 준하는 협력관계를 강화해 나가는 것은 합목적적이고 전망이 있는 것임에 의견을 같이 했다.

1997년 12월 러시아연방의회 대표단은 동남아연합국가들 순방길에 올라

---

57) Международная жизнь. 1997 №6. С. 24

말레이시아, 싱가포르, 인도네시아를 방문했다. 대표단은 동남아연합 국가들에게 러시아의 섬유공업, 유용광물 채취, 비료 생산, 재정과 은행 시스템에 투자할 것을 권고했다. 이 방문의 결과 협력에 대한 8개의 약정서와 몇 종류의 계약서 등이 체결되었다.

차츰 경제 불황에서 벗어나고 있던 ASEAN 국가들은 특히 러시아의 생명공학, 통신, 신소재, 항공 우주 기술 분야의 연구에 관심을 가졌다. 경제 불황을 겪으면서 이들 나라의 경제 개혁이 최신 과학 집약적 분야, 신기술 획득에 집중되었기 때문이다.

러시아와 ASEAN이 정기적으로 중요한 정치 사안들을 협의하고자 개최하는 고위급 회담에 참여차 1998년 여름 모스크바를 방문한 ASEAN 의장 세베리노 (P. Северино)와 동남아 연합 대표단들은 이 회의 기간 중에 가진 러시아 비즈니스 대표단들과의 만남을 통해 러시아 측이 동남아 연합과 상호 이익이 되는 경제 협력을 위한 부단히 노력하고 있음을 실감했다.

회의 중에 비즈니스, 문화, 과학-기술 협력 분야에 있어 정확하고 충분한 정보를 서로서로 공유할 수 있도록 하는 데 목적을 둔 여러 조치들을 단행할 러시아-ASEAN 정보 교량을 만들자는 의견이 팽배했다. 서로 정보를 공유하는 세부적 방법으로 다양한 정보와 학문적 자료의 출판, TV 방영, 세미나, 전시회, 컨퍼런스 개최 등을 들었다.

1998년 7월 마닐라에서 열린 제5차 아세안지역협의회(ARF)에 참가한 러시아 외무부 장관 프리마코프는 지역의 안보와 향후 발전에 위협을 주는 것이 경제, 재정의 성격을 띠는 문제가 될 것이라는 러시아의 전망이 적중한 것에 대해 유감스러움을 표했다. 게다가 동아시아에서 시작된 외환위기가 아태지역 더 나아가 전세계에 새로운 환경을 조성했다.

모스크바는 지역의 경계를 넘어 세계 대부분의 나라의 경제적 이익을 손상시키는 이 외환위기를 심각한 현상으로 간주했다. 이것의 부정적인 결과가 오랜 기간 동안 그 국한된 지역뿐만 아니라 세계의 정치, 경제 과정에 영향을 미칠 것이기 때문이다.

프리마코프 장관은 재정기구의 투명성 보호, 위기 현상 예견, 유사한 위기 상황들을 초기에 알릴 수 있는 방법 개발을 포함 집단경제 안보시스템을 조성하도록 하는 것과 함께 지역의 테두리 안에서 동남아시아 재정 쇼크의 원인과 결과를 연구, 분석할 수 있는 기구를 조성하자고 제안했다.

그는 러시아와 아세안의 경제적인 관계가 서로의 경제적인 필요성을 채워주는 보완적인 성격과 일의 분업에 기초하고 있음을 강조했다. 러시아 외무부 장관은 동시베리아와 극동지역의 산업기반 및 항구 발전을 위해 동남아연합으로부터 투자를 유치하는 것에 특별한 관심을 보였다. 또한 프리마코프 장관은 '거대한 메콩강' 프로젝트에 참여할 가능성이 러시아 내에서 검토되고 있음을 밝혔다. 동남아시아 지역에서 러시아는 이미 발전소, 관개시설, 다리 건설, 전문가 양성과 같은 분야에 적지 않은 경험을 가지고 있었기 때문이다.

러시아-ASEAN 대화 조정 국가인 베트남의 느구엔 만 캄(Нгуен Мань Кам) 외무부 장관은 국제적인 성격을 띠게 된 외환위기 상황 속에 과학과 기술의 거대한 잠재력을 가지고 있고 거대한 시장으로 대두되는 러시아와 동남아연합의 효과적인 제휴를 발전시켜 나가는 것은 대단히 중요한 일임을 상기시켰다. 한편 그는 당시까지 단 하나의 협력 프로젝트도 성공되지 못하고 있고 협력 펀드는 여전히 프로젝트에 자금 지원을 못하고 있는 상태이며, 경제와 무역 관계는 활기를 보이지 않고, 단지 과학-기술 협력에서만 진전을 보이고 있는 것에 유감을 표시했다.

경제협력에 대한 문제들은 1999년 3월 러시아 부총리 마슬류코프(Ю. Маслюков)의 인도네시아 방문 시에 폭넓게 이야기 되었다. 러시아 무역부 장관 가부니야(Г. Габуния), 경제부 고위급 관료, 러시아 비즈니스 대표단들이 이 방문에 동행했다. 최근 10년 동안 무역-경제 협력 측면에서 인도네시아 지도부와 고위급 회담을 가진 것은 처음 있는 일이었다. 이러한 회담의 수행의 필요성은 예전부터 얘기되어 왔다. 이 회담 전까지 대부분의 효력을 가지고 있는 상호 무역-경제 협약서는 소련 시절에 체결된 것들이었기 때문에 새로운 세계 정세와 지역 변화에 맞게 바꿀 필요가 있었다.

러시아 대표는 인도네시아의 임시 대통령 하비비(Хабиби) 외에도 안기부 장관 비란토(Виранто), 산업, 경제, 무역 파트를 담당하는 각 부처 장관들과 회담을 가졌다.

이 회담을 통해 러시아와 인도네시아는 양측의 무역-경제, 기술 분야의 협력을 다져 줄 여러 문서들을 채택했다. 이 문서들은 양국의 무역-경제 관계에 법적인 근간을 강화 시켜주었다.

러시아와 인도네시아가 동등한 파트너임을 강조한 후 마슬류코프 부총리는 러시아는 인도네시아와의 무역-경제 관계에 커다란 의미를 부여하고 있음을 말하면서도 서로의 교역 관계가 그들 쌍방이 가지고 있는 잠재성에 훨씬 못 미치는 점에 유감을 표했다.

상호이익이 되는 협력의 효율성을 높이기 위해 모스크바는 자카르타에 어음교환, 투자와 재산권보호, 러시아가 적절한 규모의 원자력발전소를 사들이는 것 등을 제안했다. 이와 함께 향후 상호 협력 발전에 있어 전망이 있는 분야로 우주개발, 기계제작, 새로운 통신 시스템 개발, 환경보호, 세계 대양의 개발, 어업 등이 논의되었다. 러시아 대표단의 말에 따르면 인도네시아 측에서 러시아 공장의 광전자 변류기 - 태양열 배터리 시스템-에 관심을 가졌다고 한다.

마슬류코프는 소련이 가졌던 엔지니어-기술력의 80%를 러시아가 이어 받았음을 강조하면서 이 잠재력과 가능성을 이용하라고 호소했다. 그에 따르면 러시아 정부 그리고 크고 작은 러시아 기업들은 인도네시아 정부 및 그 나라의 사업가들과 협력 할 만반의 준비를 하고 있다고 한다. 러시아는 극동의 나홋드카(Находка), 에카쩨린부르그(Екатеринбург), 마가단스카야 주(Магаданская область), 뚤스카야 주(Тульская область), 키로브스카야 주(Кировская область), 스타브로폴스키 지방(Ставропольский край)을 잠재적으로 가능성이 있는 지역으로 지목했다. 또한 모스크바는 반덤핑 조치로 관세를 적용 시 자카르타에 자문을 구하고 싶다는 의사를 밝혔다.

이는 1999년 1월 말에 인도네시아 정부가 인도네시아 '철강 로비 압력'에 굴복하여 수입 철에 대해 62% 상당의 관세를 부과함으로 인해 많은 피해를 당한 경험에서 나온 것이었다.

당시 관세는 특히 러시아가 니즈네따길스키(Нижнетагильский) 금속공장에서 생산하여 공급하고 있는 제품에 대해 혹독히 적용되었던 관계로 이 금속공장뿐만 아니라 인도네시아와 관련하고 있는 러시아 생산자 모두들에게 인도네시아 시장을 잃게 하고, 적지 않은 재정적 손해를 입히는 결과를 가져왔다.[58]

새로운 러시아 외무부 장관 이바노프(И. Иванов)는 1999년 여름 제6차 ARF 회담 연설에서 지역에 생성된 깊은 재정-경제 위기의 결과가 아태지역 상황에 계속적으로 부정적인 영향을 미치고 있다고 하고 이를 교훈 삼아 러시아는 국제 재

---

58) ИТАР-ТАСС 18. 03. 1999.

정 시스템의 개혁 움직임에 지지를 보낸다고 성명했다. 그는 아태지역에 외환위기의 예방과 경제적 안보 구축을 위해 지역 재정 시스템의 이권을 중심으로 국제경제 기구들의 움직임을 분석하고 예의 주시할 효율적인 조직들이 아태지역에 설립되어야 함을 강조했다.

이바노프 장관은 러시아가 APEC(Asia Pacific Economic Cooperation) 활동에 정식적으로 참여하게 되었음을 높게 평가하고 이 기구 참여자들의 경제적인 안보 노력 덕택에 지역의 안정이 강화될 수 있을 것임을 확신했다.

이런 측면에서 모스크바는 1998년 12월 ASEAN 정상회담의 결정 특히 향후 위기 상황을 사전에 예방하는 효과적인 방법과 모든 동남아시아의 실제적인 통합을 전개하는 것에 중점을 둔 하노이 활동 계획(Ханойский план действий)에 지지의사를 밝혔다.

러시아는 동남아연합에서 추진하고 있는 경제 프로젝트에 참여할 준비가 되어있음을 알렸다. 무엇보다 러시아가 관심에 두는 분야는 운송, 에너지, 석유채굴, 과학-기술협력 부분이었다.

1999년 ASEAN+러시아 회담에서는 양측의 과학-기술, 무역-경제, 상호투자 부분의 발전 경과에 대한 세밀한 분석이 이루어졌다. 말레이시아 마하트히르 수상의 1999년 8월 극동과 브랴찌야(Брятия) 방문은 동남아시아 국가들의 정부 및 비즈니스 클럽이 러시아의 개별적 지역들과 직접적인 협력관계를 갖는 실제적인 표본이 되었다. 러시아 외무성에 따르면 이 방문은 러시아 연방정부와 협의가 된 것이고 각 관련 부처들이 모든 절차 준비에 참여했다고 한다.

마하트히르 수상은 안기부 장관, 외무부장관 등과 함께 하바로프스끄 도지사 이샤에프(В. Ишаев)의 초청으로 하바로프스끄 지역(Хабаровский край)을 방문했다. 말레이시아와 하바로프스끄와의 협력은 1997년 말레이시아의 거대한 목재회사인 림부난 히자우(Римбунан Хиджау)가 러시아 극동지방 경제에 23백만 달러가 넘는 투자를 한 때부터이다.

마하트히르 모하마드 수상과 수행원 일행은 하바로프스끄 지방도시인 캄사몰스끄-나-아무레(Комсомолск-на-Амуре)에 위치한 항공산업기지 '크나포'(КНАПО)를 방문했다. 이들은 이 기지에서 멀티기능을 가지고 있는 'S-80' 비행기, 수륙양용비행기 'ВЕ-103' 그리고 'Sy-30' 전투기를 흥미롭게 보았다. 말레이시아 수상 일행은 또한 조선소를 방문 전투 군함에 관심을 표명하기도 했다.

1999년 8월 중순 마하트히르 수상이 브랴찌야를 방문한 주된 목적은 그곳에서 생산되고 있는 군사 수송용 헬리콥터를 말레이시아로 공급이 가능한지 여부를 타진해 보기 위함이었다. 그곳에서는 변형 헬리콥터 'MI-171' 종류들과 'Sy-25' 습격기가 생산되고 있었다.

브랴찌야 측은 말레이시아 기업가들에게 바이칼호 동쪽 지역의 미네랄 원료 개발과 숲의 개발 그리고 가전제품 및 기타 전자제품의 조립 공장 건설과 관련한 투자 계획서를 제출했다.

전체적으로 이러한 종류의 방문과 접촉은 외국기업이나 국가들이 러시아의 산업 지역들과 직접적인 관계를 갖고자 함을 증명해 주는 것으로 평가된다. 러시아 외무부는 이러한 경향을 전반적으로 지지하고 있다. 러시아의 산업 구조들이 아직은 신생단계에 있고, 외국 기업들과의 상호 긍정적인 활동과 견실한 경험들이 이제야 얻어지고 있는 시작 단계이기 때문에 러시아 외무부의 적극적인 지원은 이러한 활동들을 촉진시키고 실제적인 결실을 맺게 하는 촉진제가 될 것이다.

자신들이 가지고 있는 재원으로 더 이상 극동을 보호할 여력이 없는 모스크바는 극동이 아태지역의 산업, 재정의 중심지로 하루 속히 변화되고, 주변 지역에서 일어나고 있는 급격한 경제 변화에 적응하고 적절히 대응할 수 있도록 지원을 아끼지 않아야 한다. 러시아 학자들의 의견처럼 이러한 일련의 노력 없이는 러시아와 아태지역의 경제 관계는 예전과 다름 없이 국부적이고, 간헐적인 성격을 벗어나지 못할 것이다.

아시아에 불어 닥친 외환위기로 인해 러시아와 ASEAN의 교역은 1998년 거의 40% 정도가 줄어 들었다.[59]

그러나 러시아재 무기나 군사 기술의 동남아시아 국가들로의 수출은 서방과의 극심한 경쟁에도 불구하고 일정부분 늘어나는 추세를 보여주었다. 또한 베트남과는 성공적인 협력 관계로 외환위기의 영향을 적게 받았다. 러시아는 1998년 가을 베트남의 호시민(г. Хошимин)에서 열린 러시아-ASEAN 고위급 회담에서 무역과 투자 부분의 상황을 개선하자고 제의했다.

ASEAN 사무국 자료에 따르면 2000년도 동남아시아 내에 러시아의 자본이 참여하여 운영되고 있는 곳이 50군데가 넘는 것으로 집계된다. 이에 반해 동남

59) Дипкурьер ИТАР-ТАСС №8, 1999. С. 54-55.

아시아 국가들의 민족 통계를 살펴보면 2000년 11월 당시 베트남에 67개 대상에 러시아 투자가 이루어지고 있고[60], 라오스에는 2000년 1월 당시 15개 대상에 20백만 달러, 인도네시아에 1999년 12월 당시 2개 대상에 13백만 달러가 투자된 것으로 나타난다. 러시아 투자가들은 싱가포르, 태국, 캄보디아 등지에서도 활동하고 있다.[61]

푸찐(B. Путин)이 러시아 대통령에 즉위한 후 ASEAN 국가들과 러시아의 무역, 경제, 기술분야의 협력이 눈에 띄게 활발해 졌다. 푸찐 대통령의 동남아시아 국가들 방문과 APEC의 참여가 촉진제 역할을 한 것이다.

클레바노프(И. Клебанов) 부총리는 2000년 4월 말레이시아 수도에서 개최된 2차 비즈니스 정상회담 'ASEAN-2000'에 러시아 대표단을 이끌고 참가했다. 말레이시아 수상 마하트히르 모하마드가 이 회담을 개최했다. 인도네시아 대통령, 중국 총리를 비롯 많은 나라들의 수상, 대통령, 학자, 비즈니스 종사자, 은행가들이 이 회담에 참석했다.

클레바노프 부총리에 따르면 러시아의 과제는 동아시아 지역 국가들과 경제 협력을 질적으로 향상 시키는 것이다. 러시아로부터 수입하는 품목 중 기계-기술 제품이 총 수입의 25%를 차지하는 국가는 중국 밖에 없다. 그외 나라들과는 무역에 있어서 원료가 주종을 이룬다. 이러한 제한적이고 이윤 폭이 낮은 무역 구조 탈피를 위해 러시아에게는 높은 이윤을 창출할 수 있는 품목을 수출해야 한다는 과제가 생겨났다. 클레바노프 부총리는 높은 이윤 창출 품목으로 특수기술을 지목했다.[62]

러시아-ASEAN 협력 펀드의 감시위원회 위원장인 싸우토프(B. Саутов)는 제2차 비즈니스 정상회담 'ASEAN-2000'에서 특별히 러시아를 위해 하루를 배정한 것에 환영의 뜻을 전했다. 이를 통해 러시아 기업가들은 지역 국가들의 기업체나 상사들을 폭넓게 알 수 있는 기회를 갖게 되었고 ASEAN 국가들과 대화 상대국 정치 지도자들이 생각하는 경제, 과학-기술, 문화 분야에 있어 다양한 프로젝트

---

60) 67개 대상 중 실제 운영되고 있는 곳은 27개 정도이다.

61) Дипломатический вестник №11, 1999, С. 15.

62) Рогожин А. А. : Экономические интересы России в ЮВА - 2000 и перспективы. Юго-Восточная Азия в 2000 г. М., 2001, С. 62.

들을 이해할 수 있었다.

클레바노프 부총리의 'ASEAN-2000' 방문은 러시아와 아세안의 대화가 질적으로 새로운 요소들을 계속적으로 부여 받고 있음을 증명해 주는 것이었고, 이는 또한 아태지역의 모든 활동에 전적으로 참여하고자 하는 러시아의 노력과도 일맥상통하는 것이었다.

2001년 초 러시아 석유업자들은 '칼텍스 퍼시픽 인도네시아'(Калтекс Пасифик Индонезия)와 함께 수마트라 섬의 석유생산지에서 석유채취 효율을 본질적으로 높일 수 있는 시험 프로젝트를 완수했다. 성공적으로 끝난 시험 프로젝트 기술은 인도네시아의 모든 석유생산지에서 사용되도록 권고되었다. 1년 전인 2000년 2월에는 러시아 다단계 추진 로켓의 도움으로 인도네시아 인공위성 가루다-1(Гаруда-1)이 우주 궤도에 올랐다.

인도네시아의 비즈니스 종사자들은 전통적인 에너지 원천이 아닌 대체 에너지의 사용, 의학이나 정보 통신 분야 등에서 진행되고 있는 러시아의 연구 개발에 관심을 가졌다.

2001년 여름 브루나이 회담에서 러시아 측은 동남아연합 대표들과 함께 상호이익이 되는 장기적 경제 협력을 증진하는 방안 및 운송, 에너지, 과학, 기술분야와 관련한 프로젝트 수행에 ASEAN을 참여시키는 것에 대한 전반적인 논의를 했다. 이 브루나이 회담에서 모스크바는 ASEAN이 그들에게 아태지역에서뿐만 아니라 세계에서 핵심이 되는 협력자임을 강조하고, 특히 러시아 극동지역 발전을 위해서 없어서는 안될 중요한 파트너임을 시사했다.

2001년 7월 'ASEAN Week'에 참석한 이바노프 외무부 장관은 아태지역의 경제 부문에 새로운 협력 분야가 창출되고 있는 것에 지지를 보낸다고 말했다. 즉 중국, 남북한, 인도, 일본 및 그 밖의 나라와 러시아를 연결하는 가스-석유 송유관 건설이 그것이다. 이반노프 장관은 시베리아와 극동의 에너지 잠재력 - 이것이 21세기 유럽과 아시아의 단일한 에너지 시스템의 설립을 실제적으로 가능하게 하는 것이다 라고 주장했다.

그 외 상호 협력의 전망 있는 분야로 우주 공간의 평화적 사용이 거론되었다. 러시아는 동남아연합 국가들에게 우주선 발사 시 자신의 기지 사용을 권하고 자연 자원, 기상, 생태계 등의 문제 해결을 위해 효과적으로 지구를 관측할 수 있는 우주 기구들을 함께 만들어 사용하자고 제의했다.

이와 함께 러시아에게는 아태지역과 유럽, 미국대륙을 가깝게 연결할 수 있는 확실한 교통의 돌파구가 갖추어져 있음이 강조되었다. 왜냐하면 아시아로부터 북미로 가는 가장 단축된 항공로는 러시아 영공을 가로지르는 것이며 최소 2~3시간을 단축시켜 주기 때문이다. 이 밖에도 시베리아횡단철도는 아시아로부터 유럽으로 혹은 그 반대 방향으로 물류를 이동하는데 있어 지상에서 가장 빠른 운송 수단이다.

또한 러시아 극동지역의 항구들은 해상 운송에 있어서 중국을 포함한 동북아시아 지역 국가들과 미국, 캐나다의 태평양 항구들을 가장 빠르게 연결해 줄 수 있는 장점을 가지고 있다.

러시아는 천재지변을 예방하고 그 징후를 근절하는데 필요한 많은 경험과 그에 준한 기술적인 노하우를 가지고 있고 아태지역에 최신 정보 공동체를 형성하기 위해 사용될 수 있는 통신망이나 통신위성에 여유를 가지고 있다. 하여 러시아는 이에 준하는 과학적 잠재력을 가지고 있는 나라들과 함께 과학 분야에서의 실제적인 제휴의 가능성을 염두 해두고 있다.

역내에서 이루어지는 경제 관계 시스템 조성에 전면적인 참여가 시베리아와 극동지역의 경제 발전의 필요성에 부합하기 때문에 러시아는 ASEAN 국가들의 이해와 지지 그리고 그들로부터의 투자를 고려하면서 협력의 가장 광범위한 범위를 따라 지역 경제 기구나 시스템에 적극적으로 참여하려 노력하고 있다.

2002년 여름 브루나이에서 열린 제35차 ASEAN 외무상 회의에서 러시아-ASEAN 회담의 가장 중심적인 안건은 무역-경제 분야에서 기존에 계획되었던 프로젝트를 수행하고 계속적으로 상호활동을 넓혀나가자는 양측의 대화협력 발전의 문제였다.

2002년 9월 제3차 ASEAN-러시아 공동협력 위원회(ARJCC)에서는 무역-경제 협력 분야 실무단(WGTEC)의 절차법 승인이 있었다. WGTEC은 무역-경제분야 협력의 조정 및 확장의 근간이 되는 기구였다.

3차 ARJCC 모임에서는 '하노이사업계획', '메콩강 지역 발전'과 같은 ASEAN이 추진하고 있는 통합 프로그램에 러시아의 참여가 가능한지에 관심이 집중되었다. 러시아-ASEAN 대화 틀 내에서 수행되어야 하는 몇 가지 구체적인 프로젝트에 대한 설명회가 있었다.

이와 함께 회의 준비 자료에는 아세안의 러시아와의 교역 수준이 다른 동남아연합 대화 상대국들과 비교 가장 낮은 수준임이 명시되어 있었다. 1999년 양측 교역은 약 9억 달러, 2000년에는 대략 11억 달러에 그쳤다.[63]

ARJCC 회담시 ASEAN-러시아 펀드 산하에 경영과 기획 업무를 맡게 될 공동위원회가 만들어졌다. 러시아-ASEAN 대화의 중재자 역할을 맡게 된 태국의 외무부 장관은 아세안과 러시아의 무역-경제 협력을 따른 실무단 설립에 대한 문제가 원칙적으로 해결되었음을 성명했다.

2003년 여름에 개최된 'ASEAN Week'에서는 에너지 문제, 인적자원, 새로운 운송로 건설 문제에 집중한 러시아-ASEAN 협력 증진 방안이 논의되었다. 이와 더불어 러시아는 교육 및 유행성 전염병을 포함 보건 분야에서 ASEAN과 밀접한 협력관계를 가지고 싶다는 의사를 밝혔다.

그동안의 상호협력의 결과와 향후 관계 발전에 대한 전망이 2003년 여름에 채택된 "ASEAN-러시아 공동 선언문"에 명시되었다.

이 선언문에는 다방면의 협력과 대화 증진에 기초하여 서로간에 현격한 무역-경제 발전을 이룰 것임이 강조되었다. 또한 양측 모두의 관심을 끄는 분야에 협력 증진을 위하여 항시적 혹은 임시적으로 전문 인력 단체가 필요할 때에는 주저 없이 설립하겠다는 의사가 타진되었다.

아울러 러시아와 ASEAN은 상호 관심 있는 각 부처간 정보 교환 활성화와 연구 기관들 간 연구원들의 실제적인 교환 연구와 상호 활동을 장려하기로 협의했다.

---

63) 여기에 명시된 교역량은 브루나이, 인도네시아, 말레이시아, 필리핀, 싱가포르, 태국만 포함된 것이다.

3. 베트남 - 동남아시아에 러시아의 교두보

러시아에 푸찐(В. Путин) 정부가 들어서면서 동남아시아에 있는 전통적인 소련의 협력자 베트남과 러시아의 접촉은 활기를 띠기 시작했다. 냉전시절 베트남의 거의 독보적인 교역 1위국이 소련이었음에도 불구하고 사실 이를 계승한 러시아는 베트남의 교역국 목록에서 열다섯번째 자리를 차지하는데 그쳤었다. 베트남과 러시아의 교역은 연간 약 4억 달러 수준이었고 반 이상이 러시아재 무기 공급과 관련하고 있었다.

1991년부터 1999년까지 러시아와 베트남의 상호 교역량은 33억 달러를 기록했다. 러시아의 베트남 수출액은 20억 달러, 러시아의 베트남으로부터의 수입액은 13억 달러이다.[64]

최근 6~7년간 모스크바는 베트남을 도와주지 않았다. 대신 오랫동안 '하노이와 베트남의 부채 규모 책정에 관한 문제를 논의했다'고 엑스뻬르트(журнал Эксперт) 잡지는 논평하고 있다.[65]

한편 베트남에 주재하는 러시아 대사 이바노프(В. Иванов)는 러시아 기

---

64) ASEAN Secretariat Information paper 'Third Meeting of the ASEAN-Russia JCC' Moscow, 20 September 2002.

65) www.nccibd.com.

자들과 가진 인터뷰에서 베트남을 단지 도움을 받는 국가라고만 생각하는 낡은 관념을 벗어 던지라고 단호하게 호소했다. 이바노프에 따르면 가까운 혹은 먼 장래에 상호이익을 주는 것을 기반으로 한 러시아와 베트남의 전략적 동반자 관계를 생각하라는 것이다.

베트남의 대외 교역에서 러시아가 차지하는 몫은 약 2% 정도 밖에 되지 않는다. 이것은 상호간에 지니고 있는 잠재적 협력 가능성이 제대로 반영되지 않은 결과이다. 한편 동남아연합에서 러시아의 주요한 교역 파트너 중에 하나인 베트남은 러시아가 동남아시아 넓게는 동아시아로 세력 확장을 하는데 전진기지로 사용하기에 충분한 여건을 가지고 있는 곳이다. ASEAN 국가들과 러시아의 교역에서 베트남이 차지하는 몫은 베트남에 주재하는 러시아 통상대표가 기록하듯이 15%를 차지하고 있다.[66]

2000년 9월에는 베트남 수상 판반화(Фан Ван Кхая)가 모스크바를 방문했다. 이 방문에서 베트남은 소련시절에 발생되어 러시아에게 이관된 채무 문제를 해결했다.

러시아와 베트남의 재정부 장관 쿠드린(А. Кудрин)과 느구엔 쉰(Нгуен Шинь)이 러시아와 베트남의 채무청산을 다루는 일련의 문서를 작성했다. 이 문서에 따라 베트남의 빚이 23년 상환에 약 15~17억 달러로 결정되었다. 이는 베트남의 빚을 85% 정도 축소시킨 것이다. 이 상환 금액의 90%는 베트남에 재투자나 그곳에서 생산되는 상품에 대한 구매자금으로 사용될 예정이다.[67]

이와 같은 단호한 채무의 삭감은 베트남에 외화가 부족하다는 것과 함께 당시 원조가 전략적인 무기의 무상 공급과 같은 '이기적인 성격'을 띠는 것들이 많았다는데 연유한다. 많은 사람들이 이야기 하듯이 소련은 베트남과 같은 나라들을 제국주의와의 분쟁에 전초 기지로 사용했고 자신의 지정학적인 목적을 위해 이용했던 것이었다.

베트남은 자신의 채무를 화폐나 상품뿐만 아니라 자신의 영토에서 수행되는 거대한 국제 프로젝트에 러시아의 이름으로 투자하는 것으로도 변제할 의무가 있었다. 이러한 방법들은 모스크바나 베트남 양측 모두에게 수용 가능한 것이었다.

---

66) Юго-Восточная Азия в 1999. С. 216
67) Эксперт №9. 5 марта 2001. С. 14.

게다가 이러한 투자 방법은 베트남이 단기간에 채무변제를 가능하게 하는 장점을 가지고 있기도 했다.

2001년 3월 푸찐 대통령의 베트남 방문은 소련의 전통적인 파트너였던 베트남과 새로운 관계를 열어가는 상징적인 의미가 되었다. 지금까지 소련 혹은 러시아 정상이 베트남을 방문한 적이 한번도 없었기 때문이다.

러시아와 베트남 정상의 회동 결과 여섯 개의 협약서가 체결되었다. 이밖에도 러시아 부총리 흐리스첸코(В. Христенко)가 기자들에게 성명한 대로 원자력발전 분야의 협력에 대한 정부간 협의서 준비가 완료되었다.

최근 베트남의 견실한 경제 성장은 아태지역에서 베트남의 입지를 확고히 하는 계기를 만들어 주었다.

정치 분야에 있어 러시아의 전략적 동반자인 베트남은 상호 관계 발전 모색뿐만 아니라 아태지역의 전망 있는 경제 활동에 러시아가 적극적으로 참여할 수 있도록 돕고 있다. 1998년 향후 2년 동안 러시아와 ASEAN 관계의 중재자 역할을 할 나라로 베트남이 만장일치로 선택되었다. 베트남은 ASEAN 국가들과의 관계 발전과 정보 교환뿐만 아니라 동남아연합과 러시아의 다방면에 걸친 협력의 활성화에 있어서도 중요한 역할을 할 수 있을 것이다.

2002년 3월 러시아 총리 카스야놉(М. Косьянов)의 베트남 방문은 러시아와 베트남의 결실이 있고 상호 이익이 되는 협력관계가 발전하고 있음을 증명해 주었다. 카스야놉 총리는 하노이 방문 중 베트남에 2개의 수력발전소 건설에 러시아가 1억 달러를 투자하는 협약서에 사인했다. 대신 특수 장비와 부품 대부분을 러시아가 신용 담보로 베트남에 공급하는 것으로 했고, 베트남 정부에서는 채무변제 일환으로 베트남 사기업에서 생산하는 1억 달러 상당의 높은 품질의 제품을 러시아에 공급하기로 했다.

또한 베트남 준쿠와트(Зунгкуат)에 베트남과 러시아의 합작회사 베트로스(СП Вьетрос) 석유 가공 공장에 필요한 1억 5천 달러 상당의 장비들을 러시아가 유상으로 공급하기로 했다. 공장의 가동으로 석유 채취를 최소 연 2천톤까지 늘릴 수 있을 것으로 기대한다. 베트로스는 해저층에 있는 새로운 석유 매장지 발굴에 협력하자는 내용의 제의를 자루베즈네프찌(Зарубужнефти)사에 타진한 상태다.

베트남에서 활동하는 러시아의 석유, 가스 그리고 에너지 관련 사업가들의 과제는 석유 채취뿐만 아니라 가공 더 나아가 베트남의 에너지 발전이다. 중요한 건 베트남을 전초기지로하여 그 외 ASEAN 국가들과도 협력의 가능성을 여는 것이다. 이것이 실현될 경우에 가스 석유제품의 판매시장이 베트남의 이웃인 태국, 라오스, 캄보디아 등지로 부터 시작해 전 지역에 점차 확대될 것이다. 또한 러시아는 ASEAN 시장에 석유 채취에 필요한 중공업 장비나 기타 여러 기계의 판매도 가능 하게 될 것이다. 베트남 해상에서 그 모든 장비들을 다시 싣고 지역내 모든 나라로 쉽게 움직일 수 있기 때문이다. 베트남을 통한 ASEAN 시장에서의 활동적인 비즈 니스는 지역 단체의 모든 나라들과 러시아의 교역을 점차적으로 성장 시키고 러시 아가 직접 철과 원료를 공급할 수 있게 해줄 것이다. 자루베즈네프찌사의 중개로 러 시아 가스 회사 가스프롬(ОАО Газпром)이 베트남에 들어왔다. 베트남의 중부 및 북부 만의 가스 생산지에서 대략 7억㎥ 에 달하는 가스를 채굴할 계획이다.[68]

러시아와 베트남의 가장 성공적인 합작회사 베트소뻬뜨로사의(Вьетсоп етро) 사업의 결실과 효율성이 본보기가 되어 베트남의 가스 매장 지역 발굴과 같 은 분야 등에서 양국이 협력관계를 계속 유지 발전시킬 수 있는 여건이 조성된 것이 다.

각 나라의 행정 중심지를 통하지 않고 러시아 지역들과 베트남의 지방 도시 들이 직접적으로 교류할 수 있는 장이 활성화 되어야 한다는 의견이 중요하게 대두 되었다. 타타르스탄 공화국(Республика Татарстан), 연해주(Приморски й край) 하바롭스끄(Хабаровский край), 니제고로뜨스카야(Нижегоро дская), 야로스라브스까야(Ярославская), 사라똡프스까야(Саратовска я), 스베르들롭스카야(Свердловская) 그리고 로스똡스카야(Ростовская) 주들은 베트남과 가장 활발하게 협력 관계를 가지고 있는 곳이다.

러시아 지역들과 ASEAN의 활발한 접촉을 위해서는 특히 인도차이나 국가 들에서 이미 활동을 하고 있고, 또한 활동을 계획하고 있는 러시아 기업가들에게 일 정한 특혜를 주어야 한다는 목소리가 러시아 지역에서 대두되고 있다. 그들은 냉전 이후 변화된 주변 상황들로 인해 소련 시절 정부간 신용대부나 차용의 틀내에서 일 반적으로 이루어졌던 기술-경제 협력으로부터 벗어나 합작 기업 형태의 투자로 활 동방식을 바꿔야만 했다. 러시아 정부가 이러한 러시아 기업가들의 애로사항을 해

---

68) Азия и Африка сегодня №7. 2002, С. 32.

결하는데 적극적으로 나선다면 이들의 축적된 경험과 노하우가 동남아 연합 국가들에서 러시아 자본이 투자된 기업들을 조성, 발전시키는데 요긴하게 사용될 수 있을 것이다.

이러한 대비를 하지 않을 경우 모든 판매 시장이 경쟁자들에 의해 점유되거나 차단되는 상황 속에 러시아의 동남아시아로의 산업 제품의 수출은 심각한 벽에 부딪치게 될 것이다.

동남아시아 지역에 산업 생산기지를 설립하는 등의 현지 생산력을 갖추는 것은 이 지역 시장에 성공적으로 침투하는 지름길이 될 것이다. 21세기의 문을 열면서 ASEAN 국가들은 역내에 EC에 버금가는 공동시장을 만들기 위한 체제 정비에 박차를 가하고 있다. 이러한 상황에서 러시아 경제학자 라고진(А. Рогожин)도 지적하는 것처럼 향후 이 공동시장에서의 비즈니스는 현지에 근간을 둔 생산 시설을 갖추고 있는 수출자들에게는 용이하겠지만, 그 반대의 경우는 더욱 고전하게 될 것이 분명하다.

4. ASEAN 회원들과 러시아의 군사 · 기술 협력

러시아와 ASEAN 국가들의 군사-기술 협력은 일대일의 개별적인 성향을 띠고 있다. 동남아연합이 군사-정치적 성향을 갖는 연합체가 아니기 때문에 회원국 각자는 독립적으로 러시아와 군사 협력 관계를 맺고 있다.

미국의 오랜 협력 국가들이었던 지역의 많은 나라들과 구별되게 베트남의 방위력은 기술적으로 소련 그리고 이를 계승한 러시아제 무기에 근간을 두고 있다. 로스바루제니에(Росвооружение) 회사가 무기의 대부분을 공급하고 있다.

1998년 10월 러시아 국방부 장관 세르게에프(И. Сергеев)의 하노이 방문 중에 러시아와 베트남간 군사-기술 협력 발전에 대한 협약서가 채결되었다. 이 협약서의 한 항목에는 양측 정부간 군사-기술 협력을 따른 위원회 설립이 규정되어 있다. 하노이에서 채택된 협약서에 근거하여 러시아는 소련시절 베트남에 공급되었던 낡은 무기들에 대한 부품과 러시아산 무기 공급을 계속할 수 있게 되었다. 2000년 11월 초 베트남은 러시아산 주요 무기 수입국 순위 6위를 차지했다.[69]

21세기에 접어들면서 베트남의 주요 관심사는 자신들의 낡은 해군력을 현대화 시키는데 집중되어 있었다. 러시아는 로켓군함, 잠수함, 정찰 및 로켓보트 등을 베트남에 제안했다. 베트남의 군부는 러시아의 주브르(Зубр)나 무레나(Муре

---

69) Азия и Африка сегодня. №7, 2002 С. 31.

на)와 같은 유형의 상륙용 군함에 관심을 가졌고, 작은 로켓 군함이나 군용선을 직접 만들 수 있는 능력을 소지하는 것을 중심으로 한 자신들의 조선업 발전에도 큰 관심을 기울였다. 러시아는 이런 부분들에서 충분한 도움을 줄 수 있는 여력을 가지고 있었다.

베트남의 무기에는 Sy-27 비행기들이 있다. 러시아는 베트남에게 이들의 현대화뿐만 아니라 예전에 베트남 공군에게 공급되었던 비행기들의 최신화도 가능하게 할 수 있었다.

통상 알려진 대로 러시아 무기를 구매하는 대부분의 나라들은 더운 열대지대에 위치해 있다.

따라서 러시아산 무기들이 더운 열대 기후에서도 온전한 성능을 발휘할 수 있는지의 실험이 요구되었다. 하여 베트남에 이런 목적을 수행하기 위한 트로파쩬트르(Тропоцентр)를 운영하고 있다. 여기서 열대기후의 악조건에서 러시아산 무기들이 어떻게 반응하는지 실험하고 있다.

러시아 정부 대표로 하노이를 방문한 카스야놉은 러시아와 베트남은 상호 군사-기술 협력이 서로에게 유익이 됨을 알고 있다고 강조했다. 카스야놉 총리는 러시아는 베트남의 군사력을 현대화하는데 물심양면으로 도울 준비가 되어 있고 비행기, 선박, 장갑병기, 소화기 등 최신식 무기들을 베트남에 공급할 수 있음을 성명했다. 아울러 모스크바는 러시아에서 교육 받는 베트남 군사 전문가들의 수를 늘릴 준비도 되어 있음을 시사했다. 냉전 시절 베트남과 소련이 협력하는 동안 13천 명이 넘는 베트남 장교들이 소련식 군사 교육을 받은 바 있었다.[70]

러시아산 무기를 베트남 더 나아가 동남아시아 국가들에게 공급하려고 하는 것은 점차적으로 정치적인 뉘앙스를 띠어가고 있다. 중국의 군사력이 점차 강화되는 것에 위협을 느끼고 있는 동남아연합 몇몇 국가들이 중국에 신식 무기를 공급하고 있는 러시아를 비난할 수도 있기 때문에 이를 사전에 막아보자는 의미다.

냉전 종식 후 형성되고 있는 무기 시장의 상황은 아시아 국가들의 적극적인 참여로 대변될 수 있을 정도로 90년대 중반 전세계 무기 수입의 45%에 달하는 몫을 아시아 국가들이 점유했다. ASEAN 국가들이 무기 구입에 배정하는 예산 또한 현격하게 증가되었다. 1996년 동남아연합 국가들의 국방비용이 각 나라 예산의

---

70) Азия и Африка сегодня №7. 2002. C. 30.

25~30%에 육박할 정도였다. 이러한 결과로 1995년 말레이시아, 태국, 인도네시아는 세계 15개 거대 무기 수입국의 목록에 끼게 되었다.[71]

ASEAN 국가들은 최신 무기 구입과 함께 자신들의 군사력의 현대화를 감행했다. 이러한 일련의 요소들은 무기 수출국들에게 동남아지역을 향후 시장성 있는 지역으로 관심을 가지게 하는 원동력을 제공했다.

세계 양극체제가 무너진 후 무기에 대한 국제 무역의 탈 이데올로기도 이루어졌다. 90년대 들어 동남아연합 국가들은 무기 구입의 원천과 자신들의 군사-경제적 협력의 지정학적 조건들을 다양화하기 위해 노력했다. 그들은 한국, 인도, 러시아 등과 군사협력 그리고 무기 공급에 대한 협약서들을 채결했다.

미국과 그의 동맹국들로부터 군사, 정치적인 의존도를 줄이고 무기 및 군수기재의 공급선을 다양화하려는 지역 대부분 나라들의 노력과, 무기 공급 계약 체결 시 러시아로부터 어떤 정치적 혹은 이데올로기적인 조건들도 덧붙여지지 않았다는 점이 러시아 무기에 대한 지역의 군사-정치 지도자들의 관심을 고양시키는 요인으로 작용했다.

한편 반전론의 사상과 당시 유행하던 군산 복합체의 '용도변경' 개념을 단순하게 받아들인 소련과 러시아의 몇몇 지도부는 그들이 가지고 있는 것들을 경제적인 목적으로 활용하지 못하는 우를 범했다. 좀더 신중하고 단계적인 용도 변경은 군용 시스템을 상업적인 목적에 효과적으로 활용할 수 있는 가능성을 높였을 것이다. 다시말해 군산복합체의 용도변경을 위하여 무기를 생산, 판매하고 여기서 발생된 이익금으로 용도변경 자금을 축적하였다면 이를 위해 다른 분야로부터 자금을 들여오는 일이 없이 합리적으로 좀더 빨리 사업을 이룰 수 있었을 것이다. 게다가 러시아는 무기시장에서 경쟁력을 가지고 있다.

러시아는 말레이시아의 무기 시장에 성공적으로 침투했다. 그것은 싱가포르와 말레이시아의 에어쇼에 영향력 있는 참가자로서 역내에서 새롭게 러시아의 역할을 조명할 수 있게 했다.

이미 1994년 6월 7일 말레이시아와 러시아는 550백만 달러에 상당하는 러시아산 전투기 미그-29(МИГ-29)기 18대와 그에 준하는 말레이시아산 야자유를 맞교환하는 계약을 체결했었다. 이것은 러시아로부터 무기를 구매하는 말레이시아

---

71) Эксперт №9. 2001, C. 16.

의 거대한 일회성 거래였고 이로 인해 말레이시아는 ASEAN 국가들 중 미그-29기가 처음으로 공급된 나라가 되었다.

말레이시아는 이 계약을 통해 만약 적절한 제품을 찾을 수 있고 수용할 만한 견적을 받을 수만 있다면 마레이시아의 전통적인 무기 공급 원천으로부터 한발짝 떨어져서 생각할 준비가 되어 있음을 시사해 주었다.[72]

인도네시아 또한 러시아산 무기 구매에 지대한 관심을 표명했다. 깊숙한 내정간섭에 대한 반대 표시로 자카르타는 미국산 전투기 에프-16(Ф-16) 9대를 구매하기로 한 계약을 무효화하고 협상 대상을 모스크바로 변경했다. 결과적으로 인도네시아 정부는 러시아에서 비행기 12대와 헬리콥터 8대를 구매하기로 결정했음을 인도네시아 민족발전문제 담당 긴난자르 카르타사스미타(Гинанджар Картасасмита) 장관이 발표했다.

1997년 인도네시아와 러시아는 30여 년 동안 동결되어 왔던 군사-기술 협력의 부활을 위해 대규모의 준비 작업을 시작했다.

1997년 7월 1일부터 8일까지 인도네시아 과학 기술부 장관 하비비(Б.Ю. Хабиби)가 모스크바를 방문했다. 이 방문 중 하비비 장관은 러시아에서 수-30(Су-30) 비행기 12대와 미-17(МИ-17) 헬리콥터 8대를 구매하고 싶다는 의사를 밝혔다. 인도네시아 전문가들에 따르면 수-30은 비행이나 전투 성능에 있어 에프-16에 뒤지지 않고 본질적으로 국가의 방공 능력을 강화시킬 수 있고, 미-17은 공격용 헬리콥터로뿐만 아니라 인도네시아에게는 중요한 사안이기도 한 군사호송 및 구조작전용으로 사용될 수 있는 장점을 가지고 있었다.

인도네시아가 러시아산 군비를 구매하려고 결정한 데는 러시아산의 경쟁력 있는 가격과 러시아 지도부로부터 어떠한 정치적인 조건도 없었던 것이 중요한 요소로 작용했다고 인도네시아 과학-기술부 장관이 밝혔다.

한편 동남아시아에 불어 닥친 외환위기로 말미암아 인도네시아와의 비행기와 헬리콥터 거래는 결국 성사되지 못한 아쉬움을 남겼다.

1996년 10월 러시아는 미얀마와의 군사-기술 협력 관계를 결의했다. 이는 러시아의 무기나 군사기술이 미얀마에 침투할 수 있는 좋은 여건을 만드는 계기가 되었다. 미얀마, 베트남, 라오스가 ASEAN에 가입하게 됨으로 인해 러시아산 무기

---

72) Азияи Африка сегодня. 2000 №7, С. 35.

는 지역에서 더 폭넓게 이용되게 되었다.

러시아와 동남아연합 국가들과의 군사-기술 협력이 진보되는 양상을 보여주었다. 이는 90년대 말에 동남아 지역을 강타하고 러시아를 포함한 아태지역에 어려움을 주었던 외환위기로 인해 침체일로에 있었던 경제 부문에 활력을 가져다 주는 계기가 되었다.

1999년 봄 마슬유콥프(Ю. Маслюков)의 인도네시아 방문 중에 군사 협력에 대한 문제가 거론되었다. 회담을 마치면서 러시아는 인도네시아 경제 상황이 대규모 군사-기술 협력에 대해 협의하기는 아직 시기 상조임을 알게 되었다.

이렇게 인도네시아를 비롯 역내 대부분의 나라들이 외환위기로 어려움을 겪고 있던 시기였으나 1999년 11월 말레이시아의 랑카비섬(о. Лангкави)에서는 항공 및 항해 무기, 군수 기자재 국제 박람회 리마-99(ЛИМА-99)가 개최되었다. 러시아의 로스바루제니에(Росвооржение) 국영기업은 34개 군산복합체에서 생산되는 제품들을 전시했고 이를 위해 공장 사장 및 설계자 약 200여 명이 참여했다.

새천년을 맞이하면서 점차 외환위기로부터 벗어나기 시작한 ASEAN은 무역-경제, 과학-기술뿐만 아니라 군사분야에 예전과 다른 보다 적극적인 관심을 표명하기 시작했다.

말레이시아 정부의 요청으로 기존에 공급되었던 미그-29(МИГ-29) 비행기 18대의 최신화 작업이 이루어졌다. 말레이시아는 러시아의 4세대 항공기와 최신 군사 시스템 도입을 검토하기 시작했다. 또한 대전차용 그리고 대로케트용 복합체인 메티스-엠(Метис-М)에도 깊은 관심을 보였다. 경제협력을 따른 러시아-말레이시아 정부 간 공동위원회 회의에서는 대고사용 복합체 이그라(Игла)와 탱크 T-90C를 쿠알라룸푸르에 공급하는 것에 대한 논의가 이루어지기도 했다.

여러 권위 있는 소식통들에 따르면 말레이시아는 다기능을 가지고 있는 수-30에 가장 흥미가 있는 것으로 나타난다. 말레이시아 총리는 그곳에서 몇 해째 열리고 있는 최신기술 박람회에 러시아가 출품하는 무기 및 군수 기재를 항상 면밀히 관찰하고 있다고 한다.

2001년 가을 말레이시아 공군 사령관 수라이만 마흐므드(Сулайман Махмуд)가 모스크바를 방문했다. 그는 수호고(ОКБ Сухого) 설계부 대표들과 회담을 가졌고 주코프스끼(Жуковский)에서는 최신 전투기 '수-30'과 '미그-29'

를 유심히 관찰했다. 특히 그는 20톤까지 물건을 운송할 수 있는 미-26(Ми-26) 헬리콥터에 관심을 보였다.

인도네시아 정부의 모스크바 접촉도 잦아졌다. 2001년 8월에만 인도네시아 고위급 관료 두 팀이 모스크바를 다녀갔다.

그 중 관심을 끄는 것은 아클라니 마자(Аклани Маза) 인도네시아 국방부 소속 장관이 이끄는 사절단의 모스크바 방문이었다. 사절단은 인도네시아 해군을 위한 헬리콥터의 생산 계약이 어떻게 수행되고 있는지를 점검했다. 러시아 4세대 전투기와 다기능 전투기 '수'(Су)와 '미'(МИГ)가 이들의 흥미를 끌기도 했다. 러시아의 한 도시인 쥬코바에서 열린 박람회에 참관한 그들은 신기술 전시관의 최신식 전파탐지기 '쥬크'(Жук)를 눈여겨 보았다.

러시아에 주재하는 인도네시아 대사 존 아르코 카찔리(Джон Арко Катили)는 인도네시아와 러시아의 군사적 협력을 강화하기 위해서 러시아에서 인도네시아를 위한 군사 전문가를 양성하는 것은 중요한 의미를 갖는다고 했다.

필리핀에서 온 군사 전문가들도 쥬코바 시에서 열린 에어쇼에 참관했다. 이 사절단은 '로스아바론엑스포르트'(Рособоронэкспорт)와 군사기술협력 가능성에 대해 협의했다. 한편 러시아 및 일본 소식통들은 미얀마 정부가 150백만 달러에 상당하는 '미그-29' 항공기 10대를 구매하기로 결정했다고 전하고 있다.

ASEAN 지역들과의 군사 관계 발전을 전망하면서 '로스아바론엑스포르트' 대표는 러시아는 모든 유형의 군대를 위한 무기 및 군사기자재를 신속하게 공급할 수 있고, 다방면에 걸쳐 협력할 준비가 되어 있음을 강조했다. 그는 이에 대한 예로 이줴브스끼 공장(Ижевский завод)에서 NATO 규격에 맞게 만든 '카라쉬니코프'(Калашников) 자동소총을 인도네시아에 공급하는 계약을 차질 없이 성사시킨 것을 들었다. 인도네시아 공군 사령부 하나피 아스난(Ханафи Аснан)은 외환위기로 인해 계약 성사 단계에서 무산된 러시아 전투 항공기 수급에 대한 계약이 다시 재개될 수 있음을 시사했다. 2001년 10월에 란카비(о. Ланкави) 섬에서 열린 리마(ЛИМА) 에어쇼에서 ASEAN 회원들은 새로운 러시아 항공기술에 커다란 관심을 보였다. 동남아연합 국가들은 러시아 무기 사용에 대해 자신들의 방위 능력 향상과 국제 테러와 분리주의로부터 통일된 영토 유지를 목적으로 함을 강조했다.[73]

---

73) Независимое военное обозрение от 14. 09. 2001.

동남아시아에는 서방 의존도를 낮추고 방위 수단을 보충할 수 있는 대체 원천을 조성하고자 하는 분위기가 팽배해 있는 게 사실이다. 미국이 동남아 국가들에게 인권 문제를 위시해 비난하는 상황에서는 러시아와의 협약이 쉬울 수 있기 때문이다.

2002년에 말레이시아 수상 마하트히르 마하마드(Махатхир Махамад) 그리고 그 이듬해에 인도네시아 대통령 메가바찌 수카르노푸트리(Мегавати Сукарнопутри)가 모스크바를 방문해 가장 중요한 안건으로 군사기술협력을 다룬 것은 우연이 아닌 것이다.

푸찐 러시아 대통령은 군사 기술 분야에서 러시아와 말레이시아의 상호 활동이 나쁘지 않게 발전하고 있음을 말하고 이는 말레이시아 군사전문가들이 항공 부분을 포함 러시아 군사 기술에 확신을 갖게 되었기 때문이라고 했다. 러시아 군사 전문가들은 말레이시아와의 군사기술 협력에 있어 단순 무역 거래에 그치는 것이 아니라 말레이시아에 과학적인 생산 기지를 양국이 공조하여 구축하는 등의 한 차원 높은 협력 관계 발전을 이룰 수 있음을 시사했다.

동남아 연합국들 중 말레이시아가 러시아와의 협력 관계의 발전에 가장 두각을 나타내는 것은 우연이 아니다. 러시아 설문 기관 게오 스펙트룸(Гео-Спектром) 대표 쿠리찐(М. Курицин)과 말레이시아에 주재하는 러시아 대사 로마노프(А. Романов)의 평가에 따르면 말레이시아는 몇몇 동남아시아 국가들 보다 우주항공 분야 같은 지역 전체를 겨냥하는 고도의 기술분야에서 러시아와 공동 프로젝트를 수행할 수 있는 능력을 가지고 있다. 이것은 권력층의 기술우선주의 정책, 발전된 금융지원 시스템, 정치적 안정, 1997년부터 1998년까지 있었던 외환위기로부터 동남아연합 소속 다른 국가들보다 적은 비용으로 벗어난 것이 커다란 요인으로 작용했다.

세계 전자제품의 24%를 생산하고 있는 말레이시아는 고도기술 분야에서 러시아에게 적절한 조력자가 될 수 있다. 말레이시아는 이미 러시아의 다단계 추진 로켓을 이용하여 우주선을 발사했다. 푸찐 대통령은 마하트히르 수상과의 회담에서 러시아의 이동식 우주선 발사체를 이용하는 것을 포함 이 분야에서 계속적인 협력의 가능성을 시사했다. 특히 말레이시아는 지리적 위치상 적도 부근에 위치하고 있기 때문에 이러한 분야의 일을 수행하는 데 대단히 적격한 장소이다.

말레이시아 수상은 자신의 모스크바 방문 길에 예전에도 그랬듯이 시베리아의 부랴찌야(Бурятия)와 극동의 하바로프스끄(Хабаровский край) 지역을 순방했다. 이 지역은 이미 러시아의 중앙을 걸치지 않고 말레이시아와 직접적인 협력 관계를 맺고 있는 곳이었다. 푸찐 정부는 말레이시아와 러시아 지방들이 개별적으로 직접적인 협력 관계를 발전시켜 나가도록 필요한 여건들을 최대한으로 보조해준다는 입장이다.

　　　2003년 5월에 러시아는 900백만 달러 상당의 '수-30' 항공기 18대를 말레이시아에 공급하는 계약을 성사시켰다.[74] 이것은 동남아시아 무기 시장에서 러시아의 입지를 확연히 높여주는 계기를 만들어 주었다. 계약서에는 항공기의 기술적인 서비스와 그것들의 계속적인 현대화 작업에 대한 요건들이 기재되어있었다. 첫 제품 공급은 2006년으로 계획되었다. 항공기 대금의 일부분은 말레이시아산 야자유로 대체하는 것으로 협의했다.[75]

　　　말레이시아의 이웃 나라인 인도네시아는 2003년 4월 메가바찌 수카르노푸트리 대통령의 러시아 방문시 양국의 군사기술협력에 대한 포괄적인 약정서를 체결했다. 이 약정서에는 전투장비나 기술의 이용, 이전, 현대화 등의 규정이나 원칙들이 제시되어 있었다.

　　　인도네시아 대통령은 쥬코브스끼에 항공군산복합체 수호이(Сухой) 실험실을 방문해 러시아의 새로운 전투기를 시찰했다. 인도네시아 대통령의 방문 결과 러시아는 192.9백만 달러의 군사용 항공기 4대와 2대의 헬리콥터 공급에 대한 계약을 성사시켰다. 대금 결제와 관련하여 인도네시아는 말레이시아 경우와 마찬가지로 21백만 달러만 현금으로 지불하고 나머지는 인도네시아산 제품으로 공급하기로 했다.[76]

　　　인도네시아 군사 총지휘관의 의견에 따르면 이 계약 성사로 구매하게 되는 전투기 4대는 인도네시아가 필요로 하는 수량의 극히 일부분이며 인도네시아의 모든 영토를 보호하기 위해서는 이런 종류의 전투기가 48대 정도는 필요하다고 한다.[77]

---

74) 말레이시아는 이라크 문제에 대한 미국과의 심각한 의견 차이로 외환위기 이전부터 거론되었던 보잉 18대 구매와 관련한 미국과의 협의를 중단했다.
75) www.kremlin.ru Речи и Выступления
76) Suara Merdeka/Kamis 24, 04, 2003
77) Suara Merdeka/Rabu 23, 04, 2003

인도네시아는 상기 전투기 외에도 중거리 로켓 '시-300'과 단거리 로켓 시스템 '이그라'(ИГЛА)에 관심을 표명했다.

동남아연합 국가들과의 군사기술협력 발전은 러시아에게 경제적인 부분뿐만 아니라 군사-정치적인 측면에서도 유용하다. 다시 말해 러시아가 ASEAN 국가들과 이 분야에서 굳건한 관계를 유지해 나가는 것은 단기적인 금전적 이익과 장기적인 전략적 의미를 동시에 가져다 주는 것이다.

동남아연합 국가들과 러시아의 군사기술협력의 상태나 전망의 분석결과는 이 분야에서 양측의 적극적인 활동을 위해서는 다방면에 걸친 국가 차원의 조력이 필수적임을 보여준다. 가장 유망 있는 시장 중 한 곳인 동남아시아로의 성공적인 침투는 역내에서 러시아의 정치, 경제적인 입지를 강화시켜줄 뿐만 아니라 러시아 군산복합체 생산 라인을 최대한으로 가동하게 할 수 있고 결국에는 러시아 내부 경제에도 긍정적인 영향을 가져다 줄 수 있을 것이다.

러시아와 ASEAN 국가들 사이에 그들의 관계를 막는 심각한 국제적인 마찰이 없다는 것은 양측의 경제협력 관계를 넓혀나가는 데 긍정적인 요소로 작용한다.

러시아의 시베리아와 극동은 일정 측면에서 동남아시아로 침투하는 연결고리가 되는 지점이다. 이 지역이 이를 위한 충분한 역할을 감당하도록 발전시키기 위해서는 아태지역 국가들과의 다방면에 걸친 굳건한 협력 관계가 필수적인 것으로 나타난다.

동남아연합 국가들은 이런 저런 국가들과의 경제 협력의 가치를 우선적으로 그 나라의 경제적 잠재력, 즉 그들을 위해 장래에 이득이 되는 지에 맞추고 있다

이런 측면에서 러시아는 자신의 아시아 정치에서 중요한 부분이기도 한 시베리아와 극동지역이 아태지역의 경제 시스템에 성공적으로 통합되도록 하기 위해 이 지역이 역내 국가들의 경제적인 관심을 불러일으키도록 각별한 노력을 해야 할 것이다.

Ⅲ 장

소련/러시아와 ASEAN의 안보 관계

1. 소련과 ASEAN : 안보의 고유 개념

2. 러시아와 ASEAN : '태평양의 합의' 를 향해

1. 소련과 ASEAN : 안보의 고유 개념

A SEAN은 인도네시아, 말레이시아, 싱가포르, 태국, 필리핀으로 구성된 5개국이 집단안보체제를 구축하고자 하는 희망으로 설립했다.[78] 동남아시아 국가연합의 활동은 역내 안보뿐만 아니라 대외안보적인 활동 측면에서 두 개의 기간으로 나누어 살펴볼 수 있다.

1) 동남아연합 창립부터 냉전 종식과 양극체제의 붕괴까지

2) '일극체제'의 상황 속에 냉전종식 후 시기

UN의 이념과 국제관계의 원리 준수, 지역의 평화와 안정의 고착, 이것이 대외적으로 정치—경제 기구임을 자청하는 ASEAN이 안보 분야에 대해 내세우는 설립 목적이다.

ASEAN 국가들은 외국군의 역내 주둔은 임시적인 성격을 띠어야 하고 외국군 주둔을 희망하는 국가의 동의로만 주둔이 가능하며 이들이 민족의 독립과 지역 국가들의 자유 혹은 민족 발전의 계획 과정을 위협하는 요소로 사용되어서는 안 된다는 의사를 확고히 했다.[79]

역내뿐만 아니라 역외의 정치적인 안정과 현존하는 체제의 보호 문제는 동

---

78) Самойленко В.В. АСЕАН. Политика и Экономика. М., 1982, С. 34.

79) The ASEAN Declaration (Bangkok Declaration, 1967)

남아시아 국가들을 연합하게 하는 촉진제 역할을 했다.

지역주의는 갈등이나 분쟁 등으로 인하여 역내 국가들 간의 소원해진 관계를 회복시킬 수 있어야 하고 대내외적인 위협으로부터 역내 국가들을 보호할 수 있어야 한다.

러시아에 주재하는 말레이시아 대사가 언급한 것처럼 ASEAN은 회원국들의 정치적인 관심과 안보에 대한 염려의 결과로 생겨났기 때문에 처음부터 동남아연합의 활동이 정치, 안보 분야에 집중되는 것은 새삼스러운 일이 아니었다.

지역주의 정책은 정치적인 행동 노선의 개발에도 영향을 미쳤다. 이 정책은 역내 국가들이 역외 국가들의 분쟁 및 대외 힘의 반목에 참여하는 것을 금하고 있었고 조직의 규합을 위하여 고립주의의 독특한 형태를 표방하고 있었다.

ASEAN의 지역주의 사상에는 외부 세력을 처음부터 지역 국가들의 이익에 반하고 그들의 안정과 안보를 위협하는 요소로 이해하는 전통적인 시각이 깔려있었다.

동남아연합은 사상적으로 반공산주의를 내세우고는 있었으나 냉전시대의 반목에 어느 쪽에도 참여하는 것을 거부했다. 이관유(Ли Куан Ю) 싱가포르 총리는 동남아연합의 연대성은 강국들의 경쟁과 공산주의의 침투로부터 지역을 보호하고자 하는 장기적인 목적에 대한 참여국가들의 의견 일치로 설명될 수 있다고 했다. 이러한 여건들 속에 ASEAN 국가들 내의 협력은 우선 중국의 지지를 이용하여 인도네시아, 말레이시아, 태국에서 활동하고 있는 빨치산들을 진압하는 것으로부터 시작되었다. 이 정치적인 협력의 두 번째 방향은 대외적인 위협에 함께 대처한다는 것이었다.

대내외적인 안보의 모든 국면은 아세안 국가들로 하여금 그들 각자의 정치적인 이해와 서로 협의된 정치적인 결정 사항들의 수립이 필수적임을 자각하게 했다.

지역 및 세계 시스템 속에서 세계 강국들과 가장 적절한 상호 관계의 국제관계의 균형점을 찾고 그들과 어느 정도 수준에서 관계를 유지할 것인지를 정의하기 위해 동남아연합 국가들의 외무부 장관들은 1971년 11월 27일 쿠알라룸푸르에 모여 동남아시아를 평화, 자유, 중립지대로 만드는 것을 골자로 하는 성명서(ZOPFAN)를 채택했다.

ZOPFAN이 비록 동남아연합의 공식적인 대외정치 개념은 아니었을 지라도 이 성명서의 채택은 ASEAN이 냉전시대 초기에 있었던 군사-정치적인 블록과 원칙적으로 구별되는 것임을 공표해주는 중요한 문서가 되었다.

국제적인 긴장 상황에 동남아 지역이 휩싸이지 않게 하고 역내 모든 나라들이 민족적인 존재의 권리를 보장받을 수 있도록 하며, 외부로부터의 간섭에서 벗어나 자유롭게 지역의 평화를 다져나갈 수 있도록 하는 것이 ZOPFAN의 목표로 공표되었다.

동남아연합에 가입한 국가들은 국제사회가 동남아시아 지역을 ZOPFAN이 지향하는 대로 인정해 주도록 만들기 위해 최선의 노력을 다해야 했다. 우선적으로 미국, 소련, 중국과 같은 강국들로부터 동남아시아의 중립을 인정받아야 했다. 이와 동시에 지역 모든 나라들이 외부 간섭에 적극적으로 대항해야 함을 공고히 했다. 결국 ZOPFAN의 개념은 자신들의 운명은 스스로 해결한다는 ASEAN 국가들의 의지의 표현인 것이다.

60년대에 소련과 중국간의 첨예한 대립은 향후 베트남 전쟁과 캄보디아의 상황에 악영향을 미쳤다. 이러한 반목은 미국이 70년대 그리고 80년대 대부분을 '중국카드'를 이용하여 소련을 대항하도록 만들었다. 이러한 상황 속에서 소련 외무부가 변함없이 주장하고 있던 '아시아의 집단 안보' 사상은 ASEAN 국가들을 포함 많은 국가들에게 단지 '흑색선전'으로 인식되었다. 아시아의 개발도상국 대부분은 이런 소련의 사상을 중국을 견제하기 위한 소련의 노력으로 받아들였다.

말레이시아의 주창으로 ASEAN 국가들이 동남아시아의 중립 프로젝트를 제시했을 때 소련은 원칙적으로 이를 지지했다. 소련의 지도부는 동남아시아의 중립사상과 같이 아시아의 평화적 미래에 대한 염려를 덜 수 있는 많은 유용한 제안들이 생기고 있음을 환영했다.[80] 이러한 소련의 환영 의사는 동남아시아에서 외국군의 주둔을 철회하고 동시에 이 공백을 중국이 메우지 못하도록 하며 아시아의 현 상태를 그대로 유지하려는 목적으로 1969년 소련-중국의 국경에서 벌어졌던 충돌 후 바로 소련이 아시아에 집단적 안보 시스템을 구축하자는 제안을 한 것으로부터 연유한다. ASEAN 국가들이 채택한 동남아시아의 중립사상은 객관적으로 소련이 추구하는 사상과 어떤 면에서 상통함이 있었던 것이다.

말레이시아와는 다르게 인도네시아는 잠재적 가능성이 있는 위협에 대해

---

80) Восток/Запад. С. 453-454.

'민족적인 저항력'을 길러야 한다는 사상을 내세우며 모든 강국들로부터 똑같이 거리를 두는 전략을 강조했다.

'민족적인 저항력'이라 함은 모든 적이 되는 사상에 성공적으로 대항하는 사상의 힘, 대내정치의 안정과 활발한 대외정치에 근거한 정치적인 힘, 국민의 높은 생활 수준과 거대한 산업 잠재력을 보호하는 경제적인 힘, 독창적인 민족의 자주성에 기초한 문화적인 힘, 국가 내부적으로뿐만 아니라 외부로부터의 위협에 충분히 대항할 수 있는 군사적인 힘들이 모아진 복합적인 힘을 말한다.

인도네시아의 사상가에 따르면 동남아연합 국가들 각각이 민족적인 저항력을 갖게 되면 동남아시아의 중립 사상과는 구별되게 다른 국가들의 보호하에 의존하던 것을 버리고 스스로 동남아시아에 평화와 안정을 조성할 수 있는 '지역저항력'을 가질 수 있게 된다.

70년대 중반에 이르러 동남아시아 지역에 상황은 급격한 변화를 겪었다. 1973년 인도차이나에서 전쟁이 종식되었다. 동남아시아에 미국의 군사적 주둔이 줄어들었고 베트남의 통일의 과정이 시작되었으며 라오스와 캄보디아에는 1975년에 좌익 정권이 들어 섰다. 이러한 변화들은 소련 혹은 중국에 유리한 힘의 균형의 변화로 받아들여졌다. 이런 상황 속에서 1976년 2월 말 인도네시아의 발리 섬에서 동남아연합 국가 수장들의 첫 회담이 열렸다. 각 국가 수반들은 동남아시아에 펼쳐진 새로운 정황에 대한 정확한 인식과 그에 준하는 새로운 전략과 전술 개발의 필요성을 직시했다.

이 회담에서 '동남아시아의 우호와 협력에 대한 조약'과 '협정서'가 채택되었다.

협정서에는 정치, 경제. 사회, 문화, 안보에 이르기까지 다양한 분야에서의 협력 활동 프로그램이 기재되어 있다. 또한 ZOPFAN 사상의 우월성의 강조와 함께 실제적으로 동남아연합의 안보 개념에 근간을 이루는 민족 및 지역 저항력 강화의 원리가 제시되어 있다. 이를 살펴보면 ASEAN 국가들 각각의 안정과 더 나아가 지역의 안정은 국제적인 평화와 안정에 실제적인 기여를 하게 된다. 아울러 내부 위협 요소를 제거하기 위해 모든 방법들을 동원한 동남아연합 국가들 각자는 민족 및 지역 저항력을 강화하게된다.

동남아시아의 우호와 협력에 대한 조약에는 지역 저항력의 본질과 목적이 간략하게 수록되어 있다.

≪이 조약서에 사인한 모든 나라들은 개별적인 힘, 상호 존중, 협력, 강하고 생존능력이 있는 동남아시아 국가 공동체의 연대성의 원리에 기초하여 지역 저항력 조성을 위해 모든 분야에서 협력을 강화할 것이다≫.[81]

이 조약은 분쟁의 소지가 있는 문제의 평화적 해결, 지역 국가들의 상호 관계를 규정하는 원리와 지역내부 협력에 중점을 두고 있다. 참여 조건은 동남아시아에 위치한 나라라면 어느 나라든 이 조약에 조인할 수 있도록 개방해 두었다. 이는 동남아연합이 베트남, 라오스 그리고 캄보디아와의 관계에 있어 실용적이고 비반목적인 입장임을 표현한 것이라 할 수 있다.

한편 협정서에는 ASEAN의 군국주의적인 면을 부정하고 지역의 정치, 경제 문제를 다루는 기구로서의 역할을 강조하면서 동남아연합의 틀내에서 ASEAN에 참여한 국가들 쌍방 간의 군사적 협력을 다루는 특별 법규가 명시되어 있다. 이 법규의 채택은 군사협력의 새로운 조직적인 형태 모색의 가능성을 열어주는 계기가 되었다. 군사협력은 정찰과 군사 정보 교환, 무기의 표준화, 군기업 건설의 협동, 빨치산에 대항한 전투작전과 합동 훈련의 실시, 합동 영해 국경 순찰등의 범위에서 수행된다. 집단적으로 이루어지지 않고 상호적으로 수행되는 군사협력은 모든 동남아연합 회원국들의 지지를 얻었다.

당시 동남아연합 국가들은 중국의 힘을 얻은 반정부 세력들과 중국 공산주의로부터 오는 위협을 유일한 대외 위협으로 간주했다. ASEAN의 중국 견제는 당연히 소련에게는 유익한 것이었다.

이와 함께 동인도차이나에서 미국식 제도의 와해는 동남아연합 국가들을 긴장시키기에 충분했다. 그들은 미국에서 벗어난 동인도차이나가 소련 혹은 중국 세력권에 합류하든지 아니면 양국 경쟁의 소용돌이 속에 휩싸이게 될 것이라고 생각했다. 여하튼 이 모든 상황은 동남아시아의 안보를 위협하는 것이었다.

소련은 동남아연합의 첫 정상 회담에 주의를 집중시켰다. 그러나 정상 회담 결과에 대해 모스크바는 동남아연합의 본질이라고 채택한 ZOPFAN의 사상을 제대로 구체화 시키지 못했다고 질책했다. 또한 동남아연합과 동인도차이나 국가들 간의 계속적인 분쟁 유지를 위해 해체를 눈앞에 두고 있는 SEATO(South-East

---

81) Treaty of Amity and Cooperation in Southeast Asia. ASEAN Documents Series, 1967-
    1986. Jakarta. 1986.

Asia Treaty Organization)를 ASEAN이 계승하도록 동남아연합에 군사 협력과 반공산주의를 강요하는 여러 국가들의 반동세력과 제국주의 세력을 비난했다.

동남아연합은 베트남 수상 팜반동(Фам Ван Донг)이 ASEAN 국가들을 방문 중 제안한 평화와 우호에 대한 조약에 사인하는 것을 거부했다. 왜냐하면 70년대 말에 일어난 대외정치적인 변화, 즉 베트남의 공산주의의 산물인 경제상호원조회의(Council for Mutual Economic Assistance; CMEA) 가입, 1978년 가을 베트남과 소련의 조약 체결, 이로 인하여 캄보디아의 폴 폴트(Пол Полт) 정권을 타도하기 위한 베트남군의 캄보디아 주둔, 캄보디아인민공화국 설립, 동인도차이나 세 나라 간의 특별한 우호 관계 형성 등이 동남아연합 국가들에게는 동남아시아의 군사 전략적 균형을 깨는 것으로 평가되었기 때문이다.

70년대에서 80년대로 넘어가는 시점에 ASEAN 국가들을 연합하게 하는 요소는 캄보디아를 둘러싼 지역의 위기 상황이었다. 게다가 이 분쟁은 쉽게 해결의 실마리를 찾을 수 없는 장기적인 성격을 띠고 있었다.

80년대 초반 국제적인 긴장이 첨예화 되던 시기에 소련의 아태지역에 대한 관점은 정치, 경제적인 요소들은 무시한 채 안보를 위한 순수 군사 활동에만 집중되어 있었다.

이런 상황에서 소련의 외무부가 변함 없이 추구하고 있는 '아시아안보사상'과 유럽에 현존하는 국경을 그대로 인정하자는 취지를 지닌 '헬싱키선언'을 '아시아안보'에도 적용시키자는 제안은 베트남, 캄보디아, 라오스로 이루어진 사회주의 동인도차이나를 그대로 인정하라는 의도로 평가되어 다른 아시아 국가들의 지지를 얻지 못했다.

캄보디아 문제를 해결하는 것은 동남아시아의 국제관계에서 가장 어려운 문제 중 하나였다. 이 문제의 해결은 향후 캄보디아의 운명뿐만 아니라 동남아시아, 더 나아가 아태지역의 평화와 안정과도 관련이 있었다. 캄보디아의 문제는 소련, 중국, 미국과 같은 강국들의 상호 관계에도 영향을 주고 있었다. 이들 각자는 자신들의 이익에 준하여 서로 대립 혹은 의견을 같이 하면서 캄보디아 문제를 다뤘다.

소련은 1978년 12월 폴 폴트당을 타도하기 위해 국민들을 선동해 봉기를 이룬 행 삼린(Хенк Самрин)이 주축이 된 캄보디아 민족 해방 전선을 환영했다.

반면 국제사회 대부분은 1979년 캄보디아에 행 삼린을 선두로 한 새로운 정부가 들어서는 것을 지지하지 않았다. 국제사회는 캄보디아의 새로운 정권을 베트남의 '꼭두각시' 정부로 평가했다.

 이 기간 동안 서방 정치가들은 동남아시아의 국제 관계에 소련 요소의 증대를 주제로 한 저술들을 많이 선보였다. 서방 정치가들은 베트남을 통하여 동남아시아에 자신의 영향력을 강화시키려는 소련의 의도를 건설적이지 못한 것으로 간주했다. 이들은 소련이 동남아아시아에 침투, 영향력을 미칠 수 있게 된 요소로 전략적 동맹의 성격을 가지고 있는 1978년 11월 조약을 기반으로 한 소련과 베트남의 관계 강화를 들었다. 이 조약 하에서 남중국해에 유례없는 소련 함대의 수와 힘의 증대가 가능하게 되었고 베트남 캄란(Камрань)의 해군기지를 사용함으로 인해 소련 함대의 활동력을 강화시킬 수 있었다고 서방 정치가들은 강조한다. 한편 소련은 이런 자신들의 활동을 소련의 안보와 그 동맹국들의 안전을 위협하는 아시아 해안에서의 미국의 해군 활동에 대한 대응이었다고 논증한다. 그리고 캄보디아에 주둔해 있는 베트남군은 캄보디아의 정부의 공식 요청에 의한 것임을 강조하고 '외부로부터의 위협'이 사라지게 되면 그때 철군할 것이라고 성명했다.

 유혈 독재 타도를 가져온 캄보디아의 사태는 ASEAN 국가들로부터 부정적인 반향을 불러일으켰다. 동남아연합의 서방과의 밀접한 관계 특히 중국과 제휴하고 있는 미국과의 우호 관계는 ASEAN 회원국들로 하여금 1979년 베트남에 습격한 중국 정부를 공식적으로 비난하지 못하도록 만들었다. '엄격한 중립'에 대한 ASEAN의 성명이 침략자와 그의 희생물을 일직선상에 올려 놓은 꼴이 되었고 중국 정부의 행위에 침묵을 지킬 수 밖에 없도록 만들었다.[82]

 베트남군이 캄보디아에 주둔하게 되고 폴 폴트 정권이 타도된 후 동남아시아에는 두 개의 그룹이 형성되었다. 한쪽은 베트남, 라오스, 캄보디아를 위시한 인도차이나 사회주의 국가 연합 그리고 다른쪽은 ASEAN을 중심으로 한 회원국들의 협력 강화가 그것이다. 전체적으로 동남아연합 국가들에게 있었던 중국으로부터 오는 위협에 대한 경계가 소련과 베트남쪽으로 옮겨졌다.

 ASEAN에 따르면 소련-베트남의 연합관계의 성립과 발전 그리고 베트남과 라오스, 캄보디아의 우호 관계는 첫째 동남아 지역을 초강국들의 첨예한 세력 다툼의 장으로 만들고, 둘째로 1979년 말 아프카니스탄에 소련군 주둔 후에 두 개의 서로 다른 거대한 공산주의 진영인 소련과 중국의 분쟁의 위험이 더 고조될 가능성

---

82) 1984년에 브루나이가 동남아연합의 6번째 회원국이 되었다.

을 가져왔다.

한편에서는 미국-소련-중국, 다른편에서는 베트남-소련-중국으로 이루어진 전략적 삼각관계의 상호 활동이 당시 대외변수를 가져다 줄 수 있는 총체였다. 이러한 상황 속에서 동남아연합의 소련과의 관계는 안보문제에 집중되어 있을 수밖에 없었다.

비록 80년대 초반 ZOPFAN 개념의 기본적인 입장 해석이 커다란 변화를 보이지 않았다고 할지라도 이 개념의 현실화는 동남아연합과 동인도차이나 국가들과의 대립으로 인해 억제될 수 밖에 없었다. 동인도차이나 세 나라가 참여하지 않고서는 동남아 지역을 '평화지대'로 만들겠다는 사상은 현실성이 없었기 때문이다. 따라서 ZOPFAN의 사상은 뒷전으로 밀려날 수 밖에 없었고 대신 '민족 및 지역 저항력'의 개념이 동남아연합 국가들의 안보를 위한 노력의 근간으로 자리 잡게 되었다.

ASEAN을 군사동맹체로 바꾸라는 미국의 압력에도 불구하고 동남아연합 국가들은 군사동맹의 형성은 동인도차이나와의 분쟁을 더 깊게 만들 수 밖에 없고, 지역에 전쟁의 위험수위를 높일 뿐만 아니라 동남아시아를 중립지대로 만들겠다는 ASEAN의 사상을 실추시키는 것으로 간주 응하지 않았다. 싱가포르 대통령 이관유는 공산주의 영향력과 대항하는 것은 새로운 군사 블록을 만드는 것이 아니라 동남아연합 국가들 국민들의 삶의 수준을 높이면서 경제, 정치, 사회적인 부분에서 경쟁하는 것이 더 합목적적이라고 성명했다.

ASEAN 리더들이 보는 동남아시아에 안보는 개별 국가들과 지역에서 그리고 냉전의 부정적인 영향으로써 강국들의 반목으로 인해 있을 수 있는 잠재적인 위협 요소를 최소화 하든지 아니면 통체적으로 제거하는 지역 질서를 만드는 것이었다. 또한 동남아연합 국가들에게 있어 과제는 지역군사블록 조성이 아니라 ASEAN 국가 각각의 군사력 증강이었다.

런던국제전략연구 기관의 조사에 따르면 1983년 ASEAN 국가들의 국방비 지출은 80억 달러에 육박한다. 1977-1980년 55억 달러와 비교하여 월등한 증가이다.[83]

여하튼 제한적인 형태로 군사협력의 모습을 비췄던 ASEAN은 결론적으로

---

83) Н.П.Малетин АСЕАН: три десятилетия (1967-1997) - три политики. М.,
    1997 С. 19.

는 초창기 그들의 주창대로 정치-경제기구로 남았다. 소련은 캄보디아 문제와 관련 동남아연합 6개 국가[84]의 협력이 군사블럭 차원이 아니라 정치적인 성격을 띤 것에 대해 환영의 뜻을 밝혔다.

ASEAN의 대외정치는 다양한 과제와 힘의 움직임에 따라 변화무쌍하게 활동하는 아시아의 복잡한 국제환경 속에서 수행되었다. 따라서 80년대 지정학적인 요소는 실제적으로 동남아연합의 행동 모티브에 그리고 안보의 범위에서 소련과의 관계에 결정적인 영향을 미쳤다.

ASEAN과 소련의 관계는 고르바쵸프(M. Горбачев) 정권의 도래와 뻬레스트로이카(Перестройка)의 시작으로 변하기 시작했다. 지금까지 소련의 ASEAN에 대한 관심은 지역 분쟁의 조속한 청산과 동남아시아에 소련군 주둔으로 인한 입장 강화가 전부라고 해도 과언이 아니었다.

1986년 7월 블라디보스톡에서 고르바쵸프에 의해 제기된 사상은 소련이 타협의 기반에서 정치적인 요소를 이용 캄보디아 문제를 해결하려는 보다 적극적인 역할을 수행할 준비가 되어 있는 증거로 동남아연합 국가들에게 받아들여졌다. 소련은 뻬레스트로이카에 전적으로 전념하기 위해서 국제정세를 개선, 분쟁에서 협력으로 변화시키고, 중국관계를 정상화하며 캄보디아 문제를 조속히 해결해야 한다고 생각했다.

고르바쵸프는 소련 내부 경제 개혁을 성공적으로 수행하기 위해서 아태지역이 갖는 중요성에 대해 강조하고 태평양 지역 국가 중 하나인 소련은 아태지역과의 협력을 확대해 나갈 것이라고 성명했다. 안보 문제에 있어 고르바쵸프는 첫째 1975년 헬싱키에서 있었던 유형의 태평양회의 소집, 둘째 핵무기 확산금지, 셋째 태평양에 군함대 특히 핵무기를 운반하는 선박의 활동 삭감에 대한 토의 진행, 넷째 아시아에 무기 및 군사력 삭감, 다섯째 신뢰성을 쌓는 방법 모색과 무력 사용 금지에 대한 협의를 제안했다.

블라디보스톡 연설은 아태지역에 대한 새로운 소련 정치의 목적, 방법 그리고 방향을 실제적으로 시스템화 시켜주는 계기를 만들었다. 아시아 안보 시스템 조성에 대한 소련의 주창은 함께 문제를 논의하고 해결 방법을 찾자는 제안의 형태로 기존 소련의 방법과는 사뭇 다른 것이었다.

---

84) 1984년에 브루나이가 동남아연합의 6번째 회원국이 되었다.

한편 '헬싱키 과정'을 아태지역에 접목시키려는 소련의 노력은 유럽과는 다르게 많은 반목과 분쟁이 존재하는 이 지역의 특수성을 고려하지 않은 것으로 ASEAN이나 지역에 다른 나라들로부터 반향을 불러일으키지 못했다.

동남아시아에 소련군과 미군 주둔에 대한 소련의 입장도 커다란 변화를 겪게되었다. "만약에 미국이 필리핀에서 군사 주둔을 거부하면 우리도 그에 상응하는 조치를 취하겠다"라고 고르바초프는 성명했다.[85]

1987년 7월 21일 인도네시아 '메르데카'(Мердека) 신문과의 인터뷰에서 고르바쵸프는 태평양과 인도양에서 현격하게 군사활동을 줄이자는 구체적인 제의를 하면서 자신의 아태지역 프로그램을 밝혔다. 또한 그는 1987년 12월 프놈펜에서 성명된 민족화합사상을 정치적인 조정 과정을 추진할 수 있는 결정적인 전제조건이 성립된 것으로 판단한다며 지지 의사를 밝혔다.[86]

일년 여 뒤인 1988년 9월 크라스노야르스크(Красноярск)에서 고프바쵸프는 아태지역에서 군사적인 요소의 최소화, 안보에 대한 국제적인 시스템 조성, 해군 병력 삭감 등을 제안하면서 만약 미국이 필리핀에서 군기지를 철수하면 소련도 베트남 정부와의 협의를 따라 캄란에 재정-기술적인 지원을 중단할 준비가 되어 있다고 발표했다.

한편 소련 정부의 이러한 제안들은 미국뿐만 아니라 아시아에 있는 미국 동조 국가들에게 지지를 받지 못했다. 그러나 이러한 상황에도 불구하고 모스크바는 아시아의 정세를 변화 시키려는 시도를 계속했고 자신의 정치를 첫째 몽골에서 군사 철군과 소련 동쪽 국경 부근에 육군병력 삭감으로 동아시아에 군사주둔 억제, 둘째 소련과 중국의 관계 향상에 장애가 될 수 있는 요소의 청산의 필요성과 관련하여 중국의 입장을 고려한 중국과의 관계 정상화, 셋째 일본과의 관계 정상화, 넷째 한반도에 정세 안정화란 측면에서 한국과의 외교관계 수립으로 정의했다.

아시아에 대한 소련 정치가 국제관계의 블록이나 분쟁 모델에서 본질적으로 떨어져 나왔다. 지역의 분쟁적인 상황과 문제 해결을 위해 대·소국에 구분 없이 관여되는 모든 국가들이 참여하도록 지역 모든 국가들의 이해관계의 균형을 찾는

85) Перестройка неотложна, она касается всех и во всем. Сб. материалов о поездке М.С. Горбачевна Дальний Восток 25-31 июля 1986, С. 30.
86) Международная жизнь. 1989, №12, С87.

노선을 선택했다. 소련은 지역에 군사적인 반목을 약화시키고 신뢰를 구축하기 위해 우선적으로 몇 가지 선행을 보여주었다.

1987년 7월부터 소련은 자신의 아시아 부분 영토에 핵무기 수의 증강을 실제적으로 중단했다. 게다가 미국과의 협약서에 준하여 자신의 영토 아시아 부분에 있던 중장거리 대륙간 탄도미사일을 폐기했다.

소련과 중국의 관계 향상, 고위급 접촉을 통한 미국과 소련의 입장 접근, 캄보디아 문제의 평화적 해결 과정은 ASEAN으로 하여금 ZOPFAN의 개념으로 복귀하도록 하는 원동력이 되었다.

동남아연합 20주년을 기념하여 1987년 12월 마닐라에서 열린 제3차 정상급 회담에서 처음으로 국제문제에 대한 ASEAN의 입장이 모습을 드러냈다. 그리고 ZOPFAN 사상은 전략적 과제로 회의 안건에 상정되었다. 이 사상 하에서 동남아시아를 핵무기로부터 자유한 지대로 만들자는 것을 '평화지대' 개념의 구성 요소로 책정하고 특별한 주의를 요했다.

이 개념의 주창자인 말레이시아가 태평양 남부지역을 무핵지역으로 만들고자 1986년 맺은 라로톤 협약(договор Раротон)을 모델로 삼아 동남아 핵무기 자유지대에 대한 협약의 초안을 만들기로 했다.

마닐라 회담으로 동남아시아 우호와 협력에 대한 협약의 정정과 관련한 회의록이 만들어졌다. 이 회의록에 준하여 동남아연합 비회원국에게도 협약에 조인할 수 있는 기회가 주어졌다. 우선적으로 이것은 동남아연합의 적대편에 있었던 동인도차이나 세 나라에게 캄보디아문제의 평화적 해결 후 지역통합 과정에 동참할 수 있도록 가능성을 열어주는 것이었다.

캄보디아 문제를 주요 사안으로 다뤘던 자카르타 컨퍼런스는 냉전이 끝나가는 시기에 동남아시아 안보 문제 해결에 새로운 전기를 만들어 주는 계기가 되었다. 동남아연합과 그안에서 비공식적 리더 역할을 하고 있는 인도네시아는 지역 평화 정착의 주도권을 역외 국가에게 넘기고 싶어하지 않았다. 초강국들은 전통적으로 서로 서로를 신뢰하지 않기 때문에 오히려 그들과 연관되어서는 평화보다는 반목이 우선할 것이라는 게 그들의 생각이었다. 한편 워싱톤 그리고 그 뒤를 이어 베이징은 캄보디아 분쟁 해결 방안 모색에 있어 ASEAN의 의견을 따를 것이라고 직접적으로 성명했다. ASEAN의 발의들은 고르바쵸프가 아태지역 안보문제를 다루는 대화 기구 설립을 위하여 미국 및 중국에 협력을 제의했던 크라스노야르스크 연설에서도 지지를 얻었다. 고르바쵸프는 아태지역에 안보와 평화 정착을 위하여 7개 항목으로 구성된 기획안을 제출했다. 그 내용을 분석해 보면 첫째 역내 핵무기 퇴치, 둘째 아태지역에 해군 병력 삭감을 위한 역내 국가들의 협력 모색, 셋째 공.해군 삭감 문제 해결을 위한 한국, 소련, 일본, 중국 그리고 북한 대표로 구성된 위원회 구성, 넷째 필리핀에 주둔해 있는 미국의 군기지 철수와 캄란만에 소련군의 상응하는 조치, 다섯째 공해상에서 돌발사건을 방지하고 안보를 확보하기 위해 이 문제를 다루는 다국적 회의 소집, 여섯째 1990년까지 인도양을 평화지대로 조성하는 문제 협의를 위한 국제회의 개최, 일곱째 이러한 일련의 과제 수행을 위한 협의 기구 설립이 그것이다.

1988년 12월 소련 정부는 극동에 배치되어 있는 12만 명을 포함 자신의 아시아 부분 영토에서 20만 명의 군병력을 삭감하겠다는 계획을 발표했다. 1989년 1월 마닐라를 방문한 내무부 소속 로봅(Лобов) 장군은 소련이 일방적으로 혼자만 역내에서 자신의 군주둔을 철회해야 할 때가 왔음을 성명했다.[87] 태평양 함대가 1/3로 줄었고 16대의 선박이 철수 되었다. 그중에는 3대의 거대한 수상함대와 7대의 잠수함이 포함되어 있었다.[88]

몽골과 아프카니스탄에서 소련군, 캄보디아로부터 베트남군, 그리고 베트남의 캄란 기지에서 소련 해병대의 철수는 아태지역 정세에 긍정적인 변화를 불러 일으켰다.

한편 이러한 소련의 일방적인 노력은 미국의 지지를 얻어내지 못했다. 90년대에 이르기까지 미국은 유럽에서 바르샤바조약이 종말을 고한 것과 동일한 변화가 아시아에서는 일어나지 않았다는 이유를 들어 유럽과는 달리 아시아에서 냉전은 아직 종식되지 않았음을 공식적으로 성명했다.

베이커르(Бейкер) 미국 보좌관과 쉐바르드나쉐(Э. Шеварднадзе) 소련 외무부 장관이 이르쿠스크에서 회담을 한 이후인 1990년 8월에야 유럽에서 처럼 아시아에서도 냉전이 종식되었음이 공식적으로 성명되었다. 이는 새로운 정치적 사고의 틀내에서 타협적인 양보의 정치를 편 소련과 아태지역 강국인 미국, 일본,

---

87) Manila Times, 17. 01. 1989.
88) О.А.Арин Азиатско-тихоокеанский регион: мифы, иллюзии и реальность. М.: Флинта, наука, 1997, С. 208.

중국과의 관계 호전으로 인해 가능하게 된 것이다.

　　그리고 1989년과 1991년 캄보디아 문제 해결을 위한 2차례에 걸친 파리회담은 캄보디아 문제가 더 이상 국제적인 이슈가 되지 않도록 상호 수용할 만한 해결안을 도출해 냈고 이를 현실화 하면서 소련을 비롯한 주변 강국들과 동남아연합 국가들의 더 밀접한 협력 관계가 가능하게 되었다.

2. 러시아와 ASEAN : '태평양의 합의'를 향해

동남아연합은 전체적으로 냉전의 종식과 양극체제의 종말을 조용하게 겪었다. 양극체제의 분쟁으로부터 일정한 거리를 두고 자신의 독자적인 길을 가려고 노력해 온 덕분이다.

동남아연합의 리더들에 따르면 ASEAN을 연합하게 했던 대외위협은 사라진 것이 아니라 모습만 바뀌었을 뿐이다. 러시아가 아태지역 불안정에 잠재적인 요인으로 될 가능성이 없어지고 필리핀에서 군기지를 철수하면서 미국의 지역 우선권에 변화가 생겼다고 할지라도 지역 무대 전면에서 중국이 ASEAN에게 위협요소로 등장하고 있는 것이다.

이런 맥락에서 ASEAN 국가들은 동남아시아에 단기적 그리고 중기적 평화와 안정을 보존하기 위해 남중국해 문제를 제외하고는 중국과 입장을 같이 하는 것이 최선이라고 생각했다.

동남아시아 국가들간의 쌍방관계에 있어 군사-정치적 안보 문제들은 거의 미미한 분쟁 수준이었다. 이 분쟁 요소의 대부분은 잠재적인 상태에 놓여 있고 직접적인 위협으로 간주되지는 않는다고 동남아연합 분석가들은 평하고 있다.

90년대 초반 동남아시아 전 지역에 안보 구축의 틀을 마련하면서 ASEAN은 아태지역 안보시스템 형성에 주도적인 역할을 하는 매개체로 탈바꿈했다.

동남아연합 회원국 국가수반 및 정부 고위관료들은 1992년 싱가포르에서

104

있었던 정상회담에서 현존하는 분쟁의 조정과 지역에 새로운 분쟁의 예방, 더 나아가 동남아시아에 안정, 평화, 안보를 보장하는 공동의 과제를 정치적인 방법을 최우선으로 하여 역내 국가들의 힘으로 이뤄나가자는데 합의했다.

　　이러한 목적 달성을 위해서 ASEAN 리더들은 장래에 동인도차이나 국가들과 미얀마가 동남아연합에 가입하는 것을 염두하면서 모든 동남아시아 국가들이 '우호와 협력에 대한 협약'에 동참하는 것을 기대하는 성명을 발표했다. 싱가포르 협약서에는 동남아연합의 새로운 회원을 고려 ASEAN을 확대해야 함과 동남아시아 비핵지대 조성, 스프라틀리 군도(архипелаг Спратли) 주변의 분쟁 해소에 대한 내용들이 기재되었다.

　　아태지역에 전체적인 힘의 균형의 변화, 동인도차이나에서 베트남의 군사, 정치적인 역할 축소 그리고 역내 중국의 군사전략적 입지의 조속한 강화는 ZOPFAN의 본질과 개념에도 변화를 가져왔다. 기존에 ZOPFAN이 대부분 동남아연합 내부 상황에 방향이 맞춰져 있었다면 90년대에 들어서는 모든 동남아시아뿐만 아니라 아태지역까지 포괄하는 훨씬 더 지역적이고, 포괄적인 성격을 띠게 되었다.

　　러시아 동방학자 우를야뽀프(В. Урляпов)에 따르면 동남아연합의 새로운 기반은 '열린 지역주의'라고 불리는 사상위에서 세워졌다. '열린지역주의'는 안보문제와 관련하여 아태지역에서 이루어 지는 모든 중요한 정치, 경제적 주창에 동남아연합 국가들의 참여를 전제로 하고 있다. 그리고 기존에 인도네시아나 말레이시아 같은 동남아연합 리더 역할을 한 국가들이 주변 강국들이 동남아지역 안보 문제에 관여하는 것을 부정적으로 보았다면 '열린지역주의'에서는 아태지역의 4대 강국인 미국, 일본, 중국, 러시아가 동남아시아의 안보 문제 해결에 참여하는 것을 환영하고 있다.

　　냉전시대 때 여러가지 문제 해결을 위해서 조성되었던 다양한 사상이나 조치들은 국제관계의 변화와 발전에 따라 새로운 단계로 방향 전환을 했다. 이제 ASEAN에게 중요한 문제는 동남아 내부 일에 주변 강국들의 간섭을 막는 것이 아니라 아태지역 강국들간 안정적인 균형을 유지하도록 조정자 역할을 하는 것이 되었다. 외부세계를 향한 아세안국가들의 최대한의 개방이 그들에게 안보를 보장해준다는 이론이 신빙성을 얻게 된 것이다.

　　지금까지 안보에 대한 불안정의 요소로 군사적인 측면들이 부각되었던 것이 사실이다. 그러나 냉전의 종식과 함께 그 외 요소들이 역내 불안정의 요소로 부각되고 있는 것을 고려하지 않을 수 없게 되었다. 우선적으로 새로운 위협의 요소들로 떠오르는 것은 경제 성장의 문제, 나라 간 비균형적인 발전 상태, 원료 생산지를 둘러싼 분쟁 등으로 대두되는 경제적인 안보의 문제, 인구 및 식량 문제, 그리고 마약, 국제범죄, 해상약탈 등이다.

동남아시아가 역외 강국들의 지배를 받지 않게 하고자 하는 동남아연합의 변함없는 목표는 그들로 하여금 냉전 후 새롭게 형성되는 국제 사회가 하나의 강국이 독점하는 시스템으로 만들어져 가는 것을 수용하지 못하게 했다. '다극적세계', 이것은 ASEAN이 국제관계 시스템 변형에서 추구하는 본질적인 목표라 할 수 있다. 그렇기 때문에 열린지역주의는 지역안보 문제에 대한 상호 활동에 미국, 러시아, 중국, 일본, 인도 등 모든 아태지역 국가들의 참여를 권고하고 있다. 이는 지역안보를 구축하는 데 있어 '힘의 균형'에 바탕을 두는 것이 아니라 '이권의 균형'에 기초하고자 하는 동남아연합의 노력의 일환이라 할 수 있다.

다방면에 걸친 대화와 협력을 바탕으로 아태지역에 안보와 안정을 유지해줄 새로운 시스템을 조성하기 위해 관심있는 모든 강국들의 노력을 조화롭게 만들어줄 필요성이 있었다.

이러한 목적을 달성하기 위한 다각적인 대화 기구로 또한 강국들간의 관계를 조화롭게 만들어줄 조직으로 ASEAN이 조정자 역할을 하게 되었다.

80년대 말에서 90년대 초 아태지역 국가들의 정치 사회에서 관심을 끌었던 것은 안보 시스템 조성에 따른 몇가지 주창들이었다. 오스트레일리아에 의해서 발의된 유럽안보협력회의(CSCE)의 아시아식 변형은 다각적 각료회의 형태에서 안보 문제를 다루는 상호활동 기구를 제시하고 있다. 반면 미국은 경제 문제를 주로 다루고 있는 APEC을 군사-정치적인 범위까지 확대하자는 의견과 새로운 태평양 공동체를 조성하자는 아이디어를 내놓았다. 그리고 러시아는 지역에 집단안보체제를 구축하자는 입장을 내세웠다. 태평양 미국 지휘본대 주관 하에 열리고 있는 세미나에 참여 차 지역 국가들의 군지도자들이 모일 때 안보 문제도 논의하자는 의견이 나오기도 했다.

그러나 중요한 안보에 관한 문제에 지역에 있는 모든 정치적인 세력들이 폭넓게 참여하는 것이 아니고 제한적으로 선별되는 것은[89] 강국들 중 하나의 보호 속으로 이 중요한 문제가 소속되어 버릴 수도 있는 위협을 주는 것으로 ASEAN이 내세웠던 안보에 대한 주창들이 무의미 해지고 두말할 나위 없이 안보에 있어 미국과 그의 동조자들에게 협력해야만 하는 사태가 발생할수도 있었다.

하여 ASEAN은 상기에서 제시하는 모든 안보 시스템에 대한 주창을 거부했다. 상기에서 제시되는 지역기구들은 모두 아태지역 리더들의 주관 하에 있게 되기 때문이다.

지역 대부분의 국가들을 중심으로 분쟁을 초기 단계에서 중재하고, 반목을 평화적으로 해결할 수 있는 아시아식 기구를 만들자는 의견이 팽배했던 것은 아시아 태평양 지역에 군사-정치적인 문제를 적극적으로 해결할 수 있는 시스템이나 기구들이 부재했기 때문이었다.

냉전기간 동안 강국들의 세력다툼 속에서 이리저리 끌려다닐 수 밖에 없었던 ASEAN 국가들을 90년대 들어와서 세계 강국들과의 심도있는 대외정치적 대화를 발전시켜 나가며 자체적으로 지역안보문제를 다루는 포럼을 발의할 수 있을 정도로 입지가 강화되었다.

1992년 싱가포르에서 있었던 제4차 ASEAN 정상회담이 이러한 안보 포럼 생성의 기반이 되었다. 싱가포르에서 채택한 선언문에는 동남아연합 외무부장관 회의 후 대화상대국들과 함께 지역 안보 문제를 협의하는 내용이 담겨 있다. 아태지역 강국들과의 대화 시스템의 중요성을 높이기 위해 ASEAN은 강국들의 역내 정치에 영향력을 행사하고 동남아연합의 행동 규율을 아태지역 강국들이 수용할 수 있도록 하기 위해 애를 썼다.

ASEAN의 주창 하에 권력 집중이 없이 폭 넓은 범위에서 아태지역 전체의 안보와 안정의 문제를 다루는 포럼을 만들자는 의견이 제시되었다. 이는 협력의 바탕에서 아태지역에 안보를 보장해주는 새로운 시스템을 만들자는 러시아의 제안과도 일맥상통하는 것이었다.

1993년 지역에 다양한 국가들의 국제관계 학자와 전문가들이 모여 안보문제에 대해 비공식적으로 대화 협의체를 구성한 아태협력위원회는 이 포럼의 사상적 진원지이자 지역상호활동의 중요한 요소가 되었다.

러시아는 거대한 유라시아 강국이면서 핵의 강국인 자신의 자리를 지키고 아태지역에서 민족의 이익을 창출하고 보호하기 위하여 지역안보 유지를 위한 이런

---

89) 러시아, 인도는 당시 APEC 회원이 아니었다. 그리고 군사 세미나에 러시아, 인도, 중국은 초청되지 않았다.

저런 기구에 적극적으로 참여할 필요가 있었다.

싱가폴에서 1993년 7월말 대화상대국들과 러시아를 포함한 참관인들을 대동하고 열린 ASEAN 확대외상회의는 안보의 범주에서 정치적인 협력을 위한 새로운 자문 기관 – 아세안지역포럼(ARF)을 설립하기로 결의했다.

1994년 7월 25일 방콕에서 첫번째 아세안지역포럼회의가 열렸다. 이 회의에는 동남아연합 외무부 장관들과 ASEAN 대화상대국들[90], 자문역으로 러시아, 중국, 베트남, 라오스 그리고 참관인으로 뉴기니아 등 총 18개국이 참여했다. 동남아연합 회원들은 아세안지역포럼을 지역안보를 위해 아시아의 특수성에 맞게 조성된 기구로 간주했다. 왜냐하면 그들에게 유럽의 관습적인 견지와 인권에 기반을 둔 '헬싱키모델'은 뜻에 맞지 않았기 때문이다. 아세안지역포럼은 자문의 성격을 띠는 대화를 발전시켜 나가고 상호 이익을 대변하는 안보와 정치 문제 관련 심도 있는 협의를 펼쳐나가는 것을 과제로 삼았다. ARF는 동남아지역 내부의 단결과 동시에 외부 세계와의 협력을 도모하는 동남아연합의 열린지역주의 원리가 구현된 것이었다. 또한 동남아시아뿐만 아니라 더나아가 아태지역의 안보 구조에 주도적인 기구로서 ASEAN의 역할을 다시 한번 확인시켜주는 것이었다. 아세안지역포럼의 조성은 아태지역에 안전을 보장하는 시스템을 구축하는 첫 발걸음이었다.

ARF는 강국들에게 서로 서로 협의할 수 있는 가능성을 열어 주는 장이되었다. 러시아, 미국, 중국, 일본 간의 관계가 아태지역의 안정을 보호해야 한다는 큰 틀에서는 조정이 되었으나 실제로 안보 문제에 대한 세부사항에 대해서는 서로 다른 의견을 가지고 있었던 게 사실이었다. 이와 같은 상황에서 ARF는 이러한 문제들을 협의하기 위한 유일한 장소가 되었다. 동남아연합이 중립적인 입장에서 주변 모든 강국들과 관계를 맺고 있고 ASEAN에서 형성되고 있는 결정이나 그 과정들이 모든 참여국 각각의 이익을 고려하고 있으며 다각적인 형태에서 어느 나라 혹은 어느 단체에게도 수용할 수 없는 어떤 결정을 강요하지 않고 있다는 점이 강국들에게 호감을 갖게 했다.

협력에 바탕을 둔 안보의 개념은 모두의 참여의 원리로부터 출발한다. 이 참여는 상호활동의 형식적인 조직에 의한 의무적인 어떤 것을 전제하지는 않는다. 오히려 그 반대로 비형식적인 대화의 유지가 더 효과적인 것으로 간주 된다. 이러한

---

90) 미국, 일본, 캐나다, 오스트레일리아, 뉴질랜드, 한국, EU

개념은 아세안포럼의 활동에 잘 나타나고 있다.

아세안포럼 참가자들은 국제협력의 독특한 외교적 도구이자 국제관계의 규율로써 아세안의 우호와 협력에 대한 조약의 원리와 목적 그리고 아세안의 타협의 원리를 받아들였다. 이는 ASEAN의 활동원리가 국제사회로부터 그 가치를 인정 받게 된 결과이다.

아세안지역포럼에 정회원의 자격으로 러시아가 초청된 건 아태지역에 러시아의 전략적 입지와 역내에서 이루어지고 있는 모든 활동에 러시아의 영향력이 인정된 것으로 간주될 수 있다. 1994년 7월 25일 방콕에서 열린 아세안지역포럼에 참석한 코즈이레프(А. Козырев) 러시아 외무부 장관은 ARF를 미래에 '지역안보공동체' 설립에 있어 초석이 될 것으로 평가한다고 밝혔다.

러시아 대표로 회의에 참석한 코즈이레프 장관은 핵무기 비확산의 규율 강화를 강조하고 군사기술 전수에 대한 감시와 조사를 수행하는 지역 센터 건립과 역내에서 이루어지는 무기매매에 대한 등록과 그에 대한 법규를 제정하는 것을 협의하자고 제안했다.

이밖에도 코즈이레프의 제안 사항들을 살펴보면 첫째 아세안포럼에 참여하는 국가들간 핫라인을 개설하는 등의 방법으로 지역에 다각적인 신뢰 구축의 방법 개발 착수, 둘째 군사 독트린과 예산의 투명성 보호- 군기관간 접촉유지, 군사훈련이나 이동에 대해 사전 정보 교환, 이에 대한 제3국 감시자 초청, 셋째 해양통신이 활발하게 이루어지고 있는 해협에 해군활동 제한 - 이 지역에서 무기 실험 및 군사훈련 금지, 넷째 위험한 군사활동을 예방하는 것에 대한 협약 체결 등이다.

아세안지역포럼에서 논의된 안건들을 살펴보면 이 지역에 안보공동체를 조성하자는 러시아의 제의가 회의참석자들에게 반향을 불러일으켰음을 알 수 있다.

결과적으로 포럼 참가자들은 러시아의 제안에 동의했다. 그리고 그들은 아태지역에 안보의 추진과 도달은 러시아의 참여 없이는 생각할 수 없는 것이라고 성명했다.

1995년 베트남의 동남아연합으로 가입은 지역의 힘의 균형에 커다란 변화를 가져왔다. 베트남은 역내에서 인도네시아 다음으로 인구가 많은 나라이고 물질적인 잠재력도 풍부한 곳이다. 베트남이 ASEAN에 가입함으로 인해 특히 스프라틀리 군도에 섬의 소유권을 놓고 여전히 논쟁이 끊이지 않고 있는 남중국해 주변의 변화가 클 것으로 예상된다. 동남아연합은 새로운 회원-베트남으로 인해 아시아에서 자신의 중요한 파트너인 중국의 남쪽 경계로 나오게 되었다. 그리고 객관적으로 러시아와의 협력에 더욱 관심을 쏟게 되었다.

1995년 8월 1일 브루나이의 다르-에스-살람(Дар - эс - Салам)에서 동남아연합 외무부 장관들과 대화상대국들 총 19개 나라가 참석한 제2차 아세안지역포럼이 개최되었다. 이 회의에서 ARF의 개념적인 기반들이 만들어졌다.

아태지역의 평화, 안보, 안정과 발전이 아세안포럼의 기본적인 목적으로 성명되었다. 총체적인 안보의 개념은 군사적인 부분뿐만 아니라 정치, 경제, 사회 및 그외 부분들도 포함한다는 것을 ARF 참석자들이 인정한 것은 중요한 결과라고 하겠다.

제2차 아세안지역포럼에서 채택한 문서들에는 아시아적인 의식을 높이 평가한 '합의에 도달'과 '단계적인 접근 방식이' 기본원리로 나타나 있다. ARF는 발전적인 과정이고 종결적인 결과 만큼이나 활동의 지속이 중요하며 비형식이 바로 성공으로 가는 지름길 임이 몇차례에 걸쳐 강조되었다.

세부적으로 3단계에 걸쳐 설정된 목표에 도달하고자 하는 ARF 활동이 발표되었다. 첫단계로 아태지역에 신뢰의 구축, 두번째 단계로 예방외교를 위한 기구의 발전, 세번째 단계로 지역에 분쟁 해결 기구 설립이다.

아세안지역포럼 활동의 조직적인 문제들도 협의가 되었다. 동남아연합에서 사용되고 있는 법규들이 우선적으로 ARF의 규칙이나 절차의 근간이 되었다. 안건의 결정은 투표 없이 협의를 통한 의견의 일치로 이루어지고 법적인 의무를 갖지 않는다. 매년 이루어지는 외무상회의가 이 포럼의 상부 조직으로 나타나며 이 회의 중에 지역 및 참여 국가들의 안보를 위협하는 모든 총체적인 문제들에 대해 논의가 이루어진다. 또한 이러한 문제들에 대한 협력 방법이나 향후 방안들이 결정된다. 아세안지역포럼은 ASEAN 위크(ASEAN Week) 기간에 ASEAN 외무상회의 후 바로 개최된다. 이 국제회의는 동남아연합 회원국들의 수도 중 한 곳에서 순회적으로 열리며. 동남아연합 상임위원회 대표가 ARF의 활동도 지휘하게 된다. ASEAN 회의 시즌이 시작되기 전에 외무부 부차관 등급에서 회의가 열리는데 이 모임에서는 아태지역의 보다 첨예한 문제들이 협의되고 일년 동안 협력의 결과 및 연례회의 때 장관들에게 보고할 자료들이 준비된다.

이 모임에 대한 구체적인 안건들은 사전에 공지가 되나 사정에 따라 변경이 가능한 유동성을 가지고 있고 여기에서는 지역의 안보와 관련한 어떠한 안건도 협의가 될 수 있도록 자유로운 토론 분위기를 조성하고 있다.

아세안지역포럼 참석자들에 의해 검토되는 많은 미묘한 문제들을 고려하여 양회기 사이에 포럼의 활동이 양분되어 수행될 수 있도록 결정했다. 한쪽은 정식적인 정부 차원의 활동 - Track One으로 칭함, 다른 한쪽은 비정부 차원의 활동 - Track Two로 칭함 - 으로 학계, 대중들 및 비정부 그룹들의 대표들이 참여하는 활동이다. ARF의 이론가들의 의견에 따르면 Track One과 Track Two의 상호 노력은 지역의 신뢰 구축에 커다란 기여를 하게 될 것이다.

제2차 아세안포럼에 참가한 모든 국가 대표들은 동남아연합이 ARF를 움직이는 힘의 근간이 되어야 한다는데 의견을 같이했다.

코즈이레프 러시아 외무부 장관은 ARF는 아태지역에 새로운 안보 모델을 함께 협력하여 모색하고자 하는 훌륭한 기구이고 지역의 특수한 성격을 잘 반영하고 있으며 역내 안보를 위협하는 요소에 충분히 대처할 수 있는 능력을 가지고 있다고 성명했다.

이 포럼에서 모스크바는 '아태지역에 안보와 안정에 대한 원리'[91]라는 선언문의 초안을 제시했다. 이 초안의 몇몇 내용들은 ARF 문서에 사용되기도 했다.

이듬해인 1996년 봄에 '아태지역에 안보와 안정에 대한 원리' 라는 선언문의 초안에 대해 협의하기 위해 모스크바에서 동남아연합 회원국들의 전문가들이 모인 회의를 열자는 러시아의 제의가 수락되었다. 브루나이는 남중국해 주변을 둘러싼 논쟁이 끊이지 않고 있는 상황에서 러시아의 이 같은 선언문은 아태지역 국가들의 행동법규(Кодекс поведения) 개발에 중요한 의미를 부여해 주는 것이라고 평가했다.

제2차 아세안 지역 포럼을 통해 ARF가 지역 내뿐만 아니라 국제적인 수준에서 안보와 안정을 추구하는 중요한 도구로 사용될 수 있다는 것이 증명되었다. 이는 아세안지역포럼에 참여하는 국가들이 위치하고 있는 영토의 거대함과 이 안에서 협의되고 있는 문제들의 광범위함에서 비롯된 것이다. 한편 러시아가 ARF에 참여하는 것은 그와 동남아연합과의 협력 내용 중 당시 유일한 효과적인 활동이었다.

1995년 12월 14-15일 방콕에서 제5차 ASEAN 정상회담이 개최되었다. 동남아연합은 ARF 내에서 자신의 중심적인 역할을 유지하면서 안보문제와 관련한

---

91) ≪О принципах безопасности и стабильности в АТР≫

대화의 과정을 활성화 시키겠다는 자신의 의지를 확고히 했다. 동남아시아를 핵무기로부터 자유한 지역으로 만들자는 조약에 서명한 것은 이 회담의 중요한 성과이다. 이 조약은 ZOPFAN의 사상을 현실화 시키는데 있어 없어서는 안될 중요한 요소라 할 수 있다. 이 조약이 법적인 효력을 발휘한 후 핵강국들은 동남아시아의 비핵 상태 보장자로서 추가적인 회의록에 서명하는 방법으로 이 조약에 참여할 수 있다.

방콕 회의에서는 아세안지역포럼이 안보 문제 협의 시 한반도 문제, 남중해 및 남아시아 등의 안건도 논의할 수 있도록 그 협의의 범위를 넓혔다.

Track One의 활동에 기초적인 정보를 제공하고 있는 Track Two가 안보 문제 합의와 관련하여 다양한 일들을 수행하고 있음을 고려하여 러시아는 1996년 4월 모스크바에서 아태지역의 안보와 안정의 원리라는 제목[92]으로 첫 국제세미나를 개최했다. 1996년 자카르타에서 개최 예정이던 아세안지역포럼 회의 즘에 러시아에게 동남아연합 대화상대국 정회원의 자리를 부여한 것은 지역 협력에 있어 러시아의 긍정적인 기여를 인정한 것이라 할 수 있다.

아태지역에 안전과 협력을 강화하는 것과 관련한 새로운 방안에 대한 논의들이 자카르타에서 7월에 열린 제3차 ARF 회의에서 있었다. 캄보디아, 미얀마, 인도가 새로운 참여 국가가 되면서 이 회담에 21개 국가 대표들이 참여했다.

이 회담에서 아세안지역포럼은 논의 형식에 있어서 협의적인 성격을 유지하고 국제관계의 원리와 신뢰의 바탕에서 각 나라들의 입장을 조율하며 그들의 타협적인 결정을 이끌어내고 안보문제와 관련한 독특하고 유일한 대화기구로써의 역할을 계속할 것임을 공표했다.

프리마코프(E. Примаков) 외무부 장관이 이끈 러시아 대표단은 동남아시아를 핵무기로부터 자유한 지대로 만드는 사상에 지지를 보내고 1976년 발리에서 맺은 동남아시아에 우호와 협력에 대한 조약에 적절한 형태로 참여할 준비가 되어 있음을 밝혔다.

아세안지역포럼에 참여한 국가들의 시선이 1996년 4월에 러시아, 카자흐스탄, 키르기지야, 타지키스탄 그리고 중국이 맺은 국경지역에서 군사적인 부분의 신뢰 강화에 대한 조약인 상하이협약(SCO)에 집중되었다.

---

92) Семинар по принципам безопасности и стабильности в АТР.

그리고 러시아에 의해서 주창된 아태지역에 안보와 안정의 원리 개발을 위한 국제세미나 개최는 ARF 참여 국들로부터 긍정적인 반응을 얻었다. 아태지역 국가들의 '국제적인 교류 규칙'(Кодекс межгосударственного общения)의 개발에 있어서도 이러한 실례를 이용하자는 의견이 대두되었다.

제3차 아세안지역포럼 회의에서는 천재지변이 발생할 시 서로 도움을 주는 것을 골자로 한 협의를 관장하게 될 실무 단이 발족 되었다.

1997년 러시아 외무부는 아태지역에 안보시스템 구축과 관련한 적극적인 활동을 벌였다. 같은 해 5월 말레이시아에서 있었던 아세안지역포럼 참가국 외무부 차관들 모임에 러시아 대표로 참가한 카라신(Г. Карасин)은 모스크바에서 러시아, 중국을 비롯한 다섯개 나라가 신뢰 구축 및 전체 영토에 걸쳐 군사력을 삭감시키겠다는 조약을 맺은 것을 강조하고 아태지역에 굳건한 안보를 위하여 러시아는 실제적이고 건설적인 노력을 다 할 것임을 밝혔다. 아울러 동남아연합과의 협력 관계의 확장에 대한 러시아의 계획을 발표했다.

1997년 7월에 말레이시아에서 "ASEAN Week"이 열렸다. 이 기간 중에 제 4차 아세안지역포럼이 개최되었다. 포럼에 참가한 프리마코프 외무부 장관은 아태지역 국가들의 과제는 여전히 국가들 사이에 잠재되어 있는 냉전의 앙금을 떨어낼 실제적인 방안을 모색하는 것임을 강조했다.[93]

적극적인 '전방위 외교' 노선을 수행하면서 러시아는 다양한 진취적인 방안들을 제시했다. 이러한 방안들 중에는 동남아시아를 핵무기로부터 자유한 지역으로 만들자는 취지의 조약이 핵 강국들로부터 동조를 모을 수 있도록 상응하는 조건을 만드는 것, ASEAN의 우호와 협력에 대한 조약에 동참하는 것, 러시아가 고안한 '아태지역에 안보와 안정의 원리'에 대한 문서에 기초하여 역내 국가들 간의 상호관계의 원리와 규율에 대한 원칙을 개발하는 것 등이 포함되어 있다.

러시아 대표단은 아세안지역포럼 참가국들 전체의 국경지역에서 신뢰를 강화할 수 있는 방법을 모색하고 추가적인 안정화 방법들을 수행하자고 제의했다. 러시아가 제안하는 추가적인 안정화 방법들에는 이웃 국가를 겨냥한 군사훈련 중지, 각 나라 국방부들 간 직접적인 교류 조성, 군사독트린에서 서로 서로를 잠재적인 적대 국가로써 지명하는 것을 없애고 안보 강화를 위한 파트너로서 서로를 바라보는

---

93) ИТАР-ТАСС 27. 07. 1997.

시각을 독트린에 포함시키는 것을 골자로 한다.

프리마코프는 '전염되는' 분쟁을 사전에 감지할 수 있는 실제적인 활동 기구의 조성과 지역에 안정을 위협할 수 있는 무기들 각각의 종류들을 UN에 보고하는 것 보다 더 자세히 아세안지역포럼에 정보를 알리는 방안을 제안했다.

아세안지역포럼 활동에 동남아연합의 중심적인 역할을 강조하면서 프리마코프 외무부 장관은 다극적 세계 형성에 있어 정치적인 영향력과 힘의 주체적인 거점인 ASEAN과의 협력에 변함없는 관심을 가지고 있음을 강조했다. 그리고 러시아는 합의된 것들의 실제적인 이행과 새로운 신뢰 방법 논의에 근간을 두고 참여 국가들 각각의 입장을 고려하면서 아세안지역포럼 활동의 두번째 단계인 예방외교로의 점차적인 이행에 대한 구체적인 협의와 동시에 예방외교와의 교차점에 놓여 있는 문제들의 논의를 시작할 준비가 되어 있음을 성명했다.

아세안지역포럼이 올바른 궤도에 있음을 강조하면서 러시아는 아태지역에 형성되고 있는 안보 시스템의 근간이 되는 연결고리를 이 지역 포럼안에서 찾고 있다. 프리마코프는 다각적인 측면에서 이루어지는 군사분야의 신뢰 방법에 대한 협의가 특히 국경을 맞대고 있는 두 나라 간의 관계에서도 지속 될 수 있도록 하자고 제안했다. 이에 대한 성공적인 예로 외무부 장관은 러시아가 중국을 비롯 주변 국가들과 맺은 상하이협약(SCO)을 내세웠다. 또한 ARF 참여국들 간의 신뢰를 강화하기 위한 가장 중요한 방안들 중에 하나로 해양에서의 협력이 대두되고 있던 시점에 러시아는 이 분야에서의 협력 방안에 대한 다양한 방법들을 내놓았다.

프리마코프는 아태지역에서 상호관계의 주도적인 원리가 될 선언문인 '태평양의 합의'(Тихоокеанское согласие)의 전체적인 초안을 비공식적 형태로 진행 예정인 블라디보스톡 컨퍼런스에 안건으로 상정하고 이때 논의된 결과가 다음번 아세안지역포럼 개최 시 보고 될 수 있도록 러시아 측에서 만들었다고 발표했다.

아세안지역포럼 참석자들은 1997년 4월에 러시아와 중국이 체결한 다극적 세계와 새로운 국제질서 형성에 대한 성명서와 조인한 국가들 각각의 국경 근접지역에 있는 군사력을 삭감하여 서로간의 신뢰를 높인다는 취지를 가지고 있는 상하이 협약에 매우 긍정적인 반응을 보였다. 특히 상하이 협약은 예방외교와 각 국가들의 이권을 고려한 평등한 협력에서 안보를 강화시켜 가는 원리의 좋은 본보기로 평가되었다. 러시아는 ARF 참석자 모두에게 핵무기 실험의 총체적인 금지에 대한 조

114

약과 핵무기 비확산조약 준수에 조인할 것을 권고했다.

한편 프리마코프는 다른 핵강국들과 마찬가지로 러시아도 1997년 3월에 법적인 효력을 갖게 된 동남아시아에 비핵지대 조성에 대한 조약과 논의 예정인 이 조약에 다른 국가들도 동참할 수 있게 한다는 내용의 회의록에 모두가 알고 있는 지적 사항을 가지고 있다고 말하기도 했다.

러시아는 한반도에 평화와 안정을 조성할 수 있도록 아세안지역포럼에 북한의 참여에 대한 가능성을 고려하자고 제의했다. 러시아의 이러한 사상과 주창은 러시아와 아태지역 국가들간 긍정적인 관계 발전의 중요성에 대해 논의하고 있는 포럼 총결서에 반영되어 있다.

아세안지역포럼 참석자들은 안보의 새로운 위협이라고 불려지는 비군사적인 부분에서의 실제적인 위협에 대해 점차적으로 우려의 목소리를 높여 갔다. 1997-1999년에 아시아에 위기를 몰고 왔던 외환시스템의 불균형, 무역-경제 반목의 증가, 지구에 환경 오염의 심화, 몇몇 국가들에서 사회-경제적인 문제들의 첨예한 대립, 식량문제, 국제마약 및 테러 문제 등이 그것이다.

1998년 마닐라에서 있었던 제5차 아세안지역포럼 연설에서 프리마코프는 동아시아에서 시작된 외환위기가 지역 상황을 비상 사태로 몰고 가고 있다고 말하고 이러한 어려운 상황에서 탈출할 방안을 모색하고자 하는 집단적인 노력에 러시아도 적극적으로 동참할 준비가 되어있음을 성명했다.

프리마코프는 1998년 봄에 남아시아에서 있었던 지하 핵무기 실험이 심각하게 지역 및 세계 정세를 불안정하게 만들었다고 논증하고 인도와 파키스탄을 포함 어떤 나라도 제외됨이 없이 포괄적인 성격의 핵무기 비확산 조약에 동참해야 한다고 강조했다.

아세안지역포럼 활동이 점차적으로 두번째 단계인 예방외교로 발전되어 가는 것에 지지를 보내며 러시아 외무부 장관은 새롭게 형성되고 있는 다극적 세계 시스템 속에서 주체적인 정치적 영향력을 행사하고 있는 동남아연합과의 협력과 아태지역에 형성되고 있는 집단안보 체제 형성의 기반이 되고 있는 ARF 활동에 적극적으로 참여하겠다는 의사를 다시 한번 굳건히 했다.

ARF 회기 사이의 활동을 활성화 하기 위한 노력의 일환으로 러시아는 1999년 4월 모스크바에서 천재지변의 예후를 청산하는 협력 방안 모색을 위한 만남을 주체했다. 그리고 같은 시기 블라디보스톡에서는 '아태지역에 총체적인 안보와 협력' [94)]이란 주제로 국제 컨퍼런스가 열렸다. 블라디보스톡 회의 공동의장으로 극동국립대 총장 쿠릴로프(В. Курилов)와 모스크바국립국제관계대학 총장 또르쿠노프(А. Торкунов)가 선출되었다. 그리고 러시아 외무부 총비서 로슈코프(А. Лосюков)가 러시아 대표단을 지휘했다. 이 회의에 러시아와 ASEAN의 공동 프로젝트인 '태평양의 합의' 라고 불려지는 아태지역 협력 원리에 대한 선언문이 참석자들의 논의 안건으로 상정되었다. 이 선언문은 UN의 정관을 포함하여 국제법의 자의적인 준수를 기본 원리로 삼고 있다. 그리고 국가들의 집단 안보체제 구축에 있어 질적으로 새로운 다극적 시스템 형성에 대한 당시의 경향들에 적절한 관심을 보이고 있다. 지역의 안보는 전세계 안보의 한 구성 부분이기 때문에 UN의 효율적인 활동을 지원해야 한다는 당위성이 이 문서에 제시되어 있다. 이 프로젝트의 목적은 세계 전반의 경험과 아태지역의 특수성을 고려하여 지역 국가들의 문명화된 관계를 주도할 원리를 찾아내고 이것이 21세기 아태지역에 새로운 지역 규칙의 근간이 되도록 만드는 것이다.

1999년 봄 UN 상임이사국의 동의를 구하지 않고 유고슬라비아에 폭격을 가한 나토의 행위는 최근 10년간 쌓아온 국제관계의 긍정적인 결과들을 한 순간에 무너뜨리는 결과를 초래했다. 이는 아태지역 국가들을 포함 많은 국가들에게 자신들의 안보에 대한 불안감을 갖게 했다.

한편 1999년 싱가포르에서 열린 제6차 아세안지역포럼에 참가한 새로운 러시아 외무부 장관 이바노프는(И. Иванов) 아태지역 상황에 대해 전반적으로 안정적이라는 의견을 내놓았다. 세계 및 아태지역에 정세가 복잡한 양상을 띰에도 불구하고 세계 냉전 종식 후부터 쌓아온 긍정적인 발전이 아태지역에 유지되고 있음을 그 이유로 들었다.

2000년 제7차 아세안지역포럼이 열린 태국에서 러시아는 5개 핵강국들의 핵무기 축소를 위한 점진적이고 종합적인 움직임과 관련한 자신의 입장을 밝히고 동남아시아를 비핵지대로 조성하는 것은 핵무기 비확산에 대한 실제적인 기여이고 지역 안정을 확고히 하는 초석이 됨을 강조하고 동남아연합의 노력에 대한 자신의 지지 입장을 다시 한번 확고히 했다.

아울러 러시아 대표단은 동북아시아 작전기지에 대로케트 방위 시스템 조

---

94) 《Всеобъемлющая безопасности и сотрудничество в АТР》

성을 위한 미국과 일본의 계획에 우려를 표시했다. 제한된 참여 국이 다른 나라의 이권은 고려하지 않은 체 이 계획을 현실화 하는 것은 조성된 힘의 균형을 깰 수 있고 아태지역 분쟁 거점에 긴장을 초래할 수 있으며 지역의 무기 경쟁에 새로운 촉발제가 될 수 있음을 지적했다. 한편 이바노프 장관은 국제관계에 균형의 수준을 높이고 구성되고 있는 새로운 현실을 반영하는 '다극적 세계' 건설에 대한 사상이 지역에서 폭 넓은 지지를 받고 있다고 말했다. 그는 이러한 과정에 군 관련 부서의 긍정적인 기여가 있었음을 강조하고 향후 아세안지역포럼 모든 행사에 그들의 참여를 확대해야 한다고 주장했다.

블라디보스톡 회의에서 논의되었던 아태지역 국가들의 협력 원리를 다루는 '태평양의 합의'는 포럼 참석자들로부터 계속 논의할 가치가 있는 것으로 평가되었다.

아세안지역포럼의 발전에 러시아의 실제적인 기여가 컸다는 정보는 참여국들의 높은 호응을 얻었다. '태평양의 합의' 프로젝트를 위한 전문가들의 모스크바 회의 그리고 러시아와 베트남이 공동 의장으로 개최된 하노이에서의 천재지변의 예후 청산 컨퍼런스와 같은 것들이 이에 대한 예가 되었다.

아태지역의 상황을 검토하면서 푸찐(В. Путин) 러시아 대통령은 유감스럽게도 역내에 아직도 예전과 다름 없이 지역 분쟁의 적지 않은 긴장요소가 산재해 있음을 확인했다고 말했다. 이는 새로운 세기가 시작되는 문턱에 테러, 지역침략주의와 분리주의 그리고 국제적 범죄가 아태지역에서 급속히 번식하고 있고 오랜 시간 동안 배척하면서 생성된 서로간의 불신의 뿌리가 완전히 제거되지 않았기 때문으로, 이러한 상황 속에서 러시아는 뜻을 같이 하는 국가들과 함께 충분히 서로가 수용할 수 있는 해결 방안을 찾기 위해 모든 분야에서 그리고 이를 위해 생성된 모든 기관 특히 UN에서 최선의 노력을 다할 것이라고 푸찐 대통령은 성명했다.[95]

2001년 하노이에서 개최된 제8차 아세안지역포럼에서 러시아 외무부 장관은 전략적 안보 보장과 로켓 및 핵무기의 비확산 조약을 확고히 하기 위해 지역 및 국제 사회가 노력을 강화할 필요가 있음을 성명했다. 이바노프 장관은 최근 몇 년 동안 아태지역에서 축적되어온 긍정적인 면들을 유지하고 발전시키기 위해 지역 국

---

95) Дипломатический вестник №12, 2000. В.В.Путин. Россия: новые восточные перспективы.

가들의 더욱 밀접한 상호 관계가 실제적인 과제로 남아있음을 강조하고, 이러한 문제의 해결을 위해 아태지역에서 활동하고 있는 대화 시스템 특히 ARF의 효율성을 높이자고 말했다.

　　이러한 측면에서 ARF의 향후 활동 방향에 대한 논의는 중요한 의미를 가지고 있었다. 그리고 아태지역 상황에 맞춘 예방외교의 개념과 원리의 채택은 아세안지역포럼의 활동을 강화시키는 괄목할 만한 진보였고 지역 안보의 범주에서 새로운 위협에 대처할 수 있는 그의 잠재력을 높여 주는 근간이 되었다.

　　2001년 9월 11일 테러에 의해 모든 문명 사회에 던져진 전례 없는 위협은 테러와의 전쟁에 공동으로 맞서는 과제를 지역 회의에 첫번째 안건으로 상정하게 했고 ARF 참여국 모두에게 아태지역에 위협을 주는 요소에 대한 분류체계를 새로운 시각으로 바라 보도록 만들었다. 아세안지역포럼은 그의 포괄적이고 일반적인 특성에 따라 테러에 대항하는 국가간 협력조직의 근간이 되고 세계 반테러 시스템의 조직적인 일부분이 될 수도 있었다.

　　2001년 10월 아세안지역포럼 대표는 세계를 경악하게 만들었던 9.11 테러를 비난하는 성명을 발표했다. 그리고 같은 해 11월 제7차 동남아연합 국가들 정상회담에서 테러반대 운동에 공동으로 참여하는 내용의 선언문을 채택했다. 미국에서 일어난 테러 행위는 극단적 이슬람 세력[96]으로부터 그리고 자주 종교적인 구호 아래 활동하는 분리주의 운동으로부터 오는 위협에 우려를 나타내고 있는 동남아연합 국가들을 더욱 밀접하게 협력하게 만드는 계기를 만들었다.

　　테러반대 운동이라는 주제가 2002년 여름 브루나이에서 있었던 제 9차 아세안지역포럼에서 폭넓게 논의되었다. ARF에 참여하는 국가들에게 전하는 반테러에 대한 권면과 테러반대 운동을 위한 제정적인 지원 방안에 대한 성명서가 브루나이 회의를 위해 준비되었다. 이는 테러 반대 운동에 지역 국가들이 상호 협력하게 만드는 밑거름이 되었고 ARF가 지역의 안보를 위협하는 새로운 요소에 대항하는 협력의 조직적인 근간이 되도록 했다.

　　역내 및 국제 사회의 안보 상태를 진단하면서 아세안지역포럼에 참여한 외무부 장관들은 미국에서 있었던 9.11 테러가 안보 상황에 커다란 영향을 미쳤음을 재확인하고 테러에 반대하는 전 세계적인 캠페인을 강화해야 한다고 한 목소리를

---

96) 동남아시아 국민의 절반 정도가 이슬람 인이다.

냈다. 또한 그들은 테러행위를 예방하고 대처하는 것을 다루고 있는 UN 안전보장 이사회의 결의 안에 명시되어 있는 사항들에 지지 의사를 밝혔다.

　　ARF에 참여한 외무부 장관들은 지역적으로 그리고 국제적으로 이루어 지고 있는 테러 반대 운동에 찬성표를 던졌다. 2001년 10월 상하이에서 APEC 경제 리더들에 의해 채택된 선언문, 2001년 11월 반다르-세리-베가반(Бандар-Сери-Бугаван)에서 제7차 동남아연합 정상 회담 시 승인된 반테러 운동에 공동 대처하는 것에 대한 발표문, 상하이협력기구의 성명문, 2001년 ASEAN과 한국, 중국, 일본(ASEAN+3) 정상들에 의한 반테러 운동에 공동으로 참여해야 한다는 협의문 그리고 아시아에 상호협력과 신뢰 구축을 위한 첫 정상회담에서 채택한 문명사회간 대화의 조성과 테러의 근절에 대한 선언문 등은 아태지역 국가들의 반테러 운동을 대변하고 있는 것들이다. 아세안 지역 포럼 참가국 외무부 장관들은 총체적으로 테러에 대응하기 위해 쌍방간 그리고 지역간 더 나아가 국제적인 협력이 강화되어야 함을 강조했다.

　　2003년 캄보디아의 프놈펜(Пномпень)에서 열린 제10차 ARF 회기에서는 지난 브루나이 회의 때 논의되었던 테러반대 운동과 관련한 제정조치에 대한 협의문이 승인되었다. 협의문에는 아세안지역포럼 참여 국들이 UN에서도 의무 사항이라고 지정한 바 있는 테러를 지원하는 자금 공급선을 차단 할 수 있는 방법을 신속 정확하게 정착시키는 내용이 들어 있다. 그리고 테러 관련자들이 지역 재정 시스템에 출입하지 못하도록 막고 테러에 지원되는 제정 및 돈 세탁과의 투쟁을 위해 권위 있는 국제 조직과 협력한다는 내용도 포함되어 있다.

　　이와 함께 테러 예방을 위해 ARF 국가들에게 권면하는 내용도 승인되었다. 테러 예방을 위해 아세안지역포럼 내에서 협력 가능한 분야를 찾고, 서로 필요한 정보를 교환하기 위해 참여국 각자가 자기 민족에게, 혹은 특정 두개 국가에 아니면 여러 국가를 대상으로 테러가 일어났을 경우 이러한 위협에 대응하는 나름대로의 방법들과 각 민족이 가지고 있는 테러반대 운동 조직 목록을 ARF 대표에게 제출하는 것, 민족 및 지역적인 차원에서 테러에 대항하는 기구를 조성하는 것 등이 이 권면 내용의 핵심이다.

　　러시아와 동남아연합 국가 외무부 장관들이 채택한 공동발표문에도 테러에 대한 문제가 주안점으로 자리매김하고 있었다. 양측은 테러리즘, 분리주의, 비합법적 마약 거래, 향각제품 밀반출과 같은 조직 범죄, 비합법적인 경기관총 및 소총 유통, 고기술 분야에서의 범죄, 불법 이민, 여성과 아동 매매 등과 같이 지역의 안보 상황에 영향을 줄 수 있는 문제들의 심각성을 인정했다. 그들은 이러한 문제들에 효과적으로 대응하기 위해서는 쌍방 혹은 지역 더 나아가 국제적인 차원의 총체적인 협력이 필수적임을 동감했다.

러시아와 ASEAN은 국제 테러의 모든 행위, 방법, 실체를 결단적으로 배척하고 국제테러에 대한 투쟁은 UN 정관에서 정하는 법규를 포함 국제법의 원리에 기초하여 이루어져야 함을 강조하고 '세계적인 악'에 적극적으로 대처할 준비가 되어 있음을 성명했다.[97]

전체적으로 러시아는 아세안지역포럼 생성 초기부터 ARF 활동에 적극적으로 동참했다. 정부 간 – 'Track One' – 이루어지는 공식적인 활동 외에도 비정부간 – 'Track Two' – 활동에도 활동적으로 참여했다. 러시아는 베트남과 함께 ARF 산하 천재지변의 예후를 청산하는 업무를 관장하는 기구의 공동대표이기도 하다. 아태지역에 협력 관계를 조성하고, 평화와 안보를 보장하기 위한 러시아의 다양한 제안들은 아세안지역포럼에 참여하는 다른 국가들로부터 지지를 얻었다.

특히 아세안지역포럼의 활동이 예방외교 단계로 옮겨가는 시점에서 제안한 러시아의 주창은 커다란 호응을 받았다. '태평양의 합의'로 불려지는 이것은 아태지역 국가들의 행동규칙이 될 수 있는 지역 국제관계에 주도적인 원리에 대한 선언문이다. 선언문의 내용이 최종적으로 다듬어질 때까지 러시아는 동남아연합과 함께 공동의 작업을 계속 할 것이고, 이것이 완료되면 이 문서를 러시아-ASEAN의 정치적 주창으로 아세안지역포럼회원들에게 제시할 것이다.

국제테러와의 전쟁 및 지역에 핵이 없는 평화를 정착하고자 하는 아세안지역포럼의 활동에 러시아의 적극적인 참여는 앞으로도 계속될 것이다.

97) Текст Декларации. // Дипломатический вестник №7, 2003.

결론

    80년대 중반까지 소련과 ASEAN의 관계 발전은 냉전의 국제 정세 속에서 반목적인 양상을 보여 주었다. 뻬레스트로이카가 일어나고 소련연방이 붕괴된 후에야 양측의 관계에 공식적인 접촉을 가질 수 있는 가능성들이 조심스럽게 나타나기 시작했다.

    러시아, ASEAN 양측 모두에게 과도기였던 90년대 초반은 서로 서로를 올바르게 평가하고 효과적인 상호 활동 방향을 모색하기에 어려운 점이 많았다. 그럼에도 불구하고 아태지역의 안보 및 안정과 관련한 상호 협력과 동남아연합 국가들에 의한 러시아재 무기 구입의 확대로 인한 군사-기술협력 그리고 무역 발전에 기초한 러시아와 동남아연합간에 정치 및 경제적인 협력 증대는 주목할 만 하다 하겠다.

    러시아는 1994년 안보 문제를 다루는 아세안지역포럼에 회원, 1996년 동남아연합 대화상대국 정회원, 1997년에는 아태협력기구 회원의 자격을 얻었다. 이것은 한편으로 러시아연방에게 동남아연합과의 총체적인 관계 발전이 필요함을 시사한 것이었다. 왜냐하면 이것이 태평양 지역에서 러시아의 정치, 경제적인 입장을 강화하는 데 지대한 영향을 미쳤기 때문이다.

    러시아가 동남아연합과 같은 동반자를 얻는 것은 미국, 일본, 중국과의 관계적인 측면에서도 중요한 의미를 갖는다. 러시아 대통령 푸찐이 동남아연합과의 관계가 최근 들어 러시아 대외 정치에서 독립적인 부분으로 자리매김 되었음을 강조한데는 이유가 있었던 것이다.

    러시아의 아태지역과의 협력 관계의 증대는 무역에 있어서 유럽국가들에 치우쳐 있는 러시아 대외경제관계를 균형 있게 만들어 주는 근간이 된다. 이는 러시아만의 특색인 유라시아 강국의 특성을 이용할 수 있는 계기를 만들어 주는 것으로 향후 유라시아 경제지역 형성을 위한 초석이 될 수 있다.

    아태지역에 가장 적절하게 진입하기 위해 러시아는 우선 협력 국가로 지정되어 있는 동북아시아와의 관계를 유지하면서 동시에 동남아시아와 협력할 필요가 있다. 아태지역에 정치, 경제적인 방향을 전형적인 삼각국가인 한국 - 중국 - 일본으로 국한하지 말고 동남아연합 국가들과도 최대한 관계를 넓혀나가야 한다. 더욱이 아태지역 및 세계 국제 관계에서 동남아연합의 역할은 경제 성장의 회복을 이루며 증대되고 있다. 특히 동남아연합 회원국들과의 군사-기술 분야의 적극적인 협력은 특별한 주의를 요한다.

동아시아에서 러시아가 이루고자 하는 가장 중요한 과제 중 하나는 미국, 일본, 중국, 한국, 러시아, 북한, ASEAN을 포함 최대한 많은 국가들이 참여하는 지역 집단 안보체제를 구축하는 것이다. 한편 이러한 러시아의 바램에 부응이라도 하듯 ASEAN은 가장 폭넓은 국가들이 안보 문제를 협의하기 위해 참여하는 아세안 지역포럼을 성공적으로 조성하면서 모든 국제 관계 시스템 발전에 영향력 있는 요소로 자리매김했다.

　　그리고 러시아는 이러한 동남아연합과 ARF 내에서 성공적으로 협력관계를 이루어 가고 있다. 양측은 상호 신뢰 방안, 예방외교와 같은 문제들에서 서로의 이해의 폭을 높은 수준까지 끌어 올렸다. 러시아-ASEAN 공동 프로젝트인 '태평양의 합의'가 아세안지역포럼 내 '협력안보' 문제에 대한 토론의 근간이 된 건 우연이 아닌 것이다.

　　전체적으로 아세안지역포럼에 러시아의 적극적인 참여는 이 포럼이 아태지역에 새로운 안보 시스템의 중요한 발판 중 하나가 되도록 ARF의 균형적인 발전을 강화시켜 주고 있다.

부록

러시아 원문

АССОЦИАЦИЯ СТРАН ЮГО-ВОСТОЧ НОЙ АЗИИ

ВО ВНЕШНЕЙ ПОЛИТИКЕ СССР/РФ

1967-2002 гг.

Оглавление

Введение

После окончания эпохи «холодной войны» в мире произошли исторические перемены в экономической, политической и особенно в военно-стратегической сфере как на глобальном, так и на региональном уровнях.

ЮВА находится на перекрестке политико-экономических интересов крупнейших держав (Россия. США КНР, Япония), каждая из которых стремится к тому, чтобы формирующаяся в регионе система отвечала ее интересам.

Официально декларируемая цель российской внешней политики в целом сводится к тому, чтобы оптимально реализовать национальные интересы, что возможно при условии создания благоприятного международного окружения и «надлежащих» отношений со всеми странами.

РФ стремится, повышая благосостояние народа, занять достойное место в мировом сообществе. Это кредо остается в силе на протяжении всего постконфронтационного периода, однако средства и методы его достижения меняются.

На пути к реализации своей глобальной цели - остаться мировой державой – РФ необходимо сбалансированно сочетать две свои уникальные особенности: РФ - часть западного мира и РФ - евразийская держава.

Несомненно, что в Азиатско-Тихоокеанском регионе ля России страны СВА имеют наибольший экономический, политический и геостратегический вес, однако следующим по значимости регионом необходимо считать страны ЮВА, среди членов которой сейчас находятся и бывшие союзники и надежные партнеры СССР в лице государств Восточного Индокитая.

Учитывая, что в настоящее время завершился процесс превращения Ассоциации Юго-Восточной Азии (АСЕАН) в подлинно региональную организацию, аккумулирующую интересы всей Юго-Восточной Азии, не приходится сомневаться в том, что взаимодействие России с Ассоциацией превращается в важный фактор развития геополитической и геоэкономической обстановки в Восточной Азии.

Изучение аспектов и особенностей формирования внешней политики России в ЮВА весьма актуально.

Данное учебное пособие может быть полезным для студентов, специализирующихся по вопросам внешней политики РФ в АТР и проблемам Юго-Восточной Азии. В нем дается комплексный анализ политики СССР и его преемницы - Российской Федерации в отношении как отдельных стран ЮВА, так и АСЕАН в целом за 35-летний период истории их взаимоотношений.

В работе исследуются те тенденции во внешней политике РФ и АСЕАН, которые явно станут определяющими в новой, пока еще находящейся в процессе формирования системе международных отношений в Восточной Азии.

Это политические, экономические аспекты, проблемы безопасности и подключение РФ к интеграционным процессам в АТР в целом.

Глава I.
Политические отношения СССР/РФ и АСЕАН

§ 1. СССР и страны АСЕАН. Двусторонний уровень

СССР стремился к сохранению политического и экономического доступа в ЮВА, учитывая сложившийся там баланс сил в начале 70-х годов прошлого века после ухода США из Индокитая, к укреплению в регионе форпоста социализма в лице ДРВ.

Необходимо учитывать активную, но не всегда последовательную политику СССР в АТР в 60-70-е годы. В условиях холодной войны Москва находилась в той или иной степени конфронтации почти со всеми государствами АТР, включая важнейшие - Китай, США, Японию, в результате чего сложился своего рода единый антисоветский фронт. В то же время Вьетнам считался стратегическим союзником СССР в противоборстве с США.

Серьезные политические изменения в Индонезии в середине 60-х годов прошлого века негативно повлияли на состояние ранее чрезвычайно активных советско-индонезийский отношений. Массовые расправы над индонезийскими коммунистами после событий 30 сентября 1965 года не могли не вызвать осуждение советского руководства, а в Индонезии резко активизировались прозападные силы. Новые власти объявили мораторий на выплату внешней задолженности, стали свертывать технико-экономическое и культурное сотрудничество с социалистическими странами.

Несмотря на то, что интересы СССР и стран - членов АСЕАН изначально были или объективно близки или даже совпадали по широкому кругу проблем (ограничение гонки вооружений, ликвидация очагов напряженности в ЮВА, превращение Индийского океана в зону мира и стабильности, справедливое политическое урегулирование на Ближнем Востоке, осуждение колониализма, расизма, апартеида, перестройка международных экономических отношений на демократических началах), СССР вплоть до второй половины 80-х годов не предпринимал попыток завязать отношения с АСЕАН как единым целым, не признавая ее как субрегиональную организацию.

Это объясняется тем, что создание АСЕАН в 1967 году было встречено в СССР с изрядной долей недоверия. Антикоммунистический характер политических режимов вошедших в нее стран и их прозападная внешняя политика, казалось, давали повод рассматривать Ассоциацию в качестве «проимпериалистического блока», своего рода «второго издания СЕАТО».

Несмотря на то, что официально целью создания АСЕАН было объявлено содействие экономическому и культурному развитию стран-членов и поддержание мира в ЮВА, Москва опасалась, что основатели Ассоциации могут придать АСЕАН военный характер.

АСЕАН, как организация, никогда не принимала непосредственного участия в военных действиях во Вьетнаме, хотя отдельные ее члены прямо или косвенно были вовлечены в ведущуюся там вооруженную борьбу на стороне США и сайгонского режима. Так, Таиланд и Филиппины направляли в Южный Вьетнам свои воинские подразделения, пусть и весьма немногочисленные. С военных баз, располагавшихся на их территории, туда доставлялись войска, техника и боеприпасы, а с аэродромов совершали боевые вылеты бомбардировщики и истребители. В указанных странах, а также некоторых других государствах-членах АСЕАН, например в Сингапуре, ремонтировались американская боевая техника и снаряжение.

В то же время сайгонские власти, ощущая политическую и военную поддержку стран, входящих в состав рассматриваемой группировки, неоднократно предпринимали попытки стать её участником. Однако максимум чего они смогли добиться – это статуса наблюдателя.

В этих условиях руководство СССР не замечало АСЕАН как организации, по-прежнему развивая двусторонние связи с ее членами, которые стремились использовать советское государство в качестве противовеса американскому, японскому, китайскому влиянию в ЮВА.

Кроме того, несмотря на вначале малую авторитетность стран АСЕАН в вопросах международного характера, указанное выше сходство позиций с СССР в той или иной степени было присуще политике каждого из государств - членов АСЕАН. Это объективно способствовало установлению двусторонних контактов.

Несмотря на спад в советско-индонезийских отношениях возникли предпосылки для налаживания отношений с другими асеановскими странами. В 1967 году были установлены дипломатические отношения с Малайзией, а годом позже - с Сингапуром. В сентябре 1970 года состоялась поездка сингапурского премьер-министра Ли Куан Ю в Москву. Это был первый официальный визит представителя асеановского государства в Советский Союз. Развитие отношений с Советским Союзом рассматривалось в Сингапуре и Малайзии в контексте необходимости поддержания баланса сил в Юго-Восточной Азии.

Стороны, каждая на своем уровне, предпринимали попытки по

созданию системы безопасности: Советский Союз в Азии в целом, а АСЕАН - в частности в ЮВА в форме зоны мира, свободы и нейтралитета (ЗОПФАН). Эта концепция была с пониманием встречена в СССР, что расширило базу его диалога с асеановскими государствами.

С 29 сентября по 5 октября 1972 года состоялся визит в СССР малайзийского премьер-министра Абдул Разака. Стремлением проводить более сбалансированную внешнюю политику было продиктовано и решение филиппинского президента Ф.Маркоса посетить Москву летом 1976 года и установить дипломатические отношения с СССР, после чего у Советского Союза был налажены официальные контакты со всеми членами Ассоциации.

Во время этого визита было подписано совместное коммюнике об обмене дипломатическими представительствами на уровне посольств, которые и были открыты в 1977 году, что, бесспорно, стало событием, знаменующим начало нового этапа в отношениях двух стран. В совместном коммюнике подтверждалось, что они будут основываться на принципах мирного сосуществования, взаимного уважения суверенитета и территориальной целостности, невмешательства во внутренние дела друг друга, а также равенства и взаимной выгоды в соответствии с Уставом ООН. Подписанное в ходе визита торговое соглашение создавало условия для расширения торговли. Было зафиксировано также стремление сторон к налаживанию научно-технического сотрудничества, расширению обменов в области культуры, образования и спорта.

«К сожалению, последующие годы в силу ряда причин, в том числе объективного характера, большой потенциал двусторонних отношений оказался во многом не реализован», - констатировал позже российский дипломат М.Белый. /1

Налаживая связи с Советским Союзом, асеановские страны руководствовались и экономическими соображениями. Они надеялись диверсифицировать свою внешнюю торговлю и освоить советский рынок, особенно в условиях падения спроса на многие виды их сырьевой продукции на Западе, что обусловливало интерес не только деловых, но и правительственных кругов стран АСЕАН к обширным рынкам социалистических государств. Показателен в этом отношении пример Филиппин, провозгласивших концепцию «дипломатия на службе развития», предусматривающую развитие отношений со всеми странами, сотрудничество с которыми может содействовать ускорению экономического роста страны. Правительство Таиланда тоже заявляло о намерении «развивать дружественные связи, а также экономические и торговые отношения со всеми странами, невзирая на различия в политической, экономической и социальной системах».

Однако лидеры Ассоциации продолжали относиться к Советскому Союзу подозрительно и руководствовались сугубо прагматическими расчетами. Так, в условиях острого политико-идеологического противоборства СССР и КНР они приступили к нормализации отношений с Китаем.

После краха весной 1975 года проамериканских марионеточных режимов Южного Вьетнама и Камбоджи, как отмечалось на XXV съезде КПСС, перед всей Юго-Восточной Азией «открылись новые горизонты». /2

Несмотря на то, что после объединения Вьетнама, члены АСЕАН проявили склонность к манипулированию «балансом сил» в ЮВА, расширению военного сотрудничества в рамках Ассоциации перед лицом «коммунистической угрозы», тем не менее они стали на путь развития сотрудничества с СРВ и полпотовским руководством Демократической Кампучии.

Некоторое ослабление военно-политического соперничества Советского Союза с США в 70-е годы и изменения в странах Индокитая способствовали активизации связей СССР с членами АСЕАН. Так министр иностранных дел, а затем вице-президент Индонезии Адам Малик констатировал общность подходов обеих стран к таким важнейшим проблемам современности, как разрядка напряженности, разоружение, совместная борьба против неоколониализма и расизма, за мир и безопасность народов, что создало прочную основу для расширения сотрудничества между Советским Союзом и Индонезией».

Воссоединение Вьетнама и провозглашение СРВ было оценено Москвой как событие, международное значение которого сводилось к расширению зоны социализма в Юго-Восточной Азии.

Советский Союз с удовлетворением отмечал, что в АСЕАН существуют силы, призывающие к дальнейшему расширению сотрудничества Ассоциации и соцстран Восточного Индокитая в противовес милитаристским кругам, которые пытаются привнести идеологический фактор в деятельность АСЕАН.

Таким образом, можно было констатировать наличие двух тенденций в деятельности Ассоциации: первая - развитие внутрирегионального сотрудничества в интересах государств ЮВА; и вторая - превращение АСЕАН в военно-политический блок в интересах империалистических и реакционных сил. Исходя из этого делался вывод о том, что в Ассоциации происходит борьба между двумя этими тенденциями.

Кроме того, имея в виду конфронтационный характер отношений с КНР Москва начала учитывать и тот факт, что АСЕАН провозгласила своей целью противодействие попыткам правящей в КНР «банде четырех» навязать членам Ассоциации свой диктат.

Однако период разрядки в ЮВА оказался недолговечным ввиду авантюристической политики режима Пол Пота, создававшего напряженную обстановку на границе Кампучии с СРВ.

В этих условиях в ноябре 1978 года Советский Союз и Вьетнам заключили Договор о дружбе и сотрудничестве, который, безусловно, во многом предопределил действия Ханоя в отношении Пномпеня.

Стороны договорились объединять свои усилия для укрепления и расширения сотрудничества во всех сферах, а также защиты международного мира и безопасности народов. В случае, если бы одна из них явилась объектом нападения или угрозы нападения, стороны обязались немедленно приступить к взаимным консультациям «в целях устранения такой угрозы и принятия соответствующих эффективных мер для обеспечения мира и безопасности их стран». /3

В конце декабря 1978 года СРВ ввела свои войска в Кампучию, где был свергнут прокитайский режим Пол Пота. В результате в Индокитае возник узел противоречий СССР с большинством правительств стран АТР, в том числе асеановских. Они считали, что СССР продвигается в ЮВА с помощью Вьетнама, который предоставил ему базу в Камрани, что позволило Советскому Союзу выйти к границам Юго-Восточной Азии, ранее для него недоступным.

Даже Индонезия, правительство которой считало этот шаг Ханоя вынужденным, полагало, что тем самым СРВ как бы «пригласила» одну из сверхдержав к активному участию в региональных делах. Спустя месяц после подписания вьетнамско-советского договора министр иностранных дел Индонезии М.Кусуматмаджа призвал «представить Вьетнаму альтернативу, чтобы он пошел другим путем».

Следует отметить, что с одной стороны, советская помощь существенно усиливала роль СРВ в Восточном Индокитае, обеспечивая ее материальными ресурсами, необходимыми для выполнения функций «старшего брата» в отношении Кампучии и Лаоса, укрепляла Вьетнам в его противостоянии Китаю, поддерживала вьетнамскую экономику в условиях действия американского эмбарго.

С другой стороны, полная поддержка Ханоем курса Москвы укрепляла позиции Советского Союза в ЮВА, позволяла московскому руководству активно влиять на события в Индокитае, способствовала, при необходимости, оказанию давления на Китай.

Страны АСЕАН, особенно Таиланд, как «прифронтовое государство» жестко реагировали на поддержку Советским Союзом Ханоя. Генеральный секретарь Национального совета безопасности Таиланда П.Сунсири заявил, что Советский Союз, оказывая материальную помощь вьетнамцам и способствуя тем самым оккупации ими Кампучии, угрожает безопасности Таиланда и миру в Юго-Восточной Азии.

АСЕАН оказалась в одном лагере с Китаем и США, которые тогда были главными соперниками СССР на международной арене.

Отчужденность в отношениях СССР с асеановцами усилилась после ввода советских войск в Афганистан осенью 1979 года. Страны Ассоциации расценили этот шаг и советско-вьетнамский альянс по кампучийскому вопросу как стремление к продвижению широким фронтом Советского Союза в Азию как собственными силами, так и с помощью своих союзников.

Основной проблемой, определяющей взаимоотношения между СССР и странами АСЕАН с 1979 года, стала конфликтная ситуация вокруг Кампучии. В условиях резкого обострения международной обстановки и усиления советско-американской конфронтации в начале 80-х годов в Москве стало преобладать критическое восприятие АСЕАН.

Средства массовой информации в странах Ассоциации, придерживаясь тезиса об «ответственности СССР и США» за нагнетание международной напряженности писали, что Советский Союз несет основную вину за это. Поддержка им Вьетнама, расценивалась как вмешательство великой державы в дела региона. В этих условиях Москва разделила страны АСЕАН на две группы: антивьетнамские (Сингапур и Таиланд) и умеренные (Малайзия и Индонезия). В Москве считали, что Сингапур и Таиланд пытаются навязать Народной Кампучии антисоциалистическую систему, Филиппины стоят несколько в стороне, находясь под защитой США, а Индонезия и Малайзия выступают за нормализацию отношений с государствами Восточного Индокитая, стремясь избежать военной конфронтации и оградить их от контроля со стороны как СССР, так и КНР.

На практике стремление Индонезии и Малайзии вернуть Вьетнам на позиции равноудаленности было зафиксировано в декларации, принятой президентом Индонезии Сухарто и премьер-министром Малайзии Хуссейном Онном в марте 1980 года в малайском городе Куантане. Куантанская декларация призывала великие державы - Советский Союз и Китай воздержаться от вмешательства во внутренние дела Индокитая. Предлагалось также, чтобы промышленно развитые страны Запада и Япония содействовали реконструкции и развитию вьетнамской экономики и тем самым способствовали обретению Ханоем большей политической и хозяйственной самостоятельности.

Авторы «Куантанской формулы», признавая особые интересы Вьетнама в Кампучии с точки зрения обеспечения его безопасности, допускали сохранение вьетнамского влияния в этой стране, но в обмен на согласие Ханоя стать «более независимым» от СССР. «Куантанская формула» по существу была нацелена и на то, чтобы убедить КНР ослабить давление на Вьетнам, что устранит повод для присутствия в регионе СССР. Ханою же предлагали в обмен на существенное уменьшение военной опасности со стороны Китая и возобновление связей с АСЕАН, Западом и Японией «отойти» от СССР.

По мнению Джакарты, необходим был такой вариант решения проблемы, который, с одной стороны, в полной мере учитывал бы интересы безопасности СРВ, а с другой - устраивал и страны АСЕАН, особенно «прифронтовой» Таиланд.

Советское правительство всячески укрепляя «братскую дружбу» трех народов Восточного Индокитая полностью поддерживало инициативы Вьетнама, Лаоса и НРК по урегулированию «кампучийской проблемы» и призывало правительства стран АСЕАН по достоинству оценить их предложения о заключении договора о мире и стабильности в ЮВА.

СССР также заявил о своей готовности, если таковую проявят и другие постоянные члены Совета Безопасности, принять участие в международной конференции, которая могла бы быть созвана после заключения такого договора между государствами Восточного Индокитая и АСЕАН с целью его признания и обеспечения гарантиями.

В феврале 1981 года послы СССР в Индонезии, Малайзии, Сингапуре и на Филиппинах, а также в ряде других государств по поручению советского руководства заявили, что СССР полностью поддерживают данные СРВ, ЛНДР и НРК оценки ситуации в ЮВА и их конструктивные инициативы.

Новой демонстрацией поддержки СРВ уже всеми странами социалистического содружества стала состоявшаяся во Вьетнаме в декабре 1981 года консультативная рабочая встреча заместителей министров иностранных дел Лаоса, Вьетнама, Кампучии, Болгарии, Венгрии, ГДР, Монголии, Кубы, Польши, Советского Союза, Чехословакии. Участники встречи выразили полную солидарность с усилиями трех стран Индокитая по поддержанию мира и стабильности в Юго-Восточной Азии, подчеркнув, что государства ЮВА должны, прежде всего, достичь договоренности по своим региональным проблемам. Была также вновь подтверждена готовность стран социализма развивать дружественные отношения со всеми государствами Юго-Восточной Азии и регулярно обмениваться мнениями в целях содействия превращению этого региона в зону мира, дружбы и сотрудничества.

Во время встречи в Москве в 1984 году с министром иностранных дел Индонезии Кусумаатмаджой министр иностранных дел СССР А.А.Громыко выразил убежденность в том, что нет таких вопросов между странами Индокитая и АСЕАН, какими бы сложными они ни казались на первый взгляд, которые нельзя было бы решить за столом переговоров.

Следует также отметить, что линия поведения СССР в контексте «кампучийской проблемы» и интересов СРВ не претерпела немедленных изменений с приходом к власти нового советского руководства во главе с М.С.Горбачевым.

Лидеры стран АСЕАН ошибочно полагали, что Москва располагает такими же мощными рычагами воздействия на Вьетнам, как Пекин на кхмерскую оппозицию, образовавшую в 1982 г. коалиционное правительство Демократической Кампучии во главе с Н.Сиануком, куда вошли как представители красных кхмеров, так и прозападного лидера Сон Сонна.

Они ошибочно палагали, что Москва может «заставить» Ханой сесть за стол переговоров и пойти на компромисс. В феврале 1985 года государства АСЕАН обратились к СССР с предложением побудить СРВ к переговорам с кхмерской оппозицией. В апреле 1985 года этот вопрос поднимал М.Кусумаатмаджа во время визита в Москву.

Реакция Советского Союза на асеановский зондаж привела страны Ассоциации к выводу о том, что Москва не обладает эффективными рычагами воздействия на вьетнамскую политику в Индокитае, и вообще исходит из того, что «кампучийской проблемы» как таковой не существует.

Основным содержанием деятельности СССР в Азии и на Тихом океане на первом этапе перестройки оставалось традиционное «укрепление международных позиций социализма» в лице СРВ, НРК и ЛНДР. В рамках данного курса, как писала индонезийская пресса предусматривалось расширение масштабов военной помощи странам Индокитая, поддержка их инициатив и предложений с целью сохранения выгодного Москве и Ханою статус-кво в ЮВА.

Все это способствовало сохранению конфликта, в котором страны ЮВА завязли как в трясине, провоцировало рост недоверия к государствам Восточного Индокитая со стороны АСЕАН, гонку вооружений в регионе, противостояние.

Несмотря на то, что существовали такие условия для контактов с Ассоциацией как общая позиция при голосовании, в частности, на XXXIX сессии ГА - за резолюцию по Индийскому океану и неизменная поддержка Москвой предложения неприсоединившихся государств по превращению его в зону мира, близость взглядов СССР и стран АСЕАН по вопросу урегулирования ближневосточной проблемы, ликвидации системы апартеида в Южной Африке, создания безъядерной зоны в южной части Тихого океана (Договор Раратонга) Конвенции по Морскому праву, Хартии экономических прав и обязанностей государств, против чего голосовали в ООН США и их многие союзники, лишь во второй половине 80-х годов в СССР стали признавать высокую степень жизнеспособности Ассоциации и рост влияния этой группировки в международных отношениях.

Некоторые советские дипломаты полагали, что тупиковая ситуация в отношениях с членами АСЕАН в значительной степени была следствием изъянов, присущих общему подходу советского руководства к Азиатско-Тихоокеанскому Региону до 1985 года. «Наша политика на данном направлении, и это мы самокритично признаем, носила в определенной мере рутинный характер, не отличалась особой активностью. Район нередко представлялся как далекая периферия, а к его проблемам подходили с мерками, из которых АТР давно вырос», /4 - отмечал в своей речи перед участниками международной встречи во Владивостоке «Азиатско-тихоокеанский регион; диалог, мир, сотрудничество» 1 октября 1988 года И.А.Рогачев, который тогда занимал пост заместителя министра иностранных дел СССР.

Понадобилась разрядка и новый подход советского руководства, что бы пересмотреть отношения к АСЕАН как организяции.

Впервые в речи М.С.Горбачева во Владивостоке летом 1986 года отмечалось, что в деятельности АСЕАН, в двусторонних связях немало позитивного. Выступая во Владивостоке, Генсек ЦК КПСС отметил интерес, который вызывает асеановская идея идея о создании безъядерной зоны в ЮВА».

Комментируя речь советского руководителя, индонезийский политолог Ю.Ванади отмечал, что в ней положению в ЮВА было уделено слишком мало вниания. По его мнению, Советскому Союзу было трудно идти на сближение со странами АСЕАН, особенно в вопросах камбоджийского урегулирования, поскольку он по-прежнему выступал со сходных с Вьетнамом позиций.

План урегулирования проблемы, получивший название «Восемь

пунктов Сианука», был немедленно поддержан Китаем, США, Японией и АСЕАН, а СССР вслед за странами Восточного Индокитая отклонил его. Ситуация начала меняться с появлением «нового политического мышления», когда советское руководство сформулировало новые цели в АТР - придать динамизм отношениям со всеми без исключения странами, урегулировать региональные конфликты, снизить уровень военного противостояния, подключиться к тихоокеанскому экономическому сотрудничеству.

Стремясь реализовать эти цели, Советский Союз в последующие годы завязал диалог с большинством государств ЮВА. Первым таким шагом, стал визит министра иностранных дел СССР Э.А.Шеварднадзе в марте 1987 года в Таиланд, где советская сторона подчеркивала важность новых подходов к решению международных проблем, в том числе в азиатском регионе, необходимость наращивания усилий в целях утверждения в Юго-Восточной Азии атмосферы доверия и добрососедства. Это был первый визит на таком уровне за предыдущие 20 лет. Результаты визита были высоко оценены в государствах АСЕАН.

Таиландская пресса писала, что он продемонстрировал серьезное стремление СССР к решению кампучийского вопроса. Широко высказывалось мнение о необходимости продолжить начавшийся диалог с СССР, который в свою очередь всемерно поддерживал вселяющий надежду диалог стран Индокитая и АСЕАН.

Положительный резонанс в странах Ассоциации вызвало заявление М.С.Горбачева в интервью индонезийской газете «Мердека» летом 1997 г. о готовности СССР ликвидировать свои ракеты среднего радиуса действия, размещенные в Азии, в случае ответного шага со стороны США.

АСЕАН желала проявления гибкости СССР прежде всего именно в Восточном Индокитае, требуя, чтобы Москва побудила Ханой вывести войска из Камбоджи. СССР не мог себе позволить оказывать давление на Вьетнам как суверенное государство, поэтому воздействие осуществлялось прежде всего силой собственного примера: выводом войск из Афганистана, развитием диалога с Китаем, призывами к национальному примирению в других горячих точках планеты.

Преодолеть груз многолетних предубеждений против политики Советского Союза помогли визиты в течение 1987-1989 годов в Москву министра иностранных дел, а год спустя премьер-министр Таиланда, премьер-министра Малайзии М.Махатхира, министра иностранных дел Индонезии. В беседе с премьер-министром Малайзии М.С.Горбачев высоко оценил вклад стран АСЕАН в развитие внутрирегионального сотрудничества и заявил, что СССР готов поддерживать отношения с АСЕАН как организацией и входящими в нее странами.

В послании, адресованном третьему саммиту АСЕАН, состоявшемуся в Маниле в декабре 1987 года, советское руководство высказалось за установление прочных связей с Ассоциацией, признав, что она является одной из ключевых экономических и политических сил в АТР. Была дана высокая оценка асеановской концепции создания зоны мира, свободы и нейтралитета в Юго-Восточной Азии, превращения региона в безъядерную зону и выражена готовность к развитию взаимодействия с АСЕАН на коллективной основе.

Развитие двусторонних отношений продолжалось с отдельными странами Ассоциации. В декабре 1988 года Э.Шеварднадзе совершил поездку в Манилу, спустя несколько месяцев в ответным визитом в Москву посетил министр иностранных дел Филиппин Р.Манглапус. В центре диалога СССР с асеановскими государствами находились прежде всего вопросы, связанные с решением «кампучийской проблемы».

Новый курс СССР, стремление «выпутаться» из камбоджийского конфликта (с лета 1989 года НРК была переименована в Государство Камбоджа), готовность иметь дело с АСЕАН как организацией во многом способствовали активизации его связей с членами Ассоциации.

Огромное значение имел визит в Советский Союз с 7 по 12 сентября 1989 года президента Республики Индонезия Сухарто. Предыдущий визит первого президента Индонезии Сукарно состоялся в 1964 г., т.е. 25 лет назад.

Важным итогом поездки Сухарто в СССР стало подписание Заявления об основах дружественных отношений и сотрудничества между Советским Союзом и Индонезией.

Однако реальный перелом наступил к концу 1989 года, после вывода советских войск из Афганистана, нормализации советско-китайских отношений, прекращения советско-американского противостояния и сдвигов в камбоджийском урегулировании. Эти изменения в международных отношениях оказали большое влияние на развитие контактов между СССР и АСЕАН.

Следует отметить, что в конце 80-х ситуация вокруг Камбоджи заметно улучшилась. Летом 1989 г. в Париже состоялся первый этап международной конференции по Камбодже. Ее покинули вьетнамские войска, пять постоянных членов Совета Безопасности ООН выработали план по политическому урегулированию камбоджийской проблемы.

Таким образом, камбоджийский конфликт утратил острый

негативный международный аспект. Он больше не сдерживал развитие отношений СССР со странами АСЕАН.

В сентябре 1990 года в Москве побывал сингапурский премьер-министр Ли Куан Ю, а отношения СССР с бывшими союзниками - странами Восточного Индокитая в рамках реализации «нового политического мышления» стали вытесняться контактами с членами АСЕАН.

Практически СССР не только экономически, но и политически «ушел» или «почти ушел» из Восточного Индокитая, чего нельзя сказать о США и КНР, которые смогли достаточно конструктивно воздействовать на враждующие кхмерские группировки, а также на СРВ и АСЕАН. Особенно это проявилось на заключительном этапе камбоджийского урегулирования, когда США и КНР выходили на Вьетнам, исключив СССР как самоустранившегося посредника.

На втором заключительном этапе работы Парижской конференции в октябре 1991 года асеановцы без энтузиазма встретили выдвинутую М.С.Горбачевым в Токио в 1990 г. идею о проведении совещания представителей пяти ведущих держав Азии и Тихого океана - США, СССР, КНР, Японии и Индии, расценив ее, «как попытка великодержавного сговора». Не получила у них поддержки и советская инициатива о проведении в 1991 году встречи министров иностранных дел всех стран АТР.

Отвергая советские инициативы, страны АСЕАН, однако, сумели подключить СССР к своим, выступив с сенсационным предложением пригласить на очередную проходившую летом 1991 года встречу министров иностранных дел Ассоциации с их коллегами из США, Японии, Австралии, ЕЭС, Новой Зеландии и Южной Кореи - полноправными партнерами по диалогу, также и представителей СССР и Китая в качестве гостей. Для КНР и СССР присутствие на конференции в Куала-Лумпуре стало первым официальным контактом с АСЕАН как единой организацией.

Уравновешивая влияние США и Японии в АТР подключением к асеановскому механизму диалога новых участников, к тому же обладающих перспективными рынками для асеановского экспорта, Ассоциация стремилась обеспечить себе большую свободу маневра.

При открытии встречи премьер-министр Малайзии сказал: «Сейчас АСЕАН и Китай, так же как АСЕАН и Советский Союз, решили сесть вместе за стол переговоров. Идеологические барьеры между нами позади, однако, надо преодолеть психологический барьер. Давайте вместе работать, чтобы отношения между нами стали более плодотворными в интересах мира и сотрудничества в Азиатско-тихоокеанском регионе». /5

Советской делегации, которую возглавлял заместитель Председателя Совмина СССР Ю.Маслюков, в ходе встречи асеановские министры разъясняли, что вопрос о диалоге с СССР и КНР Ассоциация не ставит, будучи не готова к установлению более тесных связей с этими государствами в частности ввиду разных экономических систем.

Итак, незадолго до своего распада Советский Союз установил отношения с АСЕАН.

* * *

В целом отношения СССР с АСЕАН с момента создания Ассоциации и до конца 80-х годов можно охарактеризовать как сдержанные, иногда переходящие по определенным вопросам во враждебные. Объяснением этому служит ряд причин: общая прозападная ориентация государств АСЕАН, обусловленная наличием крепких экономических связей и потребностью в кредитах, обстановка «холодной войны», идеологическое противостояние как на глобальном, так и региональном уровнях.

Вплоть до 80-х годов при определении внешнеполитического курса министерства иностранных дел СССР и стран АСЕАН отводили друг другу периферийный статус.

В отличие от США, Японии и ряда других государств, СССР, в основном, видя военно-политический аспект в деятельности Ассоциации, до второй половины 80-х годов не предпринимал попыток завязать отношения с ней как с единым целым, а асеановцы настаивали на скорейшем решении кампучийской проблемы, поэтому отношения априори были обречены носить пассивный характер. Более того Советский Союз не уделял должного внимания тенденции к формированию в АТР нового центра региональной политики.

Несмотря на то, что «новое мышление» знаменовало собой отказ от классового подхода во внешней политике и стало в определенной степени сказываться на корректировке стратегического курса каждой из сторон, перелом в отношениях наступил существенно позднее.

После распада Советского Союза России, которая стала более евроазиатской страной, ускорила процесс сближения с АСЕАН.

§ 2. Россия – АСЕАН. Пассивный этап 1991-1995 гг.

С распадом Советского Союза в мировой геополитической ситуации произошли значительные изменения: РФ, его правопреемница в силу объективных причин практически утратила статус супердержавы. Кроме этого, на мировой арене произошли другие важные изменения, в том числе в Азиатско-Тихоокеанском регионе.

Трудный и малоуспешный ход экономической реформы в России на фоне крупномасштабных сокращений численности российских вооруженных сил и вооружений на Дальнем Востоке сделал российское присутствие в регионе сугубо пассивным. С одной стороны, это ослабило опасения восточно-азиатских стран по поводу реальных и гипотетических устремлений Москвы. С другой - привнесло в регион неопределенность, поскольку проблематичной стала способность России играть роль сдерживающего фактора по отношению к своим оппонентам в АТР. АСЕАН также в постконфронтационный период столкнулась с новыми проблемами. Переходность состояния каждой из сторон предопределила на какое-то время сложность как взаимной оценки друг друга, так и поисков эффективных путей взаимодействия.

Снятие барьеров холодной войны позволило обеим сторонам пойти на значительное сближение. Для АСЕАН Россия, находящаяся в отдалении, не представлялась более источником амбициозных и агрессивных планов в бассейне Тихого океана. Более того, РФ могла бы оказаться естественным балансиром во взаимоотношениях Ассоциации с ближайшими державами – Китаем, Японией и перспективным рынком.

Для России приобретение союзников и партнеров в лице стран - членов Ассоциации было также важно в ее отношениях с великим китайским соседом и Японией. Объективно совпали и интересы обеих сторон, стремящихся сохранить статус-кво в Тихоокеанском регионе. Для России это важно в ее отношениях с Японией по проблемам южных островов Курильской гряды, для АСЕАН - с Китаем по вопросам спорных островов в Южнокитайском море.

Страны АСЕАН признали РФ в качестве правопреемницы СССР и на двадцать пятой конференции министров иностранных дел Ассоциации, состоявшейся в июле 1992 года в Маниле, где в качестве гостя присутствовал министр иностранных дел России А. В. Козырев. Были установлены консультативные связи с Ассоциацией, членом которой практически де-факто стала СРВ. А.Козырев был принят новым президентом Филиппин Ф.Рамосом, которому было вручено личное послание президента Российской Федерации Б.Ельцина с предложением вывести российско-филиппинские контакты на высший уровень.

А. В. Козырев на 26-й конференции летом 1993 года предложил институционализировать отношения России с АСЕАН, отметив, что реальные плоды сотрудничества между РФ и Ассоциацией дают основания для перехода к следующему этапу - этапу полномасштабного партнерства по таким основным направлениям, как региональная безопасность и экономическое сотрудничество. Однако, официальные представители АСЕАН не скрывали, что рассматривают Россию в региональных делах главным образом в качестве противовеса Китаю и вопрос об отношениях с ними предпочитают решать в связке.

В начале 1994 года, выступая в российском парламенте, президент РФ Б Н. Ельцин поставил задачу «использовать новые возможности для развития сотрудничества с ведущими государствами Азии», среди которых он назвал и страны АСЕАН. На 27-й конференции министров иностранных дел АСЕАН, проходившей в столице Таиланда в 1994 г., Россия принимала участие уже в качестве консультативного партнера и полноправного участника, как и КНР только что созданного Асеановского регионального форума (АРФ) по вопросам безопасности.

На встрече «Россия - АСЕАН» А В. Козырев подчеркнул, что основные цели азиатско-тихоокеанской политики России - стабильность на восточных рубежах, нераспространение оружия массового уничтожения, включение обширных районов Сибири и Дальнего Востока в систему экономических связей в регионе. Он отметил, что Россия рассматривает государства АСЕАН как своих естественных партнеров, а саму организацию - как пример эффективного регионального объединения, активно работающего на благо обеспечения интересов его участников,

Состоявшаяся с 28 июля по 1 августа 1995 года в Брунее 28-я конференция министров иностранных дел АСЕАН ознаменовалась принятием в Ассоциацию СРВ, что открыло новую страницу истории, на иной более высокий уровень подняло роль Ассоциации в Азиатско-Тихоокеанском регионе.

Поскольку Россия оставалась крупным традиционным партнером Вьетнама, объединение экономических потенциалов Вьетнама и других стран АСЕАН существенно расширяло возможности сотрудничества с Ассоциацией и РФ.

На консультативной встрече Россия-АСЕАН А. В. Козырев подтвердил приверженность дипломатическому взаимодействию с АСЕАН по ключевым региональным и международным вопросам.

Министр иностранных дел РФ охарактеризовал Асеановский

региональный форум как хороший механизм для совместных поисков новой модели безопасности в АТР, которая соответствовала бы особенностям этого региона.

Он выразил признательность за содействие в получении Россией статуса наблюдателя в Движении Неприсоединения и регионального члена ЭСКАТО и надежду на поддержку странами АСЕАН вступления России в Организацию Азиатско-Тихоокеанского экономического сотрудничества (АТЭС)».

Однако, несмотря на дипломатическую активность в АТР, регион до прихода к руководству МИД России осенью 1995 г. Е.М.Примакова был скорее резервным в реализации национальных интересов страны, ориентируемой по-прежнему, как и при М.С.Горбачеве, на союз с Западом, на атлантизм.

До середины 90-х годов Россией был допущен слишком явный крен внешнеполитического курса в сторону Китая, Кореи и Японии, крайне неудачно сочетавшийся с забвением ЮВА, где к середине 90-х годов сформировалась не только зона весьма динамичного экономического роста, но и своего рода центр политического влияния и где у России еще оставались надежные союзники.

Бытовавшее на протяжении последних лет в советской, а затем и в российской научной литературе представление об АТР как об одном из наиболее перспективных регионов для интеграции России в мировую экономическую систему не получило реального воплощения, как и идея моста между Европой и Восточной Азией. От этой недостижимой макрозадачи с явным опозданием вернулись к микрозадаче - удержать прежние позиции или хотя бы минимизировать их ослабление. «Вполне естественно, что на первых порах лишь через страны Восточного Индокитая и АСЕАН РФ могла укреплять свою роль в АТР, чего не было сделано своевременно», - отмечает Н.П.Малетин. /6.

Кроме того, выходя с теми или иными предложениями политического или экономического характера в ЮВА, Москва недоучитывала субрегиональный менталитет, отличающийся сознательно замедленной ответной реакцией, излишне напористо попыталось единовременно обрушить на партнеров груду инициатив, что вызвало у них лишь чувства настороженности и внутреннего сопротивления. Все это напрямую относилось к предложениям, выдвигавшимся российской делегацией в ходе встреч с асеановскими и представителями в Маниле, Сингапуре, Бангкоке. Формально приветствуя все эти предложения, в ЮВА хотели бы все последовательно обдумать и взвесить. Любая серьезная инициатива должна была предваряться заблаговременными и не слишком скоропалительными консультациями со странами Азии, где действует свой особый кодекс поведения и ведения дел.

В результате, в первой половине 90-х гг., отойдя от Востока, Россия не пришла и на Запад, о чем свидетельствует, например, неприглашение ее на первую встречу Азия - Европа, в Бангкоке в 1996 г. решение о проведении которой было принято в 1995 году.

Накануне этой встречи посольство РФ вручило МИД Таиланда официальную заявку на участие России в саммите в Бангкоке, в связи с тем, что Российская Федерация с ее огромным политическим и экономическим потенциалом, «имеет широкие и тесные связи» с Европейским Союзом, «наращивает сотрудничество» со странами Азии, и поэтому ее стремление быть участником «диалога между Европой и Азией вполне понятно и оправданно». /7

положения, требуется особый статус на таких встречах. Перспектива регулярности их проведения требовала четкого определения приемлемого уровня участия России.

§ 3. Переломный этап. 1992-2002 гг.

Итак, как отмечала газета «Известия», романа с Западом не получилось. Запад повел себя не совсем так, как полагали в России. Расширение НАТО, односторонние действия Североатлантического альянса в Боснии, игнорирование притеснений русскоязычного населения в республиках Балтии, попытки воспрепятствовать контактам Москвы с Ираном и Ливией, неудовлетворенность результатами экономического сотрудничества (маленькие кредиты, огромные проценты, мизерные инвестиции, препоны на пути передачи технологий, сдерживание российского экспорта), - все это вызвало раздражение в Москве, как и то, что Запад поощрял рост национализма бывших союзных республик и их отдаление.

На следующем этапе Российская Федерация осознала, что ей следовало бы обратить большее внимание на Восток и, в частности, энергичнее бороться за финансовые и технологические ресурсы Северо-Восточной и Юго-Восточной Азии. В этих условиях внешнеполитическая стратегия России стала претерпевать качественные изменения: ее «односторонняя ориентация» на Запад, проводимая в первый период после образования РФ, сменилась «многосторонней» дипломатией. От молчаливого признания руководящего положения в мире единственной сверхдержавы - США - Россия перешла на позицию ускоренного развития многополярной архитектоники мира. От проведения политики «великого атлантизма» она начала переход к политике «евроазиатизма», политике баланса между Востоком и Западом», проведение которой, как правило, связывают с курсом Е. М. Примакова.

Играть свою игру на азиатском поле России удобнее, чем на европейском и американском. Несмотря на то, что РФ формально приглашали на заседания «Большой семерки» в формате «7+1», приняли в престижный клуб европейских индустриальных стран - ЕС, на Западе она выступала скорее в роли ученика и просителя.

В Азии же, где Россия не проиграла холодную войну, серьезнее относятся к ее политической роли, технологиям, космическим исследованиям, военной технике. Объединяющим фактором является и отрицательное отношение к доминированию одной державы, как на континенте, так и в мире в целом.

В результате в РФ сформировалась система взглядов, направленная на придание большей гибкости внешней политике страны. В общественных и политических кругах стали считать, что Россия должна сотрудничать с большинством стран мира, не допуская крена в какую-либо одну сторону.

Е.М.Примаков призвал «проводить диверсифицированную политику по всем азимутам, где затрагиваются интересы Российской Федерации...». С целью создания благоприятного международного климата для проведения внутренних реформ, Россия должна стать партнером всех стран, что подразумевало подтягивание отношений с Востоком на уровень отношений с Западом.

3-7 июля 1996 года по приглашению Правительства России в Москву прибыл с визитом генеральный секретарь Ассоциации государств Юго-Восточной Азии Аджит Сингх, который был принят министром иностранных дел РФ. Главной целью визита было обсуждение путей дальнейшего развития отношений России и АСЕАН и повышения их уровня. В ходе беседы Е. М. Примаков отметил, что в рамках своей азиатско-тихоокеанской политики Россия придает большое значение отношениям с АСЕАН - быстро прогрессирующим объединением стран, добившихся впечатляющих успехов в национальном строительстве.

Отметив наметившуюся активизацию контактов между Россией и АСЕАН, стороны подчеркнули важность повышения уровня диалога, дальнейшего развития торгово-экономических и научно-технических связей, активного привлечения к конкретным проектам в этих областях представителей частного сектора.

С 19 по 25 июля 1996 года в Джакарте прошла «неделя АСЕАН», в ходе которой состоялось 29-я конференция министров иностранных дел, 3-е заседание АРФ по безопасности, постминистерская конференция с партнерами по диалогу и отдельные встречи всех министров стран АСЕАН с каждым из диалоговых партнеров.

На этот раз Россия впервые, как и КНР, выступала в качестве полноправного партнера по диалогу. Таким образом, ее участие в мероприятиях Ассоциации приобрело полномасштабный характер, что отражало признание асеановцами важности роли, которую играет Россия в АТР.

Статус полномасштабного партнера по диалогу с АСЕАН является высшей формой сотрудничества Ассоциации с внерегиональными странами и дает России право участвовать, наравне с другими ведущими государствами района Азии и Тихого океана (Австралия, Канада, Новая Зеландия, США, Республика Корея, Япония, Индия, Китай) и Европейским союзом, в ежегодно проводимых после встречи министров иностранных дел стран -членов АСЕАН так называемых «постминистерских» мероприятиях: пленарных заседаниях (в формате - главы внешнеполитических ведомств всех государств-членов АСЕАН и стран-партнеров) и «АСЕАН + 1» (делегация старших должностных лиц государств АСЕАН во главе с министром одного из них и министр иностранных дел страны партнера), на которых обсуждаются региональные и мировые проблемы, а также общие вопросы отношений между партнером и Ассоциацией;

- заседаниях совместных комитетов сотрудничества, которые координируют деятельность всех диалоговых органов (механизмов) на рабочем уровне;

- заседаниях отраслевых органов сотрудничества.

Диалог - это такая форма взаимодействия, которая открывает широкие возможности не только для дальнейшего развертывания взаимодействия с этим объединением государств, но и более успешного отстаивания интересов России в АТР, отмечал директор Второго Департамента Азии МИД СССР А.Лосюков. Практическое взаимодействие с партнерами по диалогу обеспечивается с помощью системы специальных органов, среди которых головными являются Совместные Комитеты Сотрудничества (СКС).

В дни пребывания в Джакарте Е.М.Примаков был принят президентом Сухарто, которому он вручил послание Б.Н.Ельцина. В нем, в частности, подчеркивалось намерение России расширять сотрудничество с этой крупнейшей страной Юго-Восточной Азии.

В свою очередь, Сухарто высказался за развитие отношений с Россией как на двусторонней основе, так и на многосторонней в связи предоставлением РФ статуса полноправного партнера АСЕАН по диалогу.

Выразив удовлетворение российской стороны в этой связи, Е.М.Примаков подчеркнул, что Москва видит в лице Ассоциации влиятельный центр современного многополюсного мира и рассчитывает оправдать возлагаемые на нее странами АСЕАН надежды как на важного политического и перспективного экономического партнера.

Хотя пребыванию российского министра, его переговорам с президентом Сухарто и министром иностранных дел А.Алатасом не был придан характер официального визита, фактически состоялись первые в истории российско-индонезийских отношений встречи и беседы на высоком уровне.

Весьма насыщенной по тематике обсуждавшихся вопросов была состоявшаяся 24 июля постминистерская конференция - пленарное заседание стран АСЕАН с партнерами по диалогу, в ходе которого ежегодно проводится своего рода «корректировка» и согласование позиций участников по наиболее острым проблемам глобального и регионального характера, а также определяются направления их экономического сотрудничества. Россия, получив статус полноправного партнера, впервые приняла участие в таком мероприятии.

Е.М.Примаков подчеркнул, что азиатско-тихоокеанское направление для России имеет четкие ориентиры: первый - развитие взаимовыгодных, а при возможности, и партнерских отношений со всеми странами региона;

второй - обеспечение надежной безопасности на дальневосточных рубежах государства; третий - создание благоприятных условий для экономических преобразований в России, особенно ускорения экономического развития Дальнего Востока.

Российский министр заявил, что РФ приветствует процесс объединения в рамках Ассоциации всех государств ЮВА, поддерживает идею создания в Юго-Восточной Азии зоны, свободной от ядерного оружия, и подтверждает свою готовность присоединиться в соответствующей форме к Балийскому договору 1976 года о дружбе и сотрудничестве в ЮВА.

В своей вступительной речи в ходе «Диалога Россия - АСЕАН» 25 июля Е. М. Примаков заявил, что одно из приоритетных мест РФ в своей политике отводит АСЕАН и что для развития отношений с Ассоциацией имеются все необходимые условия.

Для активизации диалога в политической области российская сторона предложила создать механизм систематического обмена мнениями на уровне старших должностных лиц, поскольку такой механизм уже отработан с другими партнерами. Е. М. Примаков предложил формализовать действовавшую практику коллективных встреч российского заместителя министра иностранных дел с послами стран АСЕАН в Москве, создав «комитет Россия - АСЕАН», призванный регулярно обсуждать конкретные вопросы сотрудничества.

Он подчеркнул готовность России развивать активные партнерские отношения как с Ассоциацией в целом, так и с каждой из стран в отдельности, особо отметив, что общее видение мировой ситуации, путей разрешения важнейших проблем глобального масштаба создает широкое поле для взаимодействия на международной арене России и АСЕАН.

Внешнеполитические ведомства России и стран АСЕАН активно взялись за реализацию договоренностей по формированию диалоговой инфраструктуры. Своеобразным консультационным органом в рамках диалога, позволяющим на оперативном уровне обмениваться информацией и осуществлять скоординированную деятельность, стал Московский комитет АСЕАН (МКА), который объединяет послов государств Ассоциации в Москве. В декабре 1996 г. состоялась первая встреча министра иностранных дел России с членами созданного «Московского комитета АСЕАН» по рассмотрению всего комплекса вопросов партнерских отношений.

Поскольку за политическую сферу, с одной стороны, и экономические, торговые, технологические, научные и прочие области, с другой стороны, отвечают разные структуры, было решено создать совместный комитет сотрудничества для контроля и координации всех сфер взаимодействия России и АСЕАН.

В январе 1997 года РФ и АСЕАН утвердили Устав Комитета по сотрудничеству, а 5-6 июня 1997 г. в Москве рамках российско-асеановского диалогового партнерства прошло учредительное заседание «Совместного Комитета Сотрудничества (СКС) «Россия АСЕАН» - органа, призванного координировать деятельность всех институтов взаимодействия между Ассоциацией и Россией, определять общие принципы, направления и механизмы сотрудничества в таких сферах, как торгово-экономическая, научно-техническая, культурная, гуманитарная и др., утверждать конкретные проекты, наблюдать за расходованием средств.

В приветствии Е. Примакова было отмечено, что Россия рассматривает АСЕАН как новый центр мировой экономики и политики и готова к взаимовыгодному развитию сотрудничества с АСЕАН в различных областях - от политических консультаций до реализации конкретных проектов, что будет вкладом в укрепление мира и стабильности в АТР и во всем мире.

Каждые полтора - два года СКС собирается на регулярные заседания, производит обзор проделанной работы и намечает планы на будущее. В Уставе определены принципы, на которых должны базироваться связи между Россией и АСЕАН: взаимное уважение и понимание, добрая воля, дружественная помощь и поддержка, должный учет национальных интересов и возможностей сторон, взаимная выгода, деловой настрой и нацеленность на достижение практических результатов.

Сессия СКС «Россия – АСЕАН» постановила также, что координация взаимодействия в конкретных областях возлагается на следующие механизмы:

1. Рабочая группа по научно-технологическому сотрудничеству (РГНТС). Ее первое заседание было проведено в Москве 9-10 июня 1997 года и приняло необходимые документы, регламентирующие деятельность, этого важного диалогового института. Асеановские участники имели возможность не только обменяться мнениями с коллегами из Миннауки России, но и ознакомиться с некоторыми образцами российской технологии непосредственно в разрабатывающих их НИИ и производственных центрах.

2. Рабочая группа по торгово-экономическому сотрудничеству (РГТЭС). Участники московского заседания СКС проявили взаимную заинтересованность в скорейшем создании этого механизма в целях координации и стимулирования взаимоотношений в данной сфере. Асеановские представители, в частности, открыто говорили о необходимости учреждения официального рабочего органа, призванного распространять информацию об имеющихся у сторон кооперационных возможностях, существующих в России и странах АСЕАН, о режимах торгово-экономической и инвестиционной деятельности для иностранцев органа, способного взять на себя важную функцию регулирования партнерских связей между государственными и частными структурами.

3. Деловой совет (ДС), создавался по линии Торгово-промышленной палаты Российской Федерации, и Конфедерации ТПП/АСЕАН. Главная задача этого органа состояла в налаживании связей между представителями частных предпринимательских, финансовых и коммерческих кругов России и стран - членов Ассоциации, в оказании им возможной государственной поддержки.

4. Московский комитет АСЕАН (МКА) - объединение асеановских послов в России, в задачу которого входит прежде всего установление

тесных контактов между, высокими представителями стран - членов Ассоциации и руководителями различных министерств и ведомств, а также общественных и деловых кругов России. Руководство МИД России проводит регулярные встречи с членами Комитета.

5. Особое место в системе механизмов диалога Россия- АСЕАН по праву занимает Фонд сотрудничества (ФС). В соответствии с асеановской практикой каждое государство - полноправный партнёр Ассоциации по диалогу берет на себя обязательство внести определенную сумму, которая затем под контролем совместного с АСЕАН управленческого органа будет расходоваться на финансирование утверждаемых обеими сторонами кооперационных проектов, (как правило, это организация бизнес-семинаров, обучение специалистов, подготовка ТЭО и т.д.). В силу ряда обстоятельств Россия не могла внести этот своего рода «вступительный взнос» в партнерский клуб АСЕАН по государственной линии. В сложившейся ситуации, когда под вопрос ставилась сама возможность начала российско-асеановского диалога, МИД России пришлось действовать достаточно нетрадиционно: был найден ряд частнопредпринимательских структур, изъявивших готовность стать донорами официального российско-асеановского фонда.

Крупнейшая в России грузовая авиакомпания «Волга-Днепр», стала костяком сформировавшейся весьма солидной неправительственной организации - некоммерческого партнерства «Фонд сотрудничества Россия - АСЕАН» (НПФСРА), выделившего на нужды официального диалога 500 тыс. долларов США.

Бывший в то время директором Второго департамента МИД РФ А.Лосюков отмечал, что образование НПФСРА - одно из значительных, весомых достижений в строительстве базисной подпорки российско-асеановского диалога. Основой для такого объединения стали общегосударственные интересы в первую очередь, активизация российского экономического присутствия в ЮВА.

Подводя итог созданию механизма сотрудничества России и АСЕАН, заместитель министра иностранных дел России Григорий Борисович Карасин, подчеркивал, что для РФ углубление разносторонних отношений с АСЕАН имеет большое значение, не уступающее по важности связям с такими странами, как Китай, Индия, Япония.

На церемонии, посвященной созданию «СКС Россия-АСЕАН» присутствовал Генеральный секретарь АСЕАН Аджит Сингх, посетивший Москву с официальным визитом. Он встречался с министром иностранных дел Российской Федерации, с другими правительственными должностными лицами и с представителями деловых кругов. На встречах происходил обмен мнениями о мерах укрепления отношений между Россией и АСЕАН. Были одобрены приоритетные области партнерства, к которым отнесены научно-технологическое, торгово-экономическое сотрудничество, инвестиции, защита окружающей среды, туризм, развитие людских ресурсов, контакты между людьми.

28 июля 1997 года произошла очередная встреча министров девяти стран Ассоциации (двумя днями ранее в Ассоциацию были приняты Лаос и Мьянма) с десятью партнерами АСЕАН. Развернувшаяся в ходе этого заседания дискуссия по некоторым насущным международным проблемам еще раз подтвердила, что рост престижа АСЕАН ведет к превращению Ассоциации в один из центров политического влияния, с которым невозможно не считаться. На встрече Россия - АСЕАН 29 июля 1997 года по формуле «9+1» координатор диалога министр иностранных дел СРВ Нгуен Мань Кам заявил, что не только приветствует, но и высоко ценит участие России в АРФ и искренне надеется на то, что Российская Федерация как одна из ядерных держав вскоре подпишет Протокол к Договору о ЗСЯО в ЮВА, а также со временем присоединится к Договору о дружбе и сотрудничестве 1976 года, когда последний будет открыт для участия внерегиональных государств.

АСЕАН в принципе согласилась с предложением России о создании в рамках асеано-российских диалоговых отношений механизма совещаний старших должностных лиц (СДЛ) АСЕАН-Россия. К рассмотрению вопросов, связанных с практической реализацией данного предложения, было решено вернутся позднее.

Е.М. Примаков поздравил представителей АСЕАН с приближавшимся юбилеем - 30-летием Ассоциации и приветствовал процесс расширения альянса, за счет новых членов. Отметив, что одним из самых серьезных внешнеполитических измерений деятельности АСЕАН является создание и успешное функционирование Асеановского регионального форума по проблемам безопасности, он констатировал, что позиции России и стран-членов АСЕАН по проблемам обеспечения мира и безопасности в Азиатско-Тихоокеанском регионе совпадают.

Министр иностранных дел РФ подчеркнул, что Россия считает АСЕАН одной из самых авторитетных международных организаций, чей нарастающий вес в международных делах свидетельствует о переходе к многополярному миру.

Было отмечено, что РФ придает большое значение развитию диалогового механизма «Азия-Европа» и хотела бы участвовать в АСЕМ для укрепления связей между двумя континентами».

Асеановское направление заняло в российской внешней политике видное место, а развитие отношений со странами Юго-Восточной Азии стало важной составляющей российской политики в АТР. Готовность к такому сотрудничеству приобрела явно выраженный обоюдный характер. В подписанной в сентябре 1997 года Российско-филиппинской декларации президенты Борис Ельцин и Фидель Рамос зафиксировали стремление способствовать развитию диалога России с АСЕАН. Это поддерживается и другими государствами - членами Ассоциации.

В тот же год МКА по случаю празднования 30-летия АСЕАН организовал 24-28 ноября 1997 года «Неделю АСЕАН», в рамках которой провел ряд мероприятий, направленных на более близкое знакомство общественности РФ с Ассоциацией и ее целями.

В конце 1997 года в России была учреждена Комиссия Российской федерации по делам АСЕАН во главе с заместителем министра иностранных дел. Основная задача этого межведомственного органа заключается в мобилизации усилий российских министерств и ведомств, общественных объединений, деловых людей и коммерческих структур на развитие сотрудничества с Ассоциацией и входящими в нее странами в конкретных областях.

В контексте активизации российский усилий по дальнейшему сближению и углублению разносторонних отношений с Ассоциацией государств Юго-Восточной Азии в декабре 1997 года президентом Российской Федерации был утвержден План мероприятий по развитию сотрудничества между Россией и этой региональной организацией. Осуществление Плана контролируется правительством Российской Федерации и министерством иностранных дел.

Но юбилейной для АСЕАН 1997 год был омрачен разразившимся валютно-финансовым кризисом в ЮВА, приведшим к серьезным политическим изменениям в Таиланде, Индонезии. Над многими странами региона нависла угроза серьезного экономического спада, обострились социальные проблемы. Все это не могло не сказаться прежде всего на экономическом, техническом, военном и гуманитарном сотрудничестве с РФ. Тем не менее, политическое взаимодействие продолжалось, чему объективно способствовал тот факт, что у стран АСЕАН и РФ сходные взгляды на ряд международных проблем.

Министры иностранных дел стран АСЕАН и России вели плодотворный диалог, обсуждая проблемы российско-асеановского сотрудничества по таким направлениям как корейская и камбоджийская, развитие стран бассейна реки Меконг, строительство трансазиатской железной дороги и международные вопросы. Они определяли основные пути развития российско-асеановского сотрудничества, устанавливали сферы, где Россия могла бы лучше всего помочь АСЕАН. В российском МИД подчеркивали, что начатая линия на динамизацию сотрудничества с АСЕАН как одним из основных внешнеполитических и экономических партнеров России будет продолжаться и носить долгосрочный и серьезный характер, что целиком и полностью отвечает национальным интересам РФ.

В июне 1998 года состоялось первое в истории взаимных контактов совещание старших должностных лиц (СДЛ) по политическим вопросам, в результате чего начал регулярно функционировать еще один важный механизм этого двустороннего партнерства. В данном конкретном случае под закрепившимся в дипломатической практике термином «старшие должностные лица» имеются в виду заместители министров иностранных дел. В Москве собрались для политических консультаций заместители глав внешнеполитических ведомств России и девяти стран, входящих в АСЕАН: Индонезии, Малайзии, Сингапура, Таиланда, Филиппин, Брунея, Вьетнама, Лаоса и Мьянмы.

С российской стороны совещанием руководил заместитель министра иностранных дел Г.Карасин, со стороны АСЕАН - заместитель министра иностранных дел Вьетнама Нгуен Там Тиен как представитель страны - координатора российско-асеановского диалога. В работе совещания участвовал генеральный секретарь АСЕАН Р.Северино.

Обсуждавшаяся повестка дня четко делилась на три смысловых блока: вопросы, касающиеся осуществления и углубления российско-асеановского диалога, международные дела и региональная проблематика. Выявилось совпадение или же близость взглядов России и стран - членов АСЕАН практически по всем актуальным международным и региональным проблемам. Состоявшийся обмен мнениями способствовал лучшему пониманию сторонами позиций друг друга, а также более глубокому осмыслению ими ситуации в АТР и происходящих там процессов, позволил определить сферы возможного взаимодействия России и АСЕАН на ближайшую перспективу.

В выступлении на 5-й сессии АРФ в июле 1998 г. министр иностранных дел Е.Примаков снова подчеркнул, что Россия неизменно заинтересована в диалоге с АСЕАН как с самостоятельным полюсом силы и политического влияния в формирующемся многополярном мире, рассматривает Балийский Договор 1976 года о дружбе и сотрудничестве в Юго-Восточной Азии как конструктивный документ, отвечающий интересам обеспечения мира и стабильности в этом районе мира и намерена присоединиться к нему в удобной для участников форме и по получении официального уведомления готова начать соответствующую процедуру.

Однако углублявшийся серьезнейший финансовый кризис, затронувший и ряд других стран АТР, в том числе Россию, резко ослабил как контакты РФ со странами ЮВА, так и с АСЕАН в целом.

«Сейчас мы видим свою главную задачу не только в том, чтобы смягчить негативные последствия азиатского кризиса для России, сохранить в регионе мир и стабильность, но и в том, чтобы не допустить ослабления наших позиций, отката в отношениях с государствами региона», /8 - заявил в начале 1999 г. новый министр иностранных дел РФ И.Иванов.

Выступая на 6-й сессии АРФ в Сингапуре в июле 1999 он заявил, что позитивную динамику, обретенную за годы после окончания глобальной биполярной конфронтации, можно сохранить и Россия неизменно заинтересована в диалоге с АСЕАН, которая с принятием в свои ряды Камбоджи объединяет все страны Юго-Восточной Азии. И.С.Иванов подтвердил, что РФ рассматривает группировку как авторитетную международную силу, один из самостоятельных полюсов в формирующемся многополярном мире, демонстрирующим жизнестойкость и способность вновь встать на путь динамичного развития.

На встрече «АСЕАН+Россия» стороны пришли к единому мнению о необходимости дальнейшей активизации сотрудничества и поиска его новых форм. Была подтверждена неизменная заинтересованность России и членов Ассоциации в продолжении конструктивного взаимовыгодного партнерства.

Участники встречи выразили готовность к дальнейшей активизации диалога между Россией и ассоциацией, всех составляющих его элементов, включая Совещание старших должностных лиц по политическим вопросам, наращиванию ткани экономического сотрудничества.

Заместитель министра иностранных дел РФ Григорий Карасин, который 15 октября 1999 г. принимал участие в проходившем в южновьетнамском городе Хошимине, втором Совещании высших должностных лиц форума Россия – АСЕАН, заявил, что сотрудничество России и Ассоциации государств ЮВА будет и дальше расширяться по многим направлениям.

Стороны обменялись мнениями по актуальным региональным проблемам, среди которых были такие вопросы, как положение в России и странах ЮВА, ситуация на Корейском полуострове и в ЮКМ, а также крупные международные вопросы: новая стратегическая концепция НАТО, Косово, ближневосточный мирный процесс, ряд других тем.

Г.Карасин констатировал, что государства АСЕАН, разделяют взгляды России на эти проблемы и поддерживают выдвигаемую ею концепцию многополярного мира.

Российская делегация разъяснила положение дел в России, включая ситуацию на Севером Кавказе, проинформировала об инициативе Президента РФ Б.Н.Ельцина по разработке «Концепции мира XXI века»[*]. Особое внимание акцентировалось на вопросах обеспечения безопасности в регионе, углубления экономической интеграции в АТР, укрепления режима ракетного и ядерного нераспространения, взаимодействия в решении таких особо важных и актуальных трансграничных проблем как борьба с международным терроризмом и преступностью.

Линия на укрепление отношений с АСЕАН и странами ЮВА стала одним из внешнеполитических приоритетов России, при новом Президенте РФ В.В.Путине, что явилось выражением не декларативного, а реального стремления руководителя России к расширению всестороннего сотрудничества с членами Ассоциации.

Летом 2000 года в РФ с официальным визитом прибыл министр иностранных дел Союза Мьянмы Вин Аунг и была подписана Совместная Декларация об основах дружественных отношений между двумя странами.

Весной 2001 г. Москву с официальным визитом посетил министр иностранных дел Королевства Камбоджа Хор Намхонг, а летом министр иностранных дел ЛНДР Самсават Ленгсават. Историческим событием 2001 г. в отношениях РФ с государствами АСЕАН стал визит в СРВ российского Президента В.В.Путина и подписание российско-вьетнамской Декларации о стратегическом партнерстве.

В марте 2002 г. состоялся официальный визит в РФ премьер-министра Малайзии Махатхира Мохамада, который провел переговоры с Президентом России; осенью 2002 г. Москву с официальным визитом посетили министр иностранных дел Сингапура Ш.Джаякумар, министр иностранных дел Таиланда С.Сатиентай и премьер-министр Таиланда Ч.Чинават, по итогам которого было принято Совместное российско-таиландское коммюнике.

Активизировались связи и с новой филиппинской администрацией, возглавляемой Г.Макапагал-Аройо. В декабре 2002 г. министр иностранных дел РФ посетил с официальным визитом Филиппины, где был принят президентом страны и провел переговоры с министром иностранных дел Бласом Опле.

Настоящим прорывом в отношениях с Индонезией стал визит в

Россию ее президента Мегавати Сукарнопутри весной 2003 г. и подписание Декларации об основах дружественных и партнерских отношений между двумя странами в XXI веке.

Расширение двусторонних связей со странами ЮВА позволило России не только значительно активизировать контакты с АСЕАН, но и перевести их на качественно новый уровень.

Участие РФ в диалоге АСЕАН+Россия и работе АРФ значительно активизировалось. 27 июля 2001 года в Ханое в рамках ежегодных асеановских мероприятий, состоялась встреча «АСЕАН + Россия», на которой углубленно обсуждались вопросы сотрудничества, были затронуты также некоторые представляющие взаимный интерес международные и региональные проблемы.

Отмечалось, что за годы партнерства России с государствами АСЕАН в результате совместных усилий наработан солидный потенциал сотрудничества и создаются реальные предпосылки для еще более широкого взаимодействия.

Во вступительном слове И.С.Иванов подчеркнул, что РФ придает важное значение связям с АСЕАН и с большим уважением воспринимает конструктивную и динамичную позицию Ассоциации в делах Азиатско-тихоокеанского региона и в международных вопросах, что Россия всегда открыта для диалога, и углубление многопланового сотрудничества с АСЕАН является важным направлением ее азиатской политики. Особо подчеркивалось, что эту линию, закрепленную в Концепции внешней политики Российской Федерации, МИД РФ будет и дальше последовательно проводить в жизнь.

На пленарном заседании «АСЕАН + Партнеры по диалогу» 26 июля И.С.Иванов заявил, что РФ стремится вывести политическое и хозяйственное взаимодействие с государствами АТР на уровень, ранее достигнутый Россией в Европе, что потребует времени и концентрированных усилий.

Подводя итоги российско-асеановской встрече в интервью иностранным корреспондентам он подчеркнул, что Москва видит в АСЕАН один из влиятельных центров современного мира и по достоинству оценивает инициативную, организующую роль Ассоциации в таких авторитетных региональных структурах, как АРФ и Азиатско-тихоокеанское экономическое сотрудничество, что Россия заинтересована в сильной, устойчиво развивающейся АСЕАН.

Он особо отметил, что в конструктивном ключе идет работа диалогового механизма сотрудничества.

В 2001 году начал функционировать Совместный

плановораспорядительный комитет Россия - АСЕАН - более компактный, нежели СКС, орган, который выполняет роль российско-асеановской «лаборатории» по «обкатке» новых идей и предложений, конкретных проектов взаимодействия.

В августе 2002 г. в Бандар-Сери-Бегаване (Бруней) в рамках ежегодных мероприятий Ассоциации состоялась встреча в формат «АСЕАН + Россия», на которой обсуждались вопросы сотрудничества, а также международные и региональные проблемы, в частности, связанные с угрозой международного терроризма после событий 11 сентября 2001 г. и незаконным оборотом наркотических средств и психотропных веществ.

И.Иванов высказал убеждение, что искоренить эти негативное явление можно лишь путем объединения усилий всех государств, повышения эффективности многостороннего и двустороннего взаимодействия и усилия международного контроля.

По его мнению, в борьбе с наркоугрозой, исходящей с афганской территории, необходимо создание и укрепление «поясов безопасности» вокруг Афганистана, наращивание усилий по укреплению потенциала российской погрангруппы в Республике Таджикистан. Он призвал создать и второй «пояс безопасности» на российско-казахстанской границе.

С асеановской стороны была выражена заинтересованность в налаживании взаимодействия с Россией на антитеррористическом направлении, а также в установлении контактов с Шанхайской организацией сотрудничества, в первую очередь — с создаваемой Региональной антитеррористической структурой (РАТС) ШОС. В связи с этим специальному представителю президента России в ШОС предстояло отправиться с визитом в секретариат АСЕАН в Джакарте, чтобы кратко проинформировать Генсека Ассоциации о ШОС и ее деятельности, а также о возможностях сотрудничества между двумя организациями.

Была подтверждена договоренность о проведении в сентябре 2002 г. в Москве целого комплекса российско-асеановских мероприятий — заседаний Совместного комитета сотрудничества, Совместного планово-распорядительного комитета и Рабочей группы по торгово-экономическому сотрудничеству.

Представитель МИД РФ заявил, что Россия как евразийская держава является непосредственным и заинтересованным участником всех событий в АТР и ее интересы в Азии также важны как и интересы в Европе. А комплексная интеграция ее в экономику региона – важное условие для стабильного развития российского Дальнего Востока и Сибири.

Выступивший на встрече АСЕАН-РФ министр иностранных дел

Сингапура напомнил, что его страна сменит Таиланд в 2003 г. в качестве координатора этого диалога, чрезвычайно важного для Ассоциации.

20 сентября 2002 года в Москве состоялось третье заседание Совместного комитета по сотрудничеству (СКС) АСЕАН - Россия. В заседании приняли участие делегаты из России и 10 стран - членов АСЕАН, а также члены секретариата АСЕАН. Сопредседетелями заседания были А.П.Лосюков, заместитель министра иностранных дел РФ, и Сушитра Хиранприк, директор департамента по делам АСЕАН, министр иностранных дел Таиланда.

Встрече предшествовали второе заседание Совместного планово-распорядительного комитета (СПРК) и учредительное заседание Рабочей группы по торгово-экономическому сотрудничеству (РГТЭС) Россия — АСЕАН, прошедшие 19 сентября.

В ходе заседания были проанализированы состояние и динамика российско-асеановского взаимодействия со времени последнего заседания Комитета, состоявшегося в 2000 году в Джакарте.

Во вступительном слове А.Лосюков отметил позитивные тенденции в развитии отношений между АСЕАН и Россией, которому необходимо придать новые импульсы.

АСЕАН и Россия с удовлетворением отметили прогресс, достигнутый в сотрудничестве в политической, экономической и других областях. Они подтвердили свои намерения углублять отношения и находить новые сферы сотрудничества.

При этом стороны отметили, что не все имеющиеся возможности сотрудничества использованы и признали необходимость поиска путей для более тесных взаимоотношений. Стороны обозначили основные направления развития взаимодействия, среди которых были названы борьба с транснациональной преступностью, прежде всего с международным терроризмом и договорились провести по этой проблеме консультации с целью наметить совместные инициативы в этой области.

2003 год стал знаменательным для российско-асеановских отношений. 14 января в МИД России под председательством заместителя министра иностранных дел России А. П. Лосюкова состоялось шестое заседание Комиссии Российской Федерации по делам Ассоциации государств Юго-Восточной Азии. В нем приняли участие представители Государственной Думы и Совета Федерации Федерального Собрания Российской Федерации, заинтересованных министерств и ведомств, академических и предпринимательских кругов.

В ходе встречи было предметно проанализировано положение дел в сфере двухсторонних отношений, подведены итоги деятельности на этом направлении в 2002 году, намечены пути дальнейшего углубления сотрудничества с Ассоциацией, одобрен план работы на 2003 год.

Констатировалось, что за шесть лет, прошедших с момента получения Россией статуса партнера по диалогу с АСЕАН, фактически завершена работа по формированию диалоговой организационной инфраструктуры. Активно функционируют механизмы партнерских связей по различным направлениям сотрудничества, установлены регулярные контакты российских представителей с Секретариатом Ассоциации, налажено взаимодействие с его структурами.

Вместе с тем отмечено, что дальнейшее продвижение в области экономического и научно-технологического взаимодействия сдерживается отсутствием адекватной договорно-правовой базы сотрудничества.

В качестве основной задачи Комиссии на 2003 год был поставлен перевод партнерских связей с Ассоциацией в русло практического сотрудничества. В этом контексте был обсужден вопрос о разработке экономического соглашения и политической декларации между Россией и АСЕАН.

И 19 июня 2003 г. в Пномпене (Камбоджа) в рамках ежегодных мероприятий Ассоциации государств Юго-Восточной Азии, состоялось подписание министрами иностранных дел России и стран Ассоциации Совместной декларации о партнерстве в деле мира и безопасности, а также процветания и развития в Азиатско-Тихоокеанского регионе, которая подвела прочную юридическую и политическую базу под российско-асеановские отношения:

«Мы, Министр иностранных дел Российской Федерации и Министры иностранных дел Государства Бруней-Даруссалам, Королевства Камбоджа, Республики Индонезии, Лаосской Народно-Демократической Республики, Малайзии, Союза Мьянма, Республики Филиппины, Республики Сингапур, Королевства Таиланд и Социалистической Республики Вьетнам - стран-членов Ассоциации государств Юго-Восточной Азии (АСЕАН), стремясь укреплять диалог и сотрудничество в целях содействия миру и безопасности, процветанию и развитию, а также позитивно реагировать на вызовы динамично меняющейся ситуации в сфере политики, экономики и безопасности в Азиатско-тихоокеанском регионе в соответствии с нормами и принципами международного права и Уставом Организации Объединенных Наций;

- подтверждая значение Договора о дружбе и сотрудничестве в Юго-Восточной Азии от 24 февраля 1976 года;

- признавая важность и необходимость уважения независимости, суверенного равенства и территориальной целостности друг друга, принципов невмешательства во внутренние дела других государств и неприменения силы или угрозы силой, а также принципа взаимовыгодности в сотрудничестве по содействию миру, стабильности и развитию;

- сознавая, что безопасность носит всеобъемлющий характер и требует комплексного подхода, включающего политические, экономические, юридические, дипломатические и другие мирные средства с целью обеспечения мира, процветания и развития в регионе;

- принимая во внимание изменения в международной обстановке и необходимость создания справедливой и сбалансированной системы международных отношений;

заявляем о следующем:

Россия и АСЕАН (именуемые в дальнейшем Сторонами) будут развивать и укреплять отношения и партнерство, содействуя гармоничному сосуществованию государств в Азиатско-Тихоокеанском регионе.

Стороны подчеркивают центральную роль Организации Объединенных Наций как главного механизма обеспечения мира во всем мире, безопасности и международного сотрудничества, поддерживают дальнейшее повышение эффективности ООН.

Признавая преимущества глобализации, Стороны будут активизировать сотрудничество в поиске ответов на многообразные вызовы глобализации.

Стороны будут прилагать совместные усилия для укрепления мира и безопасности, а также процветания и развития в Азиатско-тихоокеанском регионе. В этой связи Стороны будут и далее способствовать укреплению многостороннего сотрудничества и повышению эффективности имеющихся многосторонних региональных механизмов, в частности. Регионального форума АСЕАН (АРФ), путем активизации сотрудничества и укрепления мер доверия как основы будущего развития процесса АРФ.

Россия отмечает усилия, которые предпринимает АСЕАН, чтобы побудить диалоговых партнеров присоединиться к Договору о дружбе и сотрудничестве в Юго-Восточной Азии и подписать Протокол о Зоне, свободной от ядерного оружия, в Юго-Восточной Азии (ЗСЯО в ЮВА).

АСЕАН отмечает усилия России по обеспечению мира и безопасности в регионе, в частности, в рамках Шанхайской организации сотрудничества (ШОС).

Стороны обязались предпринимать меры по активизации политического и экономического диалога и сотрудничества, а также сотрудничества в сфере развития между Россией и АСЕАН, используя существующие механизмы диалоговых отношений, в том числе Постминистерские конференции Россия-АСЕАН, совещания Старших должностных лиц Россия-АСЕАН, заседания Совместного комитета сотрудничества Россия-АСЕАН и Совместного планово-распорядительного комитета Россия-АСЕАН;

Стороны договорились рассмотреть возможность создания в будущем новых механизмов сотрудничества в соответствии с эволюцией диалогового партнерства, таких как саммиты Россия-АСЕАН; способствовать расширению сотрудничества на международных форумах по вопросам, представляющим взаимный интерес. /8

С подписанием этой декларации завершился целый этап постепенного российско-асеановского сближения и открылась качественно новая страница в их двусторонних отношениях.

В целом можно констатировать, что Россия и АСЕАН имеют широкое поле для обеспечения долгосрочного конструктивного и взаимовыгодного партнерства. Предпосылкой к этому является совпадение или сходство позиций России и стран АСАН по большинству актуальных региональных и международных проблем, взаимная заинтересованность в углублении и укреплении взаимодействия.

Глава II.
Экономические отношения СССР/России
с АСЕАН

§ 1. СССР – АСЕАН: партнеры по необходимости

Налаживая связи с Советским Союзом, асеановские страны не в последнюю очередь руководствовались экономическими соображениями. Они надеялись диверсифицировать свою внешнюю торговлю и освоить советский рынок, особенно в условиях падения спроса на многие виды их сырьевой продукции на Западе.

В 70-е годы заинтересованность государств АСЕАН в хозяйственных связях с миром социализма существенно возросла в связи с кризисными явлениями в мировой капиталистической экономике, энергетическими проблемами, ростом протекционизма по отношению к товарам развивающихся стран, ухудшением условий торговли и кредитования.

В эти годы страны АСЕАН приняли важные и действенные меры по установлению и развитию экономических связей с СССР и другими социалистическими государствами. В Таиланде и на Филиппинах были отменены запреты на торговлю с ними и на заходы судов социалистических стран. Малайзия либерализировала торговый режим по отношению к ним. Была урегулирована проблема погашения задолженности Индонезии на благоприятных для нее условиях: подписанный в 1970 г. протокол между Советским Союзом и Индонезией предусматривал погашение ее задолженности в течение 30 лет равномерными ежегодными взносами.

Вместе с тем, некоторые из стран «пятерки» по политическим мотивам ограничивали экономическое сотрудничество с СССР исключительно торговой сферой. Так, правительство Индонезии в начале 70-х гг. отложило на неопределенной время реализацию при содействии СССР согласованных ранее проектов.

Практика показала, что в случае непредвзятого отношения к сотрудничеству и выбора соответствующей его формы оно может развиваться взаимовыгодно для всех партнеров. Так, весьма успешно осуществлялись хозяйственные связи СССР с Сингапуром, Таиландом, Филиппинами в области морских перевозок. С 1968 г. действует советско-сингапурское акционерное общество «Сосиак лайн», осуществляющее рейсы из Юго-Восточной Азии в Европу и на западное побережье США и Канады.

Успешно развивалось советско-сингапурсоке сотрудничество в области судоремонта и судостроения. Большое значение для местной экономики имело обслуживание и ремонт советских судов в порту Сингапура, где в 1979 г. было зарегистрировано около тысячи их заходов. По заказу СССР на верфях Сингапура построена буровая платформа, а с середины 70-х годов действует объединенная компания «Марисско» по продаже рыбы и морепродуктов, выловленных советскими судами.

С 1974 г. функционирует советско-филиппинская судоходная компания «Филсов шиппинг», производящая перевозки из региона в Северную Америку, Европу, Индию и Австралию и одна из крупнейших в Таиланде – смешанная компания «Тасос».

В 1976 г. в результате визита президента Филиппин Маркоса в Советский Союз было заключено первое советско-филиппинское торговое соглашение. В 70-е годы СССР превратился в крупнейшего покупателя малайзийского каучука: на его долю приходилось 12-15 % экспорта этого продукта из Малайзии. Из Индонезии Советский Союз вывозил 7-8 % всего производимого там каучука. Суммарный товарооборот СССР с асеановскими странами в 1977 году достиг 311 млн. руб. против 240 млн. в 1976 году, т.е. увеличился почти на 30 % и достиг наивысшего уровня в 380 млн. руб. в 1979 г. По сравнению с 1968 г. объем товарооборота увеличился почти втрое, что значительно перекрывало темпы роста советской торговли с развивающимися странами Азии в целом.

Однако при этом торговля постоянно отличалась несбалансированностью: превышение советского импорта над экспортом за указанные три года составило соответственно 37,3, 34 и 44,8 млн.руб.

Показательно, что именно в развитии торговых отношений с социалистическими государствами страны АСЕАН оказались последовательными и в меньшей степени поддались нажиму Запада. Бангкок решительно отказался поддержать усилия США в 1980 г. по введению эмбарго на поставки зерна в СССР, подчеркнув, что не хочет связывать свою торговую политику с изменениями в политике сверхдержав. . К 1980 г. в несколько раз увеличился объем торговли между СССР и Таиландом. Безрезультатной оказалась .и поездка в 1982 г. в страны АСЕАН тогдашнего министра иностранных дел Англии лорда Каррингтона, ставившая целью побудить страны АСЕАН присоединиться к санкциям против СССР и Польши, где было введено чрезвычайное положение. Экономическая заинтересованность в развитии торговых отношений оказалась сильнее политических и идеологических разногласий.

И в 80-е годы в торговле отдельными видами товаров СССР играл важную роль в качестве рынка сбыта для государств региона. Так, в 1982 г. он приобрел около пятой части всего экспорта сахара и трети флюорита из Таиланда, около 10 % сахара и пальмового масла с Филиппин, свыше 5 % каучука и 8 % олова из Малайзии. Закупая в больших количествах эти товары, СССР способствовал поддержанию более стабильных цен на них на мировом рынке. По этим и некоторым другим товарам Советский Союз являлся традиционным партнером стран АСЕАН. В 1985 г. была учреждена совместная советско-индонезийская комиссия по сотрудничеству. Динамику торгового оборота отражает следующая таблица в (млн. руб.).

	1970	1975	1980	1981	1982	1983	1984	1985	1986
Страны АСЕАН	154	175	658	868	611	530	650	483	320
В том числе: Индонезия	29	29	60	93	54	58	57	94	45
Малайзия	113	102	208	190	250	259	229	191	104
Сингапур	8	15	83	117	71	89	227	90	63
Таиланд	3	17	173	320	142	63	74	68	91
Филиппины	-	13	134	158	94	61	53	40	17

Из приведенных данных видно, что, несмотря на существенный рост абсолютных показателей, товарооборот СССР и стран АСЕАН и в 80-е гг. не приобрел должной устойчивости и характеризовался весьма значительными годовыми колебаниями.

Значительно меньшую роль играл СССР в качестве поставщика продукции в государства региона. Он вывозил туда прежде всего минеральные удобрения и другие виды химической продукции, некоторые виды машин и оборудования, сельскохозяйственную технику и т.д.

Ограниченной оставалась номенклатура торговли, которая была представлена, как правило, пятью-шестью наименованиями товаров, наблюдалась структурная слабость экспорта и импорта, преобладание разовых сделок и отсутствие общей стратегии подхода к торговле.

В результате росло отрицательное сальдо в торговле с государствами АСЕАН. Только за 1980 – 1985 гг. оно составило почти 2,9 млрд. руб.

Доля стран АСЕАН в торговле Советского Союза со всеми развивающимися государствами колебалась на уровне 3-5 %, а удельный вес СССР в товарообороте стран Ассоциации редко превышал 1 % .

В целом ситуация в торгово-экономических отношениях стран АСЕАН с Советским Союзом характеризовалась тем, что они гораздо меньше нуждались в нем, чем он в них.

В первой половине 80-х годов на состоянии торгово-экономических отношений СССР с государствами-членами Ассоциации оказывали негативное влияние, такие факторы как нахождение советских войск в Афганистане, вьетнамских в Камбодже. В результате, для заходов советских судов в Индонезию были открыты только четыре порта. Кроме того, в некоторых асеановских странах существовали опасения о том, что Советский Союз может стать или уже стал их конкурентом на рынках третьих стран, например, в Японии, по поставкам леса и другого сырья.

В период обострения международной напряженности в первой половине 80-х годов в советском подходе к Азиатско-Тихоокеанскому Региону непропорционально большой упор делался на чисто военные факторы укрепления безопасности в ущерб обеспечению ее политическими и экономическими средствами. Это способствовало гонке вооружений в регионе и распространению в его несоциалистической части представлений об СССР как об «одномерной» военной державе, не заинтересованной в расширении здесь своего экономического влияния. Во внешней политике Советского Союза в те годы не придавалось должного значения тенденции к формированию в АТР нового центра мировой экономики, высоким темпам его экономического роста. В результате дальневосточные районы СССР оказались изолированными от возникшей в этом регионе системы международного разделения труда, а во внешней торговле Советского Союза в середине 80-х годов АТР занимал незначительное место.

В 1986 году в рамках нового политического мышления советское руководство поставило следующие задачи – придать динамизм отношениям со всеми без исключения государствами АТР, урегулировать региональные конфликты, снизить уровень военного противостояния, подключиться к тихоокеанскому экономическому сотрудничеству.

В то время как внешнеполитическая, так и экономическая активность в отношении стран Восточного Индокитая постепенно уменьшалась все больше внимания стало уделяться развитию двустороннего торгово-экономического сотрудничества со странами АСЕАН. Советская сторона предложила приступить к созданию совместных предприятий, выразила намерение увеличить закупки риса в Таиланде, у которого возникли трудности с его реализацией на американском рынке. Было заявлено также о готовности СССР, наряду с

США и Японией, оказывать помощь в восстановлении экономики Филиппин после падения режима Ф. Маркоса.

Вместе с тем, политические и идеологические факторы полностью не утратили свое значение при формировании позиций стран АСЕАН в отношении торгово-экономических связей с социалистическими государствами. В частности, Национальный совет безопасности Таиланда высказался против заключения соглашения о сотрудничестве с Торговой палатой СССР. В 1986 г. под нажимом США и Англии в Сингапуре был введен контроль над экспортом в СССР технологически сложной продукции, которая якобы могла быть использована в военных целях.

В итоге во второй половине 80-х годов фактически произошел спад в торговле СССР с АСЕАН. Например, в 1988 г. ее общий объем сократился по сравнению с предыдущим годом с 350, 8 млн. до 290 млн. руб. (96,9 млн. – советский экспорт и 193,1 млн. – импорт). Уменьшился объем двусторонней торговли со всеми странами АСЕАН, кроме Таиланда.

Укреплению экономических связей с Таиландом и Сингапуром способствовала поездка туда в феврале 1990 года Председателя Совмина СССР Н.И. Рыжкова. В ходе его визита в Бангкок были подписаны Протокол о реализации соглашения о научно-техническом сотрудничестве, заключенного еще в мае 1988 года, об учреждении совместной советско-тайской комиссии по научно-техническому сотрудничеству, соглашение о предоставлении земельных участков для размещения посольств в столицах обеих стран; межправительственная программа культурных и научных обменов на 1990 – 1991 годы. 17 февраля 1990 г. в Сингапуре в присутствии глав правительств двух стран было подписано соглашение о создании межправительственной советско-сингапурской комиссии по развитию торгово-экономического и научно-технического сотрудничества.

Летом 1990 г. после посещения Индонезии делегацией Аэрофлота была достигнута договоренность о возобновлении прямого воздушного сообщения между Москвой и Джакартой, прерванного в 1983 году после инцидента с южнокорейским пассажирским самолетом. В целом, как отмечалось в печати, советско-индонезийские отношения после поездки президента Сухарто в Москву в 1989 г. развивались более быстрыми темпами, чем предполагалось первоначально.

Вместе с тем, несмотря на то, что Советский Союз имел торговые соглашения со всем государствами Ассоциации, которые предусматривали предоставление партнерам режима наибольшего благоприятствования, объем товарооборота со всеми странами АСЕАН восстанавливался медленно. Что касается структуры торговли в 1990 году, то с каждой из стран СССР практически, как и ранее, имел отрицательное сальдо торгового баланса, его экспорт в эти страны составил 250 млн. долл., а импорт– 660 млн. долл.

Долгое время считалось, что именно политико-идеологические факторы препятствуют расширению торгово-экономического сотрудничества с асеановскими странами. Однако в условиях активизации политических контактов Советского Союза с членами АСЕАН выявились и другие причины торможения взаимовыгодного сотрудничества. Во-первых, советские товары не выдерживали конкуренции на асеановских рынках с японской и американской продукцией. При этом доля сырья в советском экспорте в АСЕАН составляла три четверти его стоимости, а удельный вес машин и оборудования был в пять раз ниже соответствующего показателя в экспорте Советского Союза в группу развивающихся стран в целом. Во-вторых, экономические связи СССР и АСЕАН, по существу, исчерпывались лишь собственно торговлей при практическом отсутствии смешанных предприятий и научно-технического сотрудничества.

Лишь в начале 90-х годов наметились некоторые положительные сдвиги в сфере торгово-экономических связей Советского Союза с АСЕАН. В течение 1990 г. правительства ряда асеановских стран решили ускорить процедуру выдачи виз бизнесменам из СССР, поток которых устремился в Юго-Восточную Азию. Осенью того же года Ли Куан Ю, бывший премьер-министр Сингапура, призвал местных предпринимателей «вложить время, усилия и деньги в СССР, чтобы к моменту завершения основных реформ вы были уже там». Однако распад СССР приостановился этот процесс.

§ 2. РФ – АСЕАН. От декларации - к делу.

Экономические связи России с АСЕАН, как правопреемницей бывшего СССР, начались с лета 1992 года, когда РФ впервые была представлена на встрече министров АСЕАН в Куала-Лумпуре в качестве гостя страны-хозяйки - Малайзии.

После распада СССР российские экономические интересы в странах ЮВА сколько-нибудь существенного ущерба не понесли. России удалось в основном сохранить преемственность договорно-правовой базы экономических отношений со странами Ассоциации и обеспечить реализацию основанных на этой базе обязательств (в первую очередь по выплате задолженности Индонезией). Некоторое временное ослабление позиций РФ в отдельных странах удалось постепенно преодолеть и избежать экономического «обвала», реализовав большой потенциал сотрудничества с Ассоциацией в интересах обеих сторон, так как АСЕАН - регион с хорошей инфраструктурой, ресурсами и длительным опытом работы в условиях свободного рынка, а Россия богата высококвалифицированной рабочей силой и изобилием технологических знаний. В странах ЮВА РФ нашла и рынок для своей оборонной промышленности, что стало одним из аспектов перспективного сотрудничества.

Министр иностранных дел А.Козырев заявил, что в стране прорабатывается идея создания международной корпорации совместного развития Сибири и российского Дальнего востока с АТР, - «Программа Интегратор-XXI». Он выразил надежду, что в ней найдут свое место и бизнесмены из стран АТР, в первую очередь – АСЕАН.

В марте 1993 года вице-президент России А.В. Руцкой посетил с официальным визитом Куала-Лумпур. Во время переговоров с премьер-министром страны М. Махатхиром он заявил о заинтересованности России в продаже истребителей МИГ. Предварительное предложение России включало поставку самолетов и боевых вертолетов. Общая сумма контракта могла составить 760 млн. долл. США. Пакет предложений А.В. Руцкого включал программу обучения персонала и поставку комплектующих деталей. Россия предлагала в случае, если сделка о продаже вооружений будет заключена, закупать пальмовое масло у Малайзии в количестве 1 млн. т ежегодно[*].

В 1993 году торговый оборот России со странами АСЕАН уже перешагнул рубеж 2 млрд. долл., что было намного больше максимальных показателей торговли Ассоциации с СССР. Россия увеличила закупки продовольственных и технических культур, товаров широкого потребления. Расширились связи как между частными фирмами, так и предприятиями государственного сектора.

А.В. Козырев на встрече с министрами иностранных дел АСЕАН в 1993 году передал список инвестиционных проектов - возможных объектов сотрудничества с российскими регионами Сибири и Дальнего Востока. Однако откликов на эти предложения не последовало.

В 1994 г. российская делегация, на встрече с асеановскими коллегами подчеркнув, что, согласно указам президента Б.Н. Ельцина, иностранные инвесторы получили большие льготы, включая право собственности на землю, освобождение от налогов в течение первых пяти лет деятельности, право свободного вывоза валютной выручки и т.д., представила новый список возможных направлений сотрудничества, включавший как поставку российской техники, так и создание совместных предприятий, в том числе на территории государств - членов Ассоциации. В списке были названы конкретные российские партнеры и обозначены приоритетные области: энергетика, воздушный и морской транспорт, применение космических технологий и др. Были намечены и другие направления сотрудничества - туризм, культурные связи. Указывалось, что в Москве будут благожелательно рассмотрены предложения стран АСЕАН по созданию их культурных центров, а российские высшие учебные заведения готовы принимать студентов из стран - членов Ассоциации, сотрудничать в проведении научных исследований.

Глава российского внешнеполитического ведомства в эксклюзивном интервью корреспонденту ИТАР-ТАСС заявил, что российские инициативы носят сугубо прагматический характер, что Москва активно борется за выход на рынок оружия в ЮВА и уже достигнута конкретная договоренность с Малайзией о поставках малазийским ВВС российских самолетов; ведутся переговоры в этом направлении и с другими странами ЮВА.

К середине 90-х гг. для РФ страны АСЕАН уже приобрели немалое значение как торговые партнеры. Так, товарооборот России со странами этого субрегиона превышал аналогичный показатель для всего африканского континента; в Сингапур Россия экспортировала примерно столько же товаров, сколько в Канаду, и больше, чем в Египет, а Таиланд как покупатель российских товаров был вполне сравним с Грецией.

Россией в странах АСЕАН закупались, главным образом, товары традиционного экспорта, в том числе натуральный каучук и латекс, кокосовое и пальмовое масло, чай, предметы ширпотреба. Экспорт России в эти страны был также весьма ограничен по номенклатуре. Подавляющая часть его приходилась на сырьевые товары: химтовары, удобрения, бумагу, металлопродукцию. Удельный вес машин и оборудования в экспорте был незначителен.

Тем не менее, России не только удалось, преодолеть неблагоприятную тенденцию советского периода в торговле со странами ЮВА - наличие постоянного отрицательного сальдо, но и добиться в 1995 году значительного превышения экспорта в эти страны над импортом из них о чем свидетельствует таблица.

ВНЕШНЕТОРГОВЫЙ ОБОРОТ
РОССИЙСКОЙ ФЕДЕРАЦИИ СО СТРАНАМИ АСЕАН
В 1991-1996 ГОДАХ
(млн. долл. США)

Страны	1991 г.	1992 г.	1993 г.	1994 г.	1995 г.	1996 г. (оценка)
Индонезия						
Оборот	43,6	37,2	134,5	153,2	229,8	337,5
Экспорт	23,6	16,6	39,3	42,7	93,4	181,4
Импорт	20,0	20,6	95,2	110,5	136,4	156,1
Малайзия						
Оборот	73,3	41,0	110,7	125,0	734,0	355,0
Экспорт	18,9	24,5	22,8	69,0	654,0	235,0
Импорт	54,4	16,5	87,9	56,0	80,0	120,0
Сингапур						
Оборот	274,6	709,8	531,9	1.096,5	1.225,1	977,1
Экспорт	110,2	160,1	241,6	202,9	312,1	100,8
Импорт	164,4	549,7	290,3	893,0	913,0	876,3
Таиланд						
Оборот	210,4	524,5	347,4	1.230,8	1.600,0	1066,0
Экспорт	133,7	271,4	233,5	909,2	1.200,0	907,0
Импорт	67,7	253,1	113,9	321,6	400,0	154,0
Филиппины						
Оборот	24,4	43,2	38,5	168,3	198,0	225,0
Экспорт	21,1	32,7	34,4	157,7	185,5	205,0
Импорт	3,3	10,5	4,1	10,6	12,5	20,0
Вьетнам						
Оборот	не	являлся	членом	АСЕАН	453,5	280,4
Экспорт	не	являлся	членом	АСЕАН	303,6	174,5
Импорт	не	являлся	членом	АСЕАН	147,2	105,9
Бруней						
Оборот	-	-	-	-	-	-
Экспорт	-	-	-	-	-	-
Импорт	-	-	-	-	-	-
АСЕАН всего						
Оборот	617,3	1.355,7	1.163,0	2.773,8	4.440,4	3.241,0
Экспорт	307,5	505,3	571,6	1.381,5	2.751,3	1.803,7
Импорт	309,8	850.4	591,4	1.392,3	1.689,1	1.433,3

В условиях, когда технико-экономическое сотрудничество, торговый обмен в сфере технологий между Россией и странами ЮВА были минимальны, торговля оставалась единственной областью, в которой проявлялось присутствие России в этом субрегионе в экономической сфере. Однако в общем объеме внешней торговли России доля стран АСЕАН в 1995 году составляла всего лишь 1,7%, в импорте - 2,2%; и в экспорте - 1,2 %. То есть, для России это был отнюдь не широкий рынок сбыта, и не крупный источник необходимых товаров. Даже включая Мьянму и Вьетнам, цифра недотягивала и до 2 %. Слабые экономические позиции являлись объективным препятствием для усиления влияния России в регионе.

Российским национальным интересам никак не соответствовала и товарная структура торговли со странами АСЕАН. Экспортировалось из России в основном сырье (90 % всех товарных поставок), то есть тенденция в российском экспорте в АСЕАН совпадала с прежней советской - экспорт сырьевых товаров очень узкой номенклатуры и удобрений.

Специфика ситуации в 90-е годы заключалась в том, что, несмотря на отдаленность ЮВА от российских границ и отнюдь не первоочередную значимость ее в политическом и военно-стратегическом плане, экономический аспект отношений со странами данного региона был чрезвычайно важен, учитывая немалые долговые обязательства ряда стран России по поставкам в рамках военно-технического и технико-экономического сотрудничества.

Индонезия - единственная страна субрегиона, имевшая официально признанную задолженность перед Россией по государственным кредитам бывшего СССР в свободно конвертируемой валюте, осуществляла регулярные платежи по ней поставками товаров. Было достигнуто соглашение об отсрочке выплаты долгов Лаосом на общую сумму 812 млн. руб., подлежащую перерасчету в СКВ по согласованному коэффициенту до 2000 года.

Наиболее сложная ситуация сложилась с погашением задолженности Вьетнамом, принятым в АСЕАН летом 1995 года. Ее общий объем оценивался примерно в 10 млрд. долл., причем значительную долю составляли платежи по поставкам специмущества. Порядок выплаты всей суммы к 1996 году не был определен, однако имелась договоренность о погашении текущей задолженности товарными поставками и реинвестировании в совместные российско-вьетнамские проекты в качестве взносов российской стороны.

Все эти факторы оказали существенное воздействие на новый курс российской дипломатии. Исходя из того, что стабильность в регионе тесно увязана с проблемой развития экономических отношений между государствами, Россия предприняла практические шаги с целью поощрения связей Сибири и Дальнего Востока со странами АТР. Это нашло отражение в новой Федеральной целевой программе экономического и социального развития Сибири и Дальнего Востока на 1995-2005 годы. В ней предусматривается поощрение иностранных капиталовложений в приоритетные и прибыльные сферы: нефте-газодобычу, разработку горнорудных месторождений (включая залежи алмазов, золота, олова и т.д.), рыболовство, транспорт, лесную промышленность, рекреационные услуги и прочее.

Сменивший А.Козырева в конце 1995 г. на посту министра иностранных дел РФ Е.Примаков назвал это «новым подходом», так как до этого российский Восток был ориентирован на внешние связи исключительно через Москву.

На постминистерской встрече АСЕАН летом 1996 года в Индонезии Е.Примаков подчеркнул, что Россия готова участвовать в двух крупнейших инвестиционных проектах региона: строительстве железнодорожной магистрали Юго-Восточная Азия - Европа и развитие зоны «Большого Меконга» (страны Индокитая, Таиланда, Мьянма, Южный Китай).

По мнению российской стороны, уникальное евроазиатское положение РФ дает возможность реально облегчить странам АСЕАН выход со своей продукцией на рынки Европы и помочь их импорту из европейских государств. Кроме того, поскольку российские ученые достигли существенных успехов в сфере биотехнологии, новых материалов, телекоммуникаций, альтернативных источников энергии и т.д., это, как и военные технологии РФ, могло бы быть использовано странами-членами АСЕАН.

Москва также предложила создать центр космического мониторинга и связи, который мог бы обеспечивать государства АСЕАН данными космической геологоразведки, информацией о стихийных бедствиях, стать телекоммуникационным узлом, центром подготовки национальных кадров в областях, связанных с использованием космического пространства в мирных целях.

Для налаживания торгово-экономических отношений российская сторона сочла своевременным и перспективным учреждение Делового совета России - АСЕАН по линии торгово-промышленных палат и финансово-экономического фонда Россия - АСЕАН.

Глава МИД РФ также заявил, что Россия стремится стать активным партнером АСЕАН и рассчитывает, что с созданием к 2003 году асеановской зоны свободной торговли, РФ войдет в число государств, пользующихся правом доступа туда.

В интервью корреспонденту ИТАР-ТАСС министр иностранных дел Индонезии Али Алатас, который председательствовал на асеановских мероприятиях 1996 года, выразил надежду на то, что в новых условиях стороны смогут совместно выработать хорошую программу экономического сотрудничества России и АСЕАН, что даст ощутимый толчок развитию двусторонних отношений.

Посол Сингапура в РФ Марк Хонг констатировал, что в отношениях России и АСЕАН наблюдается некое дополнение одного другим, ибо Россия ввозит из стран АСЕАН продукты тропического климата и бытовую электронику, а экспортирует продукцию ВПК, сырье, энергоносители и высокоточные технологии. При этом обеим сторонам необходимо постепенно развивать плодотворное и эффективное сотрудничество, основанное на реальной и прагматичной оценке способностей друг друга, ресурсов и потребностей, на что существует сильная политическая воля у обеих сторон.

Принимая во внимание большие потенциальные возможности и взаимное желание, АСЕАН и Россия особо выделили научно-технологическое сотрудничество в качестве одного из приоритетных направлений развития асеано-российского диалога. Помимо созданной ранее Рабочей группы по научно-техническому сотрудничеству (РГНТС) Нгуен Мань Кам (СРВ-координатор диалога АСЕАН-Россия) призвал учредить Рабочую группу по торгово-экономическому сотрудничеству (РГТЭС) и Деловой совет (ДС) АСЕАН - Россия с тем, чтобы активизировать торговые и инвестиционные связи сторон.

На неправительственном уровне началось рассмотрение предложения о создании Совместного делового совета АСЕАН – Россия, а российские бизнесмены были приглашены в марте 1997 года в Джакарту на Первый бизнес-саммит Ассоциации.

После того как Россия стала полноправным партнером по диалогу на учредительном заседании в Москве в июне 1997 года, был создан Совместный Комитет Сотрудничества (СКС) Россия-АСЕАН, который призван координировать программы сотрудничества в целом.

Координацией же взаимодействия в конкретных областях должны заниматься такие структуры как Рабочая группа по научно-технологическому сотрудничеству; Рабочая группа по торгово-экономическому сотрудничеству; Деловой совет; Московский комитет; Фонд сотрудничества и Неправительственного партнерства - «Фонд сотрудничества Россия-АСЕАН».

Каждые полтора-два года СКС собирается на регулярные заседания, производит обзор проделанной работы и намечает планы на будущее. На Первом учредительном заседании Совместного Комитета Сотрудничества Россия-АСЕАН по инициативе МИД РФ был создан Фонд сотрудничества Россия-АСЕАН в рамках договоренностей, достигнутых ранее.

В Фонд вошли государственные и крупнейшие частные структуры Российской Федерации, заинтересованные в развитии торгово-экономического, научно-технического, культурного сотрудничества с государствами-членами АСЕАН как на многосторонней, так и двусторонней основах.

Целями Фонда являются:

- организация финансового обеспечения двусторонних и многосторонних проектов и мероприятий, направленных на поддержку и развитие сотрудничества российских юридических лиц с юридическими лицами АСЕАН, стран-членов и партнеров АСЕАН;

- координация деятельности российских и зарубежных организаций - участников совместных проектов Фонда;

- оказание содействия развитию сотрудничества юридических лиц РФ с юридическими лицами АСЕАН, стран-членов и партнеров АСЕАН в областях культуры, науки и техники, экономики, экологии, туризма, контактов между людьми;

- привлечение инвестиций и кредитов стран АСЕАН с целью финансирования наиболее эффективных проектов, реализуемых в РФ:

- привлечение российских инвесторов с целью финансирования проектов в регионе АСЕАН;

- организация и проведение экспертных оценок рассматриваемых проектов, в том числе с привлечением иностранных экспертов;

- формирование предложений в виде инвестиционных проектов по расширению сотрудничества между российскими предприятиями и предпринимателями, предприятиями и предпринимателями стран АСЕАН;

- оказание консультативных услуг заинтересованным лицам в области законодательства России и стран АСЕАН, порядка сертификации товаров и услуг;

- финансирование мероприятий по подготовке и переподготовке кадров;

- финансирование научных исследований, конференций и симпозиумов, связанных с деятельностью фонда;

- осуществление в установленном порядке рекламно-издательской деятельности;

Фонд организует свою работу во взаимодействии с федеральными органами исполнительной власти РФ, органами местного самоуправления, государственными, частными и общественными организациями РФ, а также иностранными партнерами различных правовых статусов и форм собственности. Фонд согласует и координирует свою деятельность с Министерством иностранных дел России.

В члены Фонда первоначально были включены только те российские компании, которые имеют серьезные проекты для региона АСЕАН и реальные возможности для их реализации. Для вступления в Фонд установлен жесткий ценз, призванный создать условия для формирования немногочисленной, но эффективной и дееспособной организации.

РФ не скрывала своей заинтересованнсти в открытом доступе к региональному стратегическому сырью - в первую очередь это относится к натуральному каучуку и растительным маслам, при определенных обстоятельствах и олову. Свыше 87% натурального каучука и более 2/3 пальмового масла, необходимых российской экономике, закупалось в этих странах.

Заметно возрос товарооборот с такими государствами, как Индонезия, Малайзия и Сингапур. Вместе с тем, внушительный рост российских поставок на рынки Таиланда и Филиппин вызвал противодействие конкурентов, выступавших с обвинениями РФ в демпинге, что привело к некоторому сокращению российского экспорта в эти страны. Тем не менее государства АСЕАН стали вторым после Китая рынком сбыта российских вооружений.

Участники диалога Россия—АСЕАН осознают необходимость оказания содействия контактам между представителями частных секторов своих экономик. Обстоятельный разговор на данную тему состоялся, в частности, в ходе встречи Е.М.Примакова с асеановскими коллегами в конце июля 1997 года в Куала-Лумпуре в ходе асеановской недели.

Увеличилось количество совместных предприятий, которые в основном действуют в сфере торговли, в производственной сфере (нефтедобыча, разработка металлических руд), плантационном хозяйстве, морском транспорте, туризме и т.д. До кризиса лета - осени 1997 года наблюдался приток асеановских инвестиций в российскую экономику.

К сожалению, несмотря на то, что уже после камбоджийского урегулирования, в начале 90-х годов, было очевидно, что страны Индокитая, до этого главные партнеры СССР и РФ в ЮВА, взяли курс на вступление в Ассоциацию, Россия продолжала «игнорировать» их вместо того, чтобы опереться на них для расширения своего присутствия в ЮВА и в АТР в целом, что воспринималось бы естественнее АСЕАН и другими странами, чем расширение непосредственного российского присутствия. Во многом через Индокитай лежал также путь к более гармоничным отношениям и с Ассоциацией.

Однако, товарооборот с тремя странами - СРВ, ЛНДР, НРК - в середине 80-х годов, занимая лидирующее положение в их внешней торговле, в 90-е годы в десятки раз отставал от других российских партнеров в АТР.

Безусловно российское государство призвано сыграть главную роль в привлечении потенциальных отечественных инвесторов к реализации в странах ЮВА различных проектов (не обязательно крупных, как это было принято в советское время): инфраструктурных, промышленных и иных, финансируемых за счет средств, выделяемых международными экономическими организациями. Такую форму привлечения российских инвесторов предложил Вьетнам, призывая их принять участие в открытых торгах, объявляемых при выделении соответствующих ресурсов упомянутыми организациями.

Вьетсовпетро - крупнейшее совместное предприятие России рубежом, созданное еще при СССР. Оно является фундаментом российского экономического сотрудничества с СРВ, а начавшееся строительство нефтеперерабатывающего комплекса будет способствовать развитию Центрального Вьетнама. Успеху в работе этих промышленных объектов способствует тот факт, что многие вьетнамские специалисты, ученые и рабочие, получили образование на русском языке.

Учитывая, что члены АСЕАН поставили задачу выпуска эспортоориентированной наукоемкой продукции без достаточно прочного научного фундамента, Россия представляется для асеановцев вполне приемлемым научно-техническим донором.

Министр иностранных дел Малайзии Бадави отмечал в интервью корреспонденту журнала «Международная жизнь», что Малайзия отдает себе отчет о масштабах российского научно-технологического потенциала и у малайзийцев была редкая возможность познакомиться с российскими технологиями на выставке «Инжиниринг-97», на которой были представлены российские технологии будущего. Она проводилась в Куала-Лумпуре в начале марта 1997 года совместными усилиями малайзийской стороны и Росзарубежцентра. Перед этим ряд высокопоставленных должностных лиц из малайзийского Министерства науки, технологии и окружающей среды и его подразделений посетили

Москву. Вслед за этим малайзийская сторона определила свои специфические сферы интересов. Они включают телекоммуникации, микроэлектронику, аэро-космическую сферу и ядерные технологии, в которых Россия располагает экспертным потенциалом и технологическими ноу-хау. Россия осуществляет большие поставки удобрений и стали в Малайзию. Объём двусторонней торговли в 1996 году достиг 350 млн. долларов США, превзойдя наивысший уровень советских времен — 296,5 млн. долларов США.

Примечательно, что в российском экспорте в ЮВА удельный вес машин и оборудования стал выше соответствующего показателя по экспорту в целом. Эти страны ведут переговоры с Москвой о налаживании собственной авиационной промышленности, строительстве атомных электростанций, использовании биотехнологий.

В 90-е годы Россия совершила крупный прорыв на рынок вооружений почти всех стран АСЕАН и почти по всем их видам, что, несомненно, резко усилило экономические и политические позиции России в зоне АСЕАН.

Индонезия погасила все долги бывшему СССР. (Речь идет примерно о 900 млн долл., которые Индонезия задолжала Москве еще в период 50-60-х годов во времена правления президента Сукарно). Выплата задолженности была осуществлена за счет встречных закупок российскими внешнеторговыми организациями товаров индонезийского производства, в том числе каучука, чая, пальмового масла, какао-продуктов, кофе, текстиля, товаров деревообрабатывающего комплекса, мебели, медикаментов, электроприборов длительного пользования и т.д.

Финансовый кризис 1997 г. сократил фактически все формы и снизил темпы экономического сотрудничества РФ с ЮВА.

Тем не менее Москва продемонстрировала стремление к восстановлению возможных связей уже в конце 1997 года и подписала пакет важных документов с СРВ, касающихся многих сторон торгово-экономического и научно-технического сотрудничества. Обеими сторонами были признаны целесообразность и перспективность углубления партнерских отношений, отвечающих их национальным интересам.

В декабре 1997 г. делегация Федерального Собрания совершила поездку по странам АСЕАН и посетила Малайзию, Сингапур и Индонезию. Она призвала вкладывать деньги в такие российские отрасли, как текстильная, добыча полезных ископаемых, производство удобрений, в финансовый и банковский секторы. По итогам встреч и переговоров было подписано 8 соглашений о сотрудничестве, заключено несколько контрактов, в частности по консалтинговому обеспечению.

Постепенно выходя из кризиса страны АСЕАН стали особо интересоваться российскими разработками в сфере биотехнологии, телекоммуникаций, новых материалов, возможностями использования космической техники и др. проектами сотрудничества, т.к. в условиях идущей послекризисной структурной перестройки экономик этих стран стали доминировать современные, наукоемкие отрасли и новейшая технология.

Готовность российской стороны к взаимовыгодному экономическому сотрудничеству с Ассоциацией была убедительно продемонстрирована представителями деловых кругов России в ходе их встречи летом 1998 г. в Московском коммерческом клубе с генеральным секретарем АСЕАН Р.Северино и представителями стран Ассоциации, принимавшими участие в совещании СДЛ в Москве по политическим вопросам. Организатором встречи выступил Фонд сотрудничества Россия — АСЕАН.

В ходе встречи была сформулирована задача создания «информационного моста Россия-АСЕАН», под которым понимается осуществление серии мероприятий, нацеленных на то, чтобы снабдить друг друга качественной и достоверной информацией в сфере делового, культурного и научно-технического сотрудничества. В частности, путем публикации различных информационных и академических материалов, выпуска телесериалов, проведения конференций, «круглых столов», семинаров, выставок, создания общей базы данных.

Министр иностранных дел России Е.М.Примаков на 5-ой сессии Асеановского регионального форума в июле 1998 г. в Маниле подчеркнул, что, к сожалению, российский прогноз относительно того, что наибольшую опасность для стабильности и дальнейшего прогресса региона представляют вызовы нового поколения, в том числе проблемы финансового и экономического характера, оправдался. Более того, валютно-финансовый кризис, начавшийся в Восточной Азии, создал в АТР, да и в мире в целом, новую ситуацию.

Москва расценила кризис как серьезное явление, выходящее за пределы региона и затрагивающее экономические интересы большинства стран мира, так как его последствия способны оказывать влияние не только на региональные, но и на глобальные экономические и политические процессы в течение длительного времени.

Е.Примаков предложил организовать изучение на региональном уровне причин и последствий финансовых потрясений в Восточной Азии, с тем, чтобы создать систему коллективной экономической безопасности в регионе, включающую обеспечение транспарентности финансовых механизмов, прогнозирование кризисных явлений и наработку способов раннего оповещения в подобных ситуациях.

Примаков отметил, что экономические связи РФ с АСЕАН базируются на взаимодополняемости их экономик и будут также основываться на разделении труда. Он выразил заинтересованность в привлечении инвестиций из стран АСЕАН особенно в районы Восточной Сибири и Дальнего Востока для развития инфраструктуры и портов. Министр иностранных дел заявил, что в РФ предметно изучается возможность участия в проекте «Большой Меконг», в частности, в строительстве мостов, электростанций и ирригационных сооружений, подготовке специалистов, так как в России накоплен немалый опыт в этих областях, опробованный и в регионе ЮВА.

Зам. премьера и министр иностранных дел СРВ, страны-координатора диалога АСЕАН-РФ, Нгуен Мань Кам подчеркнул, что в условиях финансового кризиса, который приобрел глобальный характер очень важно и далее развивать эффективное партнерство между Ассоциацией и Россией, государством, представляющим огромный рынок и обладающим колоссальным научным и технологическим потенциалом. Отметив далее, что к сожалению, до сих пор еще ни один проект сотрудничества и кооперации не реализован и Фонд сотрудничества еще не начал проектное финансирование, экономические и торговые отношения развиваются вяло, культурные связи, туризм и индивидуальные контакты по-прежнему ограничены и лишь в сфере научного и технологического сотрудничества наблюдаются сдвиги.

Вопросы экономического сотрудничества широко обсуждались во время визита в Индонезию в марте 1999 года зам. премьера Ю.И.Маслюкова. Этот визит, во время которого первого вице-премьера сопровождали министр торговли РФ Георгий Габуния, высокопоставленные чиновники ведущих российских экономических министерств, представители российского бизнеса, стал первой встречей на столь высоком уровне с индонезийским руководством (в контексте, прежде всего, торгово-экономического сотрудничества) за предыдущие 10 лет. Необходимость проведения такой встречи назрела давно, поскольку большинство действовавших до этого двусторонних торгово-экономических соглашений было заключено еще в советское время.

Российский представитель, помимо и.о.президента Индонезии Хабиби, провел переговоры с министром обороны генералом Виранто, другими ключевыми министрами кабинета, отвечающими за промышленность, экономику, торговлю.

Подписание в Джакарте целого пакета российско-индонезийских документов, регулирующих сотрудничество двух стран в торгово-экономической и технической сферах, закрепило договорно-правовую базу торгово-экономических связей. Подчеркнув, что РФ и Индонезия теперь полноправные партнеры, Юрий Маслюков отметил, что Россия придает большое значение торгово-экономическим отношениям с ней, но к сожалению пока их уровень не отражает имеющегося у обеих стран потенциала.

В целях повышения эффективности взаимовыгодного сотрудничества Москва предлажила Джакарте решить вопросы взаимных расчетов — клиринга, гарантий инвестиций и защиты прав интеллектуальной собственности, а также закупить в РФ небольшие плавучие атомные электростанции (АЭС).

Перспективными направлениями развития двустороннего взаимодействия наряду с вышесказанным, были названы космические разработки, машиностроение, альтернативные коммуникационные системы, охрана окружающей среды, освоение Мирового океана, рыбное хозяйство. По словам российского руководителя, индонезийская сторона проявила интерес к фотоэлектрическим преобразователям российского производства — системам солнечных батарей.

Ю.Маслюков призвал не упустить возможность и воспользоваться теми 80% инженерно-технического потенциала бывшего СССР, которыми располагает Россия и который не загружен. По его словам, правительство Российской Федерации, российский малый и средний бизнес готовы работать с Индонезией и приглашают индонезийских бизнесменов к такому сотрудничеству. Потенциально перспективными были названы контакты с такими городами и регионами, как Находка на российском Дальнем Востоке, Екатеринбург, Магаданская, Тульская, Кировская области, Ставропольский край. Москва выразила пожелание провести с Джакартой ряд консультаций в случае введения таможенных пошлин в качестве антидемпинговых мер.

Дело в том, что в конце января 1999 года индонезийское правительство, уступив давлению индонезийского стального лобби, ввело таможенные пошлины в размере 62% на экспортную сталь, прежде всего производства Нижнетагильского металлургического комбината, что фактически означало потерю рынка в Индонезии не только для предприятия в Нижнем Тагиле, но и для всех ориентированных на Индонезию российских производителей стали и немалый финансовый ущерб.

Новый министр иностранных дел РФ И.С.Иванов в выступлении на

6-й сессии АРФ летом 1999 г. отметил, что отрицательное воздействие на ситуацию в АТР продолжают оказывать последствия поразившего регион глубокого финансово-экономического кризиса и в свете его уроков РФ поддерживает шаги по реформе международной финансовой системы, основы которое заложены в Бреттон-Вудсе. Он заявил, что АТР нуждается в эффективных механизмах наблюдения за международными финансовыми институтами и сочетанием их действий с интересами региональной финансовой системы, с целью предотвращения валютно-финансовых кризисов, и обеспечения экономической безопасности в АТР.

И.С.Иванов с удовлетворением оценил начало полноформатного участия России в деятельности АТЭС, подчеркнув, что диалог в рамках этого форума способен внести вклад в укрепление региональной стабильности, в том числе за счет усиления экономической безопасности его участников.

В данном контексте Москва приветствовала решения декабрьского саммита 1998 г. АСЕАН, прежде всего "Ханойский план действий", нацеленный на развертывание практической фазы интеграции всей Юго-Восточной Азии и эффективные меры по предотвращению кризисных явлений в будущем.

Российская сторона сообщила АСЕАН о своей готовности участвовать в ряде экономических проектов Ассоциации, особенно в таких сферах, как транспорт, энергетика, нефтедобыча и научно-техническое сотрудничество.

На встрече «АСЕАН плюс Россия» в 1999 г. был обстоятельно проанализирован ход развития научно-технического, торгово-экономического и инвестиционного взаимодействия РФ с ее асеановскими партнерами. Примером конкретного воплощения в жизнь намерений официальных и деловых кругов стран Юго-Восточной Азии выйти на партнерство напрямую с отдельными районами России, стал рабочий визит малайзийского премьер-министра Махатхира Мохамада на Дальний Восток и в Бурятию в августе 1999 года. Этот визит, по информации МИД РФ, был согласован с федеральным правительством, а министерство участвовало в его подготовке на всех этапах. «Малайзия для нас важна, как важен и весь союз стран АСЕАН»,- заявил высокопоставленный российский дипломат /9

Махатхир Мохамад в сопровождении официальных лиц - министра обороны, министра иностранных дел и др. прибыл в Хабаровский край по приглашению губернатора Виктора Ишаева. Сотрудничество Малайзии с Хабаровским краем началось еще в 1997 году, когда крупная малайзийская фирма по заготовке и переработке древесины «Римбунан Хиджау» инвестировала в экономику края свыше 23 млн.долл.США.

Махатхир Мохамад и сопровождающие лица побывали в авиационном производственном объединении КНААПО в Комсомольске-на-Амуре, на котором собираются многофункциональные самолеты С-80, амфибии БЕ-103, а также истребители Су-30, посетили судостроительный завод, особое внимание уделив десантным боевым кораблям на воздушной подушке «Мурена».

Основной целью визита Махатхира Мохамада в Бурятию в начале второй декады августа 1999 года были переговоры о возможных поставках в Малайзию военно-транспортных вертолетов, производимых на авиационном заводе, который наряду с выпуском ряда модификаций вертолета Ми-171 осуществляет производство штурмовиков Су-25.

Со стороны Бурятии были выдвинуты инвестиционные предложения малайзийскому бизнесу по разработке леса и минерально-сырьевой базы Забайкалья, а также созданию предприятий по сборке бытовой и иной электроники на площадях приборостроительного объединения.

В целом подобные визиты и контакты свидетельствуют о том, что зарубежные страны, их бизнесмены не против налаживания прямых связей с сильными регионами России. Эту тенденцию всячески поддерживает МИД РФ, что приносит конкретные результаты, т.к. российские структуры еще молоды и только начинают приобретать опыт устойчивого, позитивного взаимодействия.

В условиях, когда Москва более не в состоянии в полной мере обеспечить ресурсами Дальний Восток, очевидно необходимо превращение его в особый региональный промышленный и финансовый центр АТР, способный адаптировать бурные экономические процессы, происходящие в близлежащих странах. Без этого, по мнению российских ученых, экономические отношения России с АТР будут по-прежнему носить локальный и спорадический характер.

Из-за кризиса российско-асеановская торговля в 1998 г. сократилась почти на 40%. Исключения составили успешно осуществляемое сотрудничество с Вьетнамом и определенное расширение экспорта российских вооружений и военной техники в ряд стран Юго-Восточной Азии (при наличии большой конкуренции со стороны Запада). Поэтому в ходе совещания высших должностных лиц форума России-АСЕАН осенью 1998 г. в Хошимине российская сторона призвала выправить ситуацию в сфере торговли и инвестиций.

По данным Секретариата АСЕАН, в Юго-Восточной Азии на 2000

г. действовало более 50 компаний с участием российской капитала. В соответствии с национальной статистикой стран Юго-Восточной Азии, российские инвестиции во Вьетнаме на ноябрь 2000 г. были вложены в 67 объектов (в том числе 27 действующих), в Лаосе на январь 2000 г. – в 15 объектов (20 млн. долл.), в Индонезии на декабрь 1999 г. – в 2 объекта (13 млн. долл.). Российские инвесторы действуют также в Сингапуре, Таиланде, Камбодже.

После того как премьер В.В.Путин занял пост президента РФ, значительно активизировались торговые, экономические и технические отношения России с членами АСЕАН и Ассоциацией в целом, чему способствовали его визиты в ряд стран ЮВА, а также участие в саммитах АТЭС.

Вице-премьер Илья Клебанов возглавил делегацию РФ на II бизнес-саммите АСЕАН-2000 в столице Малайзии в апреле 2000 г. Саммит открыл премьер-министр Малайзии Махатхир Мохамад. Среди участников форума были президент Индонезии, премьер-министр Китая, премьеры и видные руководители других стран, крупные ученые, бизнесмены и банкиры.

И.Клебанов огласил приветствие Владимира Путина участникам встречи, единственного главы зарубежного государства, обратившегося к форуму, что было тепло встречено присутствовавшими. Речь И.Клебанова оказалась своего рода декларацией намерений России в ее отношениях с десятью странами этой региональной организации.

По словам И.Клебанова, задача Москвы - добиться качественного улучшения характера экономического сотрудничества РФ с регионами Восточной Азии. КНР - единственная страна, где машино-техническая продукция составляет 25% российского экспорта. В торговле же с прочими странами лидирует сырье, из чего вытекает задача - экспортировать в регион продукты с высокой добавленной стоимостью, среди которых вице-премьер называл также спецтехнику.

Председатель наблюдательного совета Фонда сотрудничества Россия - АСЕАН Владимир Саутов отмечал, что Россия - единственная страна, которой был выделен в рамках форума отдельный день. Российские предприниматели получили возможность провести широкую презентацию предприятий и компаний регионов страны, а также различных проектов в экономической, научно-технологической и культурной областях для политической элиты стран АСЕАН и их партнеров по диалогу.

Кроме того, в Куала-Лумпуре вслед за саммитом прошел еще российско-малайзийский технологический форум и встреча по подбору партнеров для сотрудничества по высоким технологиям.

Поездка И.Клебанова продемонстрировала, что российско-асеановский диалог постепенно приобретал качественно новые параметры, что вполне совпадало со стремлением России к полномасштабному участию во всех процессах в Азиатско-Тихоокеанском регионе.

К началу 2001 г. российские нефтяники совместно с компанией «Калтекс Пасифик Индонезия» реализовали пилотный проект, позволивший существенно повысить нефтеотдачу на нефтяных месторождениях Суматры, после чего эти технологии было рекомендовано использовать на всех месторождениях «страны тысячи островов». Годом раньше в феврале 2000 года на орбиту с помощью российского ракетоносителя был выведен индонезийский искусственный спутник «Гаруда-1». Деловые круги Индонезии заинтересовались и разработками в области использования нетрадиционных источников энергии, в медицине, информатике и целом ряде других отраслей.

На встрече в Брунее летом 2001 г. российская сторона обсудила с представителями Ассоциации перспективы наращивания взаимовыгодного, долгосрочного экономического сотрудничества и подключения к реализации проектов АСЕАН в области транспорта, энергетики, науки и технологий. В Брунее было наглядно продемонстрировано, что в лице АСЕАН, Москва видит одного из ключевых партнеров не только в АТР, но и в мире в целом, важного для развития российского Дальнего Востока.

По согласованию между Советом Федерации Федерального Собрания РФ и Министерством иностранных дел РФ в качестве одного из приоритетных направлений деятельности Фонда сотрудничества было выделено взаимодействие с российскими регионами. Корпорация «Парус», как разработчик программного обеспечения для автоматизации управления, реализует в России «программу реформирования предприятий».

На асеановской неделе в июле 2001 г. И.С.Иванов заявил, что Россия поддерживает тенденцию к созданию в АТР новых структур в экономической сфере: строительство сети газо- и нефтепроводов, а также энергомостов, соединяющих Россию с Китаем, Индией, Корейским полуостровом, Японией и другими странами региона. Иванов подчеркнул, что энергетический потенциал Сибири и Дальнего Востока — это реальная возможность создания уже в XXI веке единой энергетической системы Европы и Азии.

Другой перспективной областью сотрудничества было названо

мирное использование космического пространства. Россия предлагает услуги по запуску космических аппаратов, использованию странами региона ее космических данных дистанционного зондирования Земли, совместному созданию и применению космических средств оперативного наблюдения Земли для решения природоресурсных, метеорологических, экологических и других задач.

Было подчеркнуто, что у РФ есть все условия для осуществления коммуникационного прорыва, который значительно сблизит с Азиатско-Тихоокеанским регионом Европейский и Американский континенты, так как самый короткий воздушный путь из Азии в Северную Америку пролегает через российское воздушное пространство и далее над Северным полюсом (так называемые кроссполярные трассы), что дает экономию времени за один такой рейс 2-3 часа. Кроме того, Транссибирская железнодорожная магистраль - кратчайший наземный путь для грузопотоков из Азии в Европу и обратно. Морские гавани российского Дальнего Востока могли бы обеспечить наиболее удобное и быстрое морское сообщение северо-восточных районов Китая, других государств с тихоокеанскими портами США и Канады.

Россия имеет солидный опыт и соответствующую техническую базу в предупреждении и ликвидации последствий стихийных бедствий и техногенных катастроф, резервы спутников и каналов связи, которые могут быть использованы для становления в АТР современного информационного сообщества. Она располагает также существенными возможностями кооперации в науке, в том числе с теми странами, которые создают соответственный научный потенциал.

Поскольку полномасштабное участие в формировании региональной системы хозяйственных связей отвечает потребностям экономического развития РФ, особенно сибирских и дальневосточных территорий, Россия стремится активно включиться в региональные экономические механизмы и структуры по самому широкому спектру сотрудничества, рассчитывая на понимание и поддержку стран АСЕАН и приток инвестиций из них.

В центре внимания встречи «Россия-АСЕАН» в ходе юбилейной 35-й конференции министров иностранных дел Ассоциации летом 2002 г. в Брунее оказались вопросы развития диалогового сотрудничества Россия-АСЕАН в торгово-экономической сфере, ход выполнения ранее намеченных планов, перспективы наращивания взаимодействия.

На третьем заседании Совместного комитета сотрудничества в сентябре 2002 г. были утверждены Правила процедуры РГТЭС, призванной после ее создания стать основным инструментом координации и наращивания сотрудничества в торгово-экономической области.

Большое внимание было уделено вопросу о возможностях российского участия в совместных проектах в рамках интеграционных программ АСЕАН (Ханойский план действий, Программа развития региона Большого Меконга). Состоялись презентации нескольких конкретных проектов, которые должны быть реализованы в рамках диалога Россия — АСЕАН.

Вместе с тем в документах встречи отмечалось, что уровень асеановской торговли с Россией является одним из самых низких среди партнеров Ассоциации. Товарооборот в 1999 г. составил около 1 млрд. долл., а в 2000 г. увеличился на 10,4% и достиг 1,03 млрд.долл.

На встрече был создан Совместный комитет по менеджменту и планированию при фонде АСЕАН-РФ. Министр иностранных дел Таиланда страны-координатора диалога АСЕАН-РФ заявил, что в принципе решен вопрос об образовании рабочей группы по торговле и экономическому сотрудничеству АСЕАН-Россия.

Летом 2003 г. в ходе асеановской недели состоялся обмен мнениями по вопросам расширения сотрудничества РФ и АСЕАН с акцентом на энергетическую безопасность, людские ресурсы, строительство новых транспортных коридоров. Российская сторона внесла ряд предложений по налаживанию взаимодействия с АСЕАН в сферах образования и здравоохранения, включая борьбу с атипичной пневмонией.

Итоги предыдущего сотрудничества и его перспективы нашли свое отражение в Совместной Декларации АСЕАН-России, подписанной летом 2003 г.

В ней подчеркивается, что стороны будут развивать торгово-экономические связи в контексте укрепления многостороннего сотрудничества и диалоговых отношений.

Отмечается, что в случае необходимости будут создаваться как на постоянной, так и на временной основе экспертные и рабочие группы для развития сотрудничества в сферах общих интересов.

Будет поощряться развитие информационных обменов между заинтересованными ведомствами России и АСЕАН, а также оказываться содействие развитию взаимодействия, и практики обменов сотрудниками между исследовательскими институтами России и АСЕАН.

§ 3. СРВ – основной партнер России в ЮВА

С приходом к власти В.Путина активизировались контакты РФ и с традиционным партнером – Вьетнамом, хотя всего несколько лет назад с монопольного первого РФ-преемница СССР опустилась на 15-е место в списке торговых партнеров СРВ с более чем скромными объемами ежегодного товарооборота - около 400 млн.долл., причем половина его приходилась на поставки российского оружия.

Двусторонний оборот торговли за постсоветский период (1991-1999 годы) составил 3,3 млрд.долл.США. Экспорт из России во Вьетнам - 2,0 млрд.долл.США, а импорт из Вьетнама - 1,3 млрд.долл.США.

Последние полтора десятилетия Москва Вьетнаму не помогала, зато долго торговалась с Ханоем (несомненно, имея на то полные основания) по вопросу определения размеров вьетнамского долга, - утверждает журнал «Эксперт».

На одной из пресс-конференций посол России в СРВ Виктор Иванов просил российских журналистов решительно отбросить старый стереотип Вьетнаме как лишь получателе помощи. По словам Иванова, речь идет о стратегическом партнерстве России и Вьетнама на основе обоюдной выгоды как в ближней, так и в далекой перспективе.

Доля РФ во внешнеторговом обороте Вьетнама составляла около 2 %, что явно не отражало имеющиеся возможности. Однако Вьетнам был для РФ приоритетным рынком в ЮВА, своего рода «стартовой площадкой» для выхода на пространство АСЕАН. Вьетнам оставался основным торговым партнером РФ в АСЕАН и его доля в обороте России со странами АСЕАН, как отмечал Торгпред РФ в СРВ В.Щеголев, составляла 15%.

В сентябре 2000 года состоялся визит в Москву премьер-министра СРВ Фан Ван Кхая, в ходе которого были урегулированы вопросы вьетнамского долга, доставшегося России в наследство от СССР.

В ходе визита министры финансов РФ и СРВ Алексей Кудрин и Нгуен Шинь Хунг подписали пакет межправительственных документов по урегулированию задолженности Социалистической Республики Вьетнам России. В соответствии с подписанными соглашениями объем вьетнамского долга сократился на 85 % и составил сумму около 1,5 - 1,7 млрд.долл. со сроком выплаты 23 года. 90 % этой суммы будут использованы российской стороной для покупки вьетнамских товаров, инвестиций и других расходов во Вьетнаме.

Такое резкое уменьшение долга, очевидно, можно объяснить тем, что во Вьетнаме наряду с ограниченным инвалютным запасом многие давно рассуждают так же, как и в прочих странах бывшего соцлагеря (СССР помогал, преследуя прежде всего свои геополитические цели, использовал их в качестве «передового форпоста в борьбе с империализмом», и тогдашняя помощь (в виде безвозмездных поставок оружия) носила скорее своекорыстный характер.

Вьетнам обязался погасить свой долг не столько деньгами и товарами, сколько вложениями в крупные межгосударственные проекты на самой вьетнамской территории. Найденный вариант устраивает как Москву, так и Ханой. Более того, при таком инвестиционном варианте Вьетнам будет заинтересован отдавать долги быстрее.

Визит российского президента В.Путина в СРВ в марте 2001 года, стал своего рода символом начала новых отношений с Вьетнамом, традиционным партнером СССР и России, учитывая, что прежде СРВ никогда не посещали высшие советские или российские руководители.

По результатам переговоров с руководством СРВ были подписаны шесть соглашений. Кроме того, как сообщил журналистам вице-премьер Виктор Христенко, планируется завершить подготовку межправительственного соглашения о сотрудничестве в области атомной энергетики и ряда других.

Устойчивый экономический рост Вьетнама в последние годы существенно укрепил авторитет страны в Азиатско-Тихоокеанском регионе. Сегодня СРВ в рамках политики стратегического партнерства с Россией содействует не только развитию двусторонних отношений, но и адаптации России на перспективном экономическом пространстве АТР. В 1998 году Вьетнам был единодушно избран на новый двухгодичный период координатором отношений РФ и АСЕАН. Вьетнам может сыграть большую роль не только в обмене информацией и опытом развития связей со странами АСЕАН, но и в активизации многостороннего сотрудничества этой организации с Россией.

Визит в марте 2002 года председателя правительства РФ М.М.Касьянова во Вьетнам показал, что плодотворное и взаимовыгодное сотрудничество двух стран набирает темпы. В ходе поездки российского премьера в Ханой было подписано соглашение о выделении российского государственного кредита в 100 млн.долл. на строительство двух гидроэлектростанций. Достигнута договоренность с руководством СРВ в том, что Вьетнам в счет погашения долга поставит в Россию высококачественные товары собственного производства на 100 млн.долларов., а большая часть запчастей и спецоборудования, на которые выделяется кредит, будет закупаться в России.

В РФ будет закуплена часть оборудования на сумму в 150 млн.долл.

для крупного нефтеперерабатывающего завода (НПЗ) в Зунгкуате (СП «Вьетрос»). С пуском завода можно будет увеличить добычу, по крайней мере, до 20 млн.т в год. «Зарубежнефти» было предложено партнерство в освоении новых глубоководных месторождений нефти.

Задача российских нефтяников, газовиков и энергетиков - это не только добыча и переработка нефти или развитие энергетики Вьетнама. Важна сама перспектива - возможность работы с «вьетнамского плацдарма» с другими странами АСЕАН. В этом случае рынки сбыта газа и нефтепродуктов будут постоянно расширяться за счет соседей Вьетнама - Таиланда, Лаоса, Камбоджи и др. Вместе с налаживанием нефтедобычи возможна продажа в страны АСЕАН продукции тяжелого машиностроения и другого оборудования, так как перебросив товар морем, его из СРВ затем можно продвигать во все страны региона. Активная работа на рынках АСЕАН через Вьетнам может постепенно нарастить российский товарооборот со всеми странами региональной группировки и позволить России напрямую поставлять металл и сырье.

Не без посредничества «Зарубежнефти» во Вьетнаме появилось и ОАО «Газпром». Речь идет о планах освоения на шельфе Центрального и Северного Вьетнама газового месторождения, по предварительным оценкам, в 700 млрд.куб.м.

Результативность и эффективность деятельности «Вьетсовпетро» создают условия для дальнейшего развития взаимовыгодного сотрудничества, например в сфере освоения перспективных газовых месторождений СРВ.

Важная роль предназначена прямым контактам регионов России с провинциями Вьетнама, тем более что опыт такого сотрудничества есть. Наиболее активно работают на вьетнамском направлении Республика Татарстан, Приморский и Хабаровский края, Нижегородская, Ярославская, Саратовская, Свердловская и Ростовская области.

Для активизации контактов российских регионов с АСЕАН желательно предусмотреть определенные льготы для российских предпринимателей, которые действуют или планируют действовать в странах Индокитая, где они были вынуждены, в силу сложившихся обстоятельств, перейти от традиционного для советской эпохи технико-экономического сотрудничества в рамах межгосударственных кредитов и займов к инвестиционной деятельности, обычно в форме «совместных предприятий». Впоследствии их опыт мог бы быть использован для создания предприятий с участием российского капитала (частного или частно-государственного) в других странах региона.

В противном случае Россия может оказаться перед необходимостью решать сложнейшие проблемы экспорта промышленной продукции в ЮВА в условиях, когда практически все сбытовые ниши будут заняты или прочно заблокированы конкурентами. Оптимальный вариант, чтобы избежать этого, - создание определенных производственных мощностей в самих странах региона. Следует учитывать, что в первом десятилетии XXI века члены АСЕАН создадут некое подобие общего рынка, работа на котором, как справедливо замечает российский экономист А.Рогожин, будет облегчена для экспортеров, имеющих в странах субрегиона такого рода «базовые» предприятия и, наоборот, затруднена для прямых экспортеров.

§ 4. Военно-техническое сотрудничество России с членами АСЕАН.

Военно-техническое сотрудничество (ВТС) между Россией и странами АСЕАН осуществляется только на двусторонней основе, так как Ассоциация не является военно-политическим объединением.

Технически в отличие от многих стран региона - давних партнеров США - обороноспособность Вьетнама базируется на советско/российском оружии. Компания «Росвооружение» обслуживает львиную долю поставок.

Во время визита министра обороны Игоря Сергеева в Ханой в октябре 1998 года было подписано соглашение о развитии ВТС. Одна из статей соглашения предусматривала создание двусторонней межправительственной комиссии. Согласно подписанному в Ханое документу, Россия продлила поставки российских вооружений Вьетнаму и запчастей для старой советской техники. На начало ноября 2000 года по поставкам оружия из России Вьетнам занимал шестое место в списке основных стран-покупателей.

В последние годы особое внимание Вьетнам уделяет модернизации своих военно-морских сил. Россия может предложить ракетные корабли, подводные лодки, корабли других классов, патрульные и ракетные катера. Вьетнамские военные проявляют серьезный интерес к российским десантным кораблям на воздушной подушке типа «Зубр» или «Мурена». Ханой также заинтересован в развитии собственного судостроения, включая возможность постройки корветов и малых ракетных кораблей, в чем Россия также может оказать помощь.

На вооружении Вьетнама находятся самолеты СУ-27. Россия могла бы предложить СРВ как их модернизацию, так и модернизацию самолетов, поступивших на вооружение вьетнамских ВВС ранее, а также вертолетов МИ-17 и МИ-24.

Как известно, значительная часть стран-покупателей российского вооружения находится в районах с жарким и тропическим климатом. Российское оружие нуждается в испытаниях и доводках. Во Вьетнаме для таких целей существует «Тропоцентр», где проверяется, как поведет себя российская техника в тяжелых условиях тропиков.

Поездка председателя правительства М.М.Касьянова в Ханой подтвердила то, что стороны понимают обоюдную выгоду военно-технического сотрудничества. Премьер заявил, что Россия готова модернизировать вооруженные силы Вьетнама и планирует поставлять туда новые виды вооружений: самолеты, морские суда, бронетехнику и стрелковое оружие. Кроме того, Москва готова увеличить число обучающихся в стране вьетнамских военных специалистов. Всего за время сотрудничества СССР и Вьетнама в Советском Союзе получили военное образование свыше 13 тысяч вьетнамских офицеров.

Поставки российского вооружения во Вьетнам и ЮВА в целом все более приобретают еще и политическую окраску, ограждая Россию от обвинений в укреплении наступательного потенциала КНР, которые раздаются в некоторых странах АСЕАН.

Ситуация, складывающаяся на рынке вооружений, характеризуется повышенной активностью азиатских государств, чья доля в общемировом его импорте превысила в середине 90-х 45%. Заметно увеличились расходы на вооружения и в странах АСЕАН. Удельный вес военных расходов стран Ассоциации в 1996 г. достиг 25-30%; в бюджете каждой страны. По итогам 1995 г. три государства Ассоциации - Малайзия, Таиланд и Индонезия вошли в число 15 крупнейших импортеров оружия в мире.

Одновременно страны АСЕАН приступили к модернизации своих ВС. Все это сделало их чрезвычайно перспективным регионом для стран - экспортеров оружия.

После крушения биполярного мира произошла также «деидеологизация» международной торговли оружием. В 1990-е годы страны АСЕАН стремились диверсифицировать источники поступления вооружений и географию своего военно-экономического сотрудничества в целом: они заключили ряд соглашений о военном сотрудничестве и поставках вооружений с Республикой Корея, с Индией (связи с США в этой области сомнениям не подвергаются), Россией.

Росту интереса военно-политического руководства к российскому оружию способствует стремление, большинства стран региона уменьшить политическую и военную зависимость от США и их союзников, желание диверсифицировать поставщиков вооружения и военной техники (ВВТ), а также отсутствие каких-либо политических и идеологических условий со стороны РФ при заключении сделок. Привлекает АСЕАН, несомненно, и высокое качество при относительной дешевизне и хорошая репутация российского оружия в мире.

Однако некоторые советские и российские руководители, примитивно восприняв идеи пацифизма и модную идею конверсии, не дали последней экономического обоснования, а ведь ее продуманное и поэтапно проведение могло бы втянуть в бизнес военные структуры. При этом продажу оружия (а следовательно, производство и его модернизацию) следовало бы рассматривать как неотъемлемую часть самого процесса конверсии и как своего рода этап первоначального накопления капитала конверсионного фонда. Тем более, что наиболее конкурентоспособной Россия оказалась на рынке оружия и в частности стран ЮВА.

России удалось совершить прорыв на рынке Малайзии, что заставило многих по-новому взглянуть на роль России в регионе как на крупнейшего участника авиасалонов в Сингапуре и Малайзии.

Еще 7 июня 1994 года Малайзия и Россия подписали контракт на закупку 18 российских истребителей МИГ-29 на 550 млн. долларов США, рассчитавшись за них поставками пальмового масла. Это была крупнейшая единоразовая малайзийская операция по закупке оружия в России; к тому же Малайзия явилась первой страной АСЕАН, приобретшей МИГи-29.

Это шаг показал, что Малайзия готова отойти от своих традиционных источников оборонных закупок, если она сможет найти подходящий товар по подходящей цене.

Индонезия также продемонстрировали интерес к закупкам российского оружия. В знак протеста против «грубого вмешательства во внутренние дела» Джакарта разорвала контракт на покупку девяти американских истребителей Ф-16 и объявила о начале переговоров с Москвой. В итоге правительство Индонезии приняло решение о закупке в России двенадцати самолетов и восьми вертолетов. Об этом объявил в Джакарте государственный министр по вопросам национального развития Гинанджар Картасасмита.

В течение 1997 года, обе стороны проделали огромную подготовительную работу по возобновлению военно-технического сотрудничества, замороженного за 30 лет до этого.

С 1 по 8 июля 1997 г. состоялся визит государственного министра научных исследований и технологий доктора Б.Ю. Хабиби в Москву. Было объявлено о решении Джакарты закупить в России 12 самолетов Су-30 и 8 вертолетов МИ-17. По оценкам индонезийских специалистов, Су-30, ничем не уступающий по своим летным и боевым качествам F-16, существенно укрепил бы ПВО страны, а МИ-17 могли бы использоваться не только в качестве атакующего вертолета, но, что не менее важно для условий Индонезии, для транспортировки войск и проведения спасательных операций.

Весьма важное значение при принятии соответствующего решения, по словам министра, имели конкурентоспособная цена российской техники, а также отсутствие каких-либо политических условий со стороны руководства России.

Однако в связи с финансовым кризисом сделка с Индонезией по самолетам и вертолетам не состоялась, но создались хорошие возможности для продвижения российских ВВТ в Мьянму. В октябре 1996 года было принято решение Президента РФ об установлении ВТС с этой страной. Со вступлением Вьетнама, Мьянмы и Лаоса в АСЕАН российское вооружение стало еще шире представлено в регионе.

Все вышеизложенное говорит о том, что ВТС между Россией и странами АСЕАН прогрессировало и являлось одним из наиболее реальных достижений в сфере экономических отношений со странами Ассоциации, к сожалению, фактически приостановленных в конце 90-х годов в связи с финансовым кризисом, охватившим регион ЮВА и затронувшим другие страны АТР, в том числе и Россию.

В ходе визита в Индонезию весной 1999 г. Ю.Маслюкова на переговорах было затронуто и сотрудничество в военной сфере. Российская сторона получила исчерпывающую информацию о сложном положении в экономике Индонезии и пришла к выводу, что говорить о широком военно-техническом сотрудничестве было бы преждевременно.

Тем не менее на весьма представительной в АТР международной выставке авиакосмической и морской техники «ЛИМА-99» (о. Лангкави, Малайзия), в ноябре 1999 года Госкомпания «Росвооружение» демонстрировала продукцию 34 оборонных предприятий, в состав делегации вошли около 200 конструкторов и директоров заводов.

Оправившись к началу XXI века от кризиса страны АСЕАН начали проявлять все больший интерес к сотрудничеству с Россией не только в торгово-экономической, научно-технической, но и в военной сфере.

По просьбе правительства Малайзии были модернизированы закупленные ранее 18 самолетов МИГ-29. Руководство Малайзии стало присматриваться к российским самолетам четвертого поколения и к новейшим системам вооружений.

Малайзия собиралась закупить партию противотанкового ракетного комплекса «Метис-М». На заседании совместной российско-малайзийской Межправительственной комиссии по экономическому сотрудничеству обсуждались также продажа Куала-Лумпуру противозенитного комплекса «Игла» и танков Т-90С.

По некоторым данным, малайзийскую сторону особенно интересовали многофункциональный Су-30. Следует отметить, что премьер-министр страны всегда дотошно знакомился с российской военной техникой на выставках высших технологий, которые уже не первый год проводятся в Малайзии при активном участии России.

Посетивший с визитом РФ осенью 2001 г. командующий Военно-воздушными силами Малайзии господин Сулайман Махмуд провел переговоры с руководством «ОКБ Сухого», а в Жуковском с интересом наблюдал полеты новейших истребителей Су-30, МИГ-29. Понравился ему и вертолет Ми-26, который может перевозить груз до 20 тонн.

Все чаще в сторону Москвы стало обращать свои взоры и правительство Индонезии. Только в августе 2001 года РФ посетили две представительные делегации этой страны.

Особого внимания заслуживает визит делегации высших офицеров вооруженных сил Индонезии во главе с генерал-майором Аклани Маза - Генеральным директором оборонного обеспечения Минобороны. Делегация ознакомилась с тем, как исполняются контракты на изготовление вертолетов для ВМС Индонезии и по БТР. Большое впечатление на членов делегации произвели истребители четвертого поколения, многофункциональные истребители Су и МИГ. При осмотре павильонов с новой техникой на выставке в Жуковском, особое внимание членов делегации привлек современный российский радар «Жук».

Посол Индонезии в РФ доктор Джон Арко Катили высказался в пользу сотрудничества между индонезийскими и российскими вооруженными силами, которое должно стать более интенсивным, в контексте чего большое значение имеет подготовка в России военных специалистов для Индонезии.

На авиакосмическом салоне в Жуковском присутствовала и военная делегация из Филиппин. Она провела переговоры с руководством «Рособоронэкспорта» о возможном военно-техническом сотрудничестве, а правительство Мьянмы, по сообщениям российской и японской печати, уже приняло решение о закупке десяти самолетов МИГ-29 на сумму 150 млн. долл.

Касаясь перспектив развития отношений с регионом АСЕАН, представители «Рособоронэкспорта» неизменно заявляют, что российская сторона готова и к широкому сотрудничеству, и к оперативным поставкам изделий для всех родов войск своим партнерам. Примером того стала реализация контракта с Индонезией на поставку автоматов Калашникова, изготовленных в соответствии со стандартами НАТО Ижевским заводом. Главком ВВС Индонезии Ханафи Аснана заявил, что почти готовый к подписанию контракт на поставку российской боевой авиатехники, который был сорван разразившимся финансовым кризисом, может быть реанимирован. На авиашоу ЛИМА на острове Ланкави в октябре 2001 года члены АСЕАН проявили большой интерес к новейшей российской авиатехнике. В то же время страны АСЕАН постоянно подчеркивают, что использовать российское оружие правительства собираются лишь для поддержания обороноспособности и защиты территориальной целостности в борьбе с международным терроризмом и сепаратизмом.

В ЮВА, безусловно, хотят ослабить свою зависимость от Запада, создать альтернативный источник пополнения средств обороны. В условиях, когда Америка систематически бросает им обвинения в нарушении прав человека, страны АСЕАН надеются, что с РФ им будет легче договориться.

Не случайно, вопросы ВТС стали практически главными в ходе визитов в Москву премьер-министра Малайзии Махатхира Махамада в 2002 году и президента Индонезии Мегавати Сукарнопутри в апреле 2003 года.

В.В.Путин особо отметил, что взаимодействие России и Малайзии в военно-технической сфере развивается неплохо, малазийские специалисты имели возможность убедиться в высоком качестве российской военной техники, в том числе авиации. Специалисты РФ считают возможным осуществление не просто торговых операций в этой сфере, а развитии кооперации, в том числе и с целью создания собственной малайзийской научно-производственной базы.

Лидерство Малайзии в расширении сотрудничества с РФ не случайно. По экспертной оценке М.В.Курицина (председатель совета директоров российской группы «Гео Спектрум»), а также торгового советника российского посольства в Малайзии А.А.Романова, Малайзия более, чем некоторые страны ЮВА, приспособлена к осуществлению ряда совместных с Россией программ в области высоких технологий, в том числе с прицелом на весь регион ЮВА, например в аэрокосмической области. Это связано с «техногенной политикой» властей, развитыми финансово-кредитными механизмами, с политической стабильностью в стране, а также с выходом ее из кризиса 1997-1998 годов с меньшими издержками, чем ряд ее партнеров по АСЕАН.

Малайзия, на долю которой приходится 24 % - четверть всего мирового производства электроники и электротехники - является, естественно, хорошим партнером для России в высокотехнологичных областях. Малайзия уже осуществила запуск космического аппарата с помощью российского ракетоносителя. В.В.Путин в ходе визита Махатхира отмечал возможность продолжения кооперации в этой сфере, в том числе с использованием российских подвижных стартовых комплексов. Тем более, что Малайзия территориально расположено почти на экваторе, и это очень удобное место для осуществления подобного рода деятельности.

Как и ранее, в ходе своего визита в РФ премьер-министр встретился с губернаторами некоторых регионов России, с которыми у Малайзии складываются прямые отношения. Это сибирские регионы - Бурятия, Дальний Восток - Хабаровский край. Как заявил В.В.Путин правительство со своей стороны намерены сделать все, чтобы поддерживать прямые связи российских регионов с Малайзией и малазийскими партнерами.

В развитие визита Махатхира Мохамада и его переговоров с В.Путиным Россия в мае 2003 г. подписала с Малайзией контракт на продажу 18 самолетов СУ-30 на сумму в 900 млн.долл.США, что позволяет Москве твердо занять место на рынках вооружений в ЮВА. В контракте предусмотрено техническое обслуживание самолетов и их последующая модернизация. Планируется поставить первую партию в 2006 году. (Ввиду серьезных расхождений с США по вопросу об Ираке Малайзия прервала переговоры с США, которые начались еще до финансового кризиса о покупке 18 Боингов. – Прим. авторов). Частично российские поставки будут оплачены встречными поставками пальмового масла, однако более половины суммы из 900 млн.долл. наличными.

Соседняя с Малайзией Индонезия в ходе визита Президента Мегавати Сукарнопутри в Россию в апреле 2003 г. подписала рамочное соглашение о военно-техническом сотрудничестве, которое предусматривает, в частности, правила и принципы использования, передачи, модернизации боевой техники, оборудования и технологий.

В ходе своего визита президент Индонезии также посетила испытательную базу авиационного военно-промышленного комплекса «Сухой» в Жуковском, где ознакомилась с новейшими типами боевых самолетов России. По окончании визита Индонезия и Россия подписали соглашение о покупке четырех военных российских самолетов и двух вертолетов на общую сумму 192,9 млн. долларов США. Часть от общей суммы контракта - 21 млн. долларов США - будет оплачена наличными, остальная часть будет оплачена поставками товаров.

По мнению главнокомандующего индонезийскими вооруженными силами 4 боевых самолета лишь часть требуемого количества, так как Индонезии необходимо 48 самолетов подобного класса для обеспечения контроля над всей территорией страны.

Индонезия также высказывала заинтересованность в приобретении ракетного комплекса среднего действия С-300, а также ракетной системы ближнего действия «ИГЛА».

Развитие военно-технического сотрудничества со странами АСЕАН выгодно России не только с коммерческой, но и военно-политической точки зрения. В этом смысле установление прочных военно-технических связей России с членами Ассоциации приобретает не только краткосрочный коммерческий смысл, но и долговременное стратегическое значение.

Анализ состояния и перспектив военно-технического сотрудничества России со странами АСЕАН показывает, что для активной деятельности в этом регионе требуется всесторонняя государственная поддержка. Успешное проникновение на один из самых емких и перспективных рынков могло бы позволить не только укрепить политические и экономические позиции РФ в регионе, но и обеспечить интенсивную загрузку предприятий, НИИ и КБ российского ВПК, что в конечном итоге оказало бы позитивное влияние на состояние экономики страны в целом.

Благоприятнам фактором для расширения экономических связей РФ с АСЕАН является то, что в регионе нет серьезных внешних препятствий, могущих блокировать проникновение сюда России, кроме ее собственной экономической слабости.

Не вызывает сомнений, что в определенном смысле Сибирь и Дальний Восток – своего рода «звено», где возможен прорыв, однако освоение этого региона возможно только на основе крупномасштабного сотрудничества со странами АТР.

Приходится констатировать, что на данном этапе ценность связей с тем или иным государством с точки зрения стран АСЕАН зависит в первую очередь от его экономических и торговых возможностей, т.е. перспективности для Ассоциации.

Глава III.
СССР/РФ АСЕАН. Проблемы безопасности.

§ 1. СССР – АСЕАН: собственные концепции безопасности.

Рождение АСЕАН произошло и в результате желания пяти стран обеспечить и «коллективную безопасность».

Деятельность Ассоциации стран Юго-Восточной Азии по обеспечению как внутриасеановской, так и внешней безопасности можно условно разделить на два периода:

1. От создания Ассоциации до окончания холодной войны и распада биполярной системы.

2. Постконфронтационные годы в условиях однополярного мира.

Уставными целями политико-экономической организации в области безопасности были заявлены укрепление мира и региональной стабильности, соблюдение принципа справедливости в международных отношениях и Устава ООН.

Констатировалось, что иностранные базы носят временный характер и сохраняются только с согласия заинтересованных стран и не должны быть использованы непосредственно для подрыва национальной независимости и свободы государств региона или угрожать планомерному процессу их национального развития.

Основным стимулом для налаживания сотрудничества между странами субрегиона стала проблема обеспечения политической стабильности и безопасности существующих режимов. Она имела два аспекта - внутрирегиональный и внерегиональный.

Регионализм должен был способствовать преодолению отчужденности между странами субрегиона, обусловленной противоречиями и конфликтами, защитить от угроз как внутреннего, так и внешнего характера.

Как отмечает посол Малайзии в России Датук Яхья Баба, АСЕАН образовалась в результате политических интересов и интересов безопасности стран-членов. Поэтому неудивительно, что с самого начала этим вопросам уделялось основное внимание.

Политика регионализма была направлена также и на выработку политической линии поведения, которая препятствовала бы втягиванию стран субрегиона в конфликты внерегиональных государств, в сферы противоборства внешних сил и была своеобразной формой изоляционизма в целях консолидации организации.

Неслучайно АСЕАН стала первой в Азии жизнеспособной региональной организацией, свободной от участия империалистических держав, создавшей такой механизм урегулирования противоречий, который бы минимизировал угрозу распада еще неокрепшей Ассоциации.

В самой идее асеановского регионализма отразилось традиционное восприятие внешней среды как изначально враждебной интересам стран региона, источника угрозы их стабильности и безопасности.

Идеологическими установками АСЕАН были антикоммунизм и отказ от участия в глобальном противоборстве двух систем. Премьер Сингапура Ли Куан Ю заявлял, что асеановская солидарность объясняется общностью долгосрочных целей, которые сводятся к тому, чтобы оградить район от проникновения коммунистов и соперничества великих держав. В этих условиях сотрудничество в рамках Ассоциации началось с подавления пользовавшихся поддержкой Пекина партизанских движений в Индонезии, Малайзии, Таиланде. Вторым направлением этого политического сотрудничества объявлялось коллективное противодействие внешней угрозе.

Весь комплекс внутренних и внешних аспектов безопасности поставил страны Ассоциации перед необходимостью их политического осмысления и выработки в этой связи согласованных политических решений.

В поисках оптимального баланса в региональной и глобальной системах международных отношений, во взаимоотношениях с ведущими мировыми державами, определения степени сближения или дистанцирования от них министры иностранных дел стран АСЕАН на совещании в Куала-Лумпуре 27 ноября 1971 года принимают Декларацию о зоне мира, свободы и нейтралитета (ЗОПФАН) в ЮВА

Хотя это еще и не было окончательно оформленной внешнеполитической концепцией стран - членов Ассоциации, Декларация стала официальным подтверждением принципиального отличия АСЕАН от старых военно-политических блоков начала холодной войны.

Целью ее провозглашалось избавление региона от международной напряженности и достижение прочного мира в ЮВА при обеспечении за каждой расположенной здесь страной права на национальное существование, свободное от вмешательства извне.

Страны-участницы обязались принять меры с целью достижения международного признания этой зоны членами мирового сообщества.

Предусматривались: необходимость признания нейтрализации ЮВА со стороны великих держав (США, СССР, Китая); обязательность для всех стран региона противостоять внешнему вмешательству.

Концепция ЗОПФАН отражала стремление стран АСЕАН самим решать свою судьбу.

Противоборство между КНР и СССР в 60-е годы крайне негативно сказалось в дальнейшем на ходе войны во Вьетнаме, ситуации в Камбодже. Оно позволило США в течение 70-х годов и большей части 80-х годов разыгрывать против СССР «китайскую карту». В такой ситуации неизменно выдвигавшаяся МИД СССР идея «азиатской коллективной безопасности» многими, в том числе и странами АСЕАН рассматривалась лишь как пропагандистская. Большинство развивающихся стран Азии усматривало за этой идеей стремление СССР изолировать Китай.

Когда страны-члены АСЕАН по инициативе Малайзии предложили проект нейтрализации Юго-Восточной Азии, СССР в принципе поддержал его. «Рождается немало интересных инициатив, вдохновляемых заботой о мирном будущем Азии, таких, например, как идея нейтрализации ЮВА», - отмечали советские руководители. /10 При этом Советский Союз исходил из того, что его идея создания системы коллективной безопасности в Азии предложенная сразу же после столкновения на советско-китайской границе в 1969 году с целью поддержать статус-кво в Азии, убрать иностранные военные базы и одновременно не позволить Китаю заполнить вакуум в ЮВА и принятая странами-членами АСЕАН Декларация о нейтрализации ЮВА объективно имеют общие цели, что конечно отрицалось асеановцами.

Более того, в условиях продолжавшегося противоборства великих держав Джакартой же в отличие от малайзийцев был сделан акцент на использовании тактики «равной удаленности от великих держав», в рамках идеи «национальной сопротивляемости» возможным угрозам.

«Национальная сопротивляемость», по трактовке ее авторов, складывается из идеологической мощи, предполагающей успешное противодействие любой враждебной идеологии; политической мощи, опирающейся на внутриполитическую стабильность и активную внешнюю политику, экономической мощи, обеспечиваемой высоким жизненным уровнем населения и крупным промышленным потенциалом; культурной мощи, что тождественно национальной самобытности, и военной мощи, достаточной для отражения угроз извне и внутри страны.

По мнению индонезийских идеологов, достижение национальной сопротивляемости в каждой из стран АСЕАН могло создать «региональную сопротивляемость», выгодно отличающуюся от нейтрализации ЮВА, всилу независимости от гарантий других государств и, следовательно, способную обеспечить мир и стабильность в

Юго-Восточной Азии.

К середине 70-х годов ситуация в регионе ЮВА резко изменилась. В 1973 г, закончилась война в Индокитае; произошло сокращение военного присутствия США в ЮВА (переход к политике «низкого уровня»); начался процесс объединения Вьетнама; в Лаосе и Камбодже в 1975 году к власти пришли левые режимы. Такие перемены однозначно воспринимались как изменение баланса сил в пользу СССР или Китая. В этих условиях в конце февраля 1976 года на о. Бали (Индонезия) состоялось первое совещание глав государств и правительств Ассоциации.

Проведение первой встречи на высшем уровне диктовалось необходимостью дать оценку новой ситуации в ЮВА, подвести итоги начального развития Ассоциации, выработать новую стратегию и тактику.

Были приняты «Декларация согласия» и «Договор о дружбе и сотрудничестве» в Юго-Восточной Азии, которые завершили договорное оформление Ассоциации.

«Декларация согласия» содержала программу действий в различных сферах сотрудничества: политической, экономической, социальной, культурной и в деле обеспечения безопасности. В ней наряду с утверждением приверженности АСЕАН идее ЗОПФАН выдвигался принцип укрепления национальной и региональной сопротивляемости, который стал на практике основополагающим в асеановской концепции безопасности.

В «Декларации согласия», в частности, подчеркивалось, что стабильность в отдельных странах АСЕАН и регионе вносит существенный вклад в обеспечение международного мира и безопасности, и каждая страна-член Ассоциации, принимая меры по ликвидации внутренних угроз, укрепляет национальную и региональную сопротивляемость.

В «Договоре о дружбе и сотрудничестве в Юго-Восточной Азии» кратко сформулированы сущность и цели региональной сопротивляемости:

Высокие договаривающиеся стороны .... будут развивать сотрудничество во всех областях для содействия региональной сопротивляемости, которая основана на принципах опоры на собственные силы, взаимного уважения, сотрудничества и солидарности, образующих фундамент сильного и жизнеспособного сообщества государств в Юго-Восточной Азии.

В Договоре большой акцент делался на внутрирегиональном сотрудничестве и принципах, определяющих взаимоотношения стран региона, а также процедурах мирного урегулирования спорных проблем.

Он объявлялся открытым для подписания любым государством ЮВА. АСЕАН заняла прагматическую, неконфронтационную позицию в отношении Вьетнама, а также Лаоса и Камбоджи.

Специальное положение Декларации выводило военное сотрудничество, которое предусматривалось лишь на двустороннем уровне между странами - членами Ассоциации, за рамки АСЕАН, тем самым подтверждая ее роль как политико-экономической региональной организации, лишенной милитаристской направленности.

Принятая формулировка оставляла возможность поиска новых организационных форм военного сотрудничества. Оно должно было осуществляться по линии обмена разведывательной и военной информацией, стандартизации вооружений, кооперации строительства военных предприятий, проведения совместных учений и боевых операций против повстанцев, совместного пограничного патрулирования территориальных вод и т.п. Ограниченный уровень военных связей на двусторонней основе в целом устраивал асеановцев.

В оценке внешних угроз в тот период наблюдалось единство: на первый план выдвигалась угроза со стороны китайского коммунизма и поддерживаемых Пекином антиправительственных сил, что безусловно устраивало Москву.

Вместе с тем крах проамериканских режимов в Восточного Индокитае не мог не насторожить членов АСЕАН, которые понимали, что он станет сферой либо советского, либо китайского влияния, либо их соперничества, что одинаково не способствовало упрочению безопасности в ЮВА.

В СССР уделили достаточное внимание первому саммиту АСЕАН, однако критически расценили его результаты. Москва заявила, что он не смог конкретизировать концепцию ЗОПФАН, что принятые документы по своей сути декларативны. Осуждались также попытки империалистических сил и реакционных кругов разных стран навязать антикоммунистическое и военное сотрудничество странам АСЕАН с тем, чтобы сделать Ассоциацию своего рода преемником СЕАТО, роспуск которого (1977 год) приближался, чтобы сохранить конфронтации между АСЕАН и странами Восточного Индокитая.

Страны АСЕАН в ходе визита премьер-министра СРВ Фам Ван Донга отказались подписать предложенные вьетнамской стороной договоры о мире и дружбе, проявив единый подход. Внешнеполитические сдвиги конца 70-х годов - принятие СРВ в СЭВ, подписание договора с СССР осенью 1978 года и последовавший вслед за этим ввод вьетнамских войск в Кампучию с целью ликвидации режима Пол Пота, образование

Народной Республики Кампучии (НРК), установление «особых отношений» между тремя государствами Восточного Индокитая оценивалось в странах АСЕАН как нарушение военно-стратегического баланса сил в ЮВА.

В этих условиях на рубеже 70-80-х годов основную консолидирующую роль для членов АСЕАН играл внешний фактор - кризисная ситуация в регионе, сконцентрированная вокруг камбоджийской проблемы, которая приобрела характер долгосрочного конфликта.

В период обострения международной напряженности в первой половине 80-х годов в советском подходе к Азиатско-Тихоокеанскому региону непропорционально большой упор делался на чисто военные формы укрепления безопасности в ущерб обеспечению ее политическими и экономическими средствами, которые, правда, были весьма ограничены.

В такой ситуации неизменно выдвигавшаяся МИД СССР идея «азиатской безопасности» и «хельсинкская схема», предусматривавшая признание существовавших в Европе границ применительно к «азиатской безопасности», означала бы и признание социалистического Восточного Индокитая, (в составе СРВ, НРК и ЛНДР), что не вызывало энтузиазма у других стран Азии.

Урегулирование камбоджийской проблемы стало одним из самых сложных вопросов в системе международных отношений в ЮВА. От его разрешения во многом зависела не только дальнейшая судьба Камбоджи (в период с 1979 г. по 1989 г. - Народная Республика Кампучия), но и мир и стабильность в Юго-Восточной Азии и, в более широком смысле, в АТР. Эта проблема оказывала влияние на взаимоотношения великих держав: СССР, КНР и США, - каждая из которых руководствовалась своими собственными интересами, зачастую не только не совпадавшими, но и противоречившими друг другу.

Советский Союз приветствовал создание в декабре 1978 г. Единого Фронта национальоного спасения Кампучии во главе с Хенк Самрином, который призвал население страны к восстанию с целью «свержения реакционной клики Пол-Пота».

В то же время, мировое сообщество в большинстве своем не поддержало приход к власти в Камбодже в 1979 году нового правительства во главе с Хенк Самрином, расценив его как «марионеточное», провьетнамское.

В тот период появилось немало работ западных политологов, акцентировавших внимание на возрастании «советского фактора» в международных отношениях Юго-Восточной Азии. Роль СССР как «проецирующего свое влияние на регион» через Вьетнам оценивалось в них ка деструктивная. Для обоснования такой точки зрения использовался тезис о том, что присутствие и влияние СССР на ЮВА является следствием укрепления советско-вьетнамских связей на основе Договора от ноября 1978 г., имеющего характер стратегического союза. При этом они указывали на «беспрецедентное наращивание» численности и мощи советского флота в Южно-Китайском море, повышение его активности, ссылаясь на аренду у СРВ военно-морской базы в Камрани. Советский Союз аргументировал свои действия тем, что это была ответная реакция на долгосрочную и беспрецедентную для мирного времени деятельность американских ВМС у берегов Азии, создавших прямую угрозу безопасности СССР и дружественных ему стран. Москва заявляла, что вьетнамские войска находятся в НРК по просьбе законного правительства этой страны и покинут ее после того, как исчезнет угроза со стороны «внешних сил реакции».

События в Кампучии, приведшие к свержению кровавой диктатуры, встретили негативную реакцию со стороны стран АСЕАН. Их тесные связи с Западом, и прежде всего с США, которые пошли на блокирование с китайским руководством, привели к тому, что члены Ассоциации официально не осудили КНР за нападение на СРВ в феврале 1979 года. Их заявления о «строгом нейтралитете» фактически ставили агрессора и его жертву на одну доску и означали молчаливое потворство пекинским лидерам.

После ввода вьетнамских войск в Камбоджу и свержения режима Пол Пота в ЮВА четко обозначилось существование двух субрегиональных группировок. С одной стороны, оформился союз социалистических государств Индокитая - Вьетнама, Лаоса и Камбоджи. С другой - произошло укрепление сотрудничества государств, входящих в АСЕАН. В общеасеановском подходе акцент с китайской угрозы переместился на советскую и вьетнамскую.

С точки зрения АСЕАН, установление и развитие советско-вьетнамских союзнических связей и аналогичных связей СРВ с Лаосом и Камбоджей вело, во-первых, к превращению региона в арену взрывоопасного противоборства сверхдержав, во-вторых, к увеличению возможности не менее опасной открытой конфронтации «двух коммунистических гигантов» - СССР и КНР, после ввода советских войск в Афганистан в конце 1979 г..

Взаимодействие составляющих основных стратегических треугольников США – СССР- КНР, с одной стороны, и СРВ - СССР - КНР - с другой, сформировало тот комплекс внешних факторов, реакция на которые и концентрировалась в асеановских усилиях в сфере безопасности и в отношении СССР.

Хотя в начале 80-х годов трактовка основных положений концепции ЗОПФАН не подверглась значительным изменениям ее реализация сдерживалась наличием противоречий между Ассоциацией и тремя индокитайскими государствами: СРВ, НРК и ЛНДР, без участия которых претворение в жизнь идеи «зоны мира» было практически нереальным. Поэтому идея ЗОПФАН отошла на второй план, а концепция «национальной и региональной сопротивляемости» стала доминирующей в усилиях по обеспечению безопасности стран АСЕАН.

Тем не менее, несмотря на нажим Вашингтона, подталкивавшего асеановцев к превращению Ассоциации в военный блок, они считали, что образование военного союза неизбежно привело бы к углублению конфронтации со странами Восточного Индокитая, созданию взрывоопасной ситуации в регионе, дискредитировало бы идею нейтрализации ЮВА. Президент Сингапура Ли Куан Ю заявлял, что с коммунистическим влиянием целесообразнее бороться экономическим, политическим и социальным путем, поднимая уровень жизни народов стран АСЕАН, а не создавая новые военные блоки.

Лидерами АСЕАН безопасность ЮВА рассматривалась как установление такого регионального порядка, который способствовал бы минимизации или полному устранению возможной угрозы в отдельных странах и регионе в целом, а в рамках противоборства держав как определенная пассивность в холодной войне.

В асеановских столицах пришли к выводу, что проблемой является не создание регионального военного союза, а укрепление вооруженных сил каждой из стран Ассоциации.

По подсчетам Лондонского международного института стратегических исследований, на цели обороны стран АСЕАН в 1983 г. было выделено 8 млрд. долл. по сравнению с 5,5 млрд. долл. в 1977-1980 гг.

Но проявляя ярко выраженную тенденцию к военному сотрудничеству, хотя и в ограниченной форме, АСЕАН, оставалась политико-экономической организацией. СССР устраивал тот факт, что сотрудничество асеановской «шестерки»[*] по камбоджийской проблеме стало ядром политической, а не военной консолидации Ассоциации.

Поскольку внешняя политика АСЕАН осуществлялась в условиях сложной международной обстановки в Азии, которая характеризовалась активной деятельностью различных по своим целям и направленности сил, то геополитический фактор на протяжении 80-х гг. оказывал фактически решающее воздействие на мотивы поведения АСЕАН и в отношении СССР.

Ситуация начала меняться с приходом к руководству М.С.Горбачева и началом перестройки. Из всего комплекса советских инициатив наибольший интерес в АСЕАН вызвали стремление к скорейшему урегулированию региональных конфликтов и позиция Советского Союза относительно его военного присутствия в Юго-Восточной Азии.

Идеи, выдвинутые М.С.Горбачевым в июле 1986 г. во Владивостоке, были восприняты в АСЕАН как признак того, что СССР готов сыграть более активную роль в деле камбоджийского урегулирования политическими средствами на основе компромисса. СССР стал рассматривать решение этой проблемы в качестве одного из необходимых шагов, призванных улучшить международный климат, добиться перехода от конфронтации к сотрудничеству, нормализовать отношения с КНР и вплотную заняться перестройкой.

М.С.Горбачев заявил о важности Азиатско-Тихоокеанского региона для успешного проведения внутриэкономических преобразований, подчеркнул, что Советский Союз, будет расширять сотрудничество со странами АТР. В сфере безопасности он предложил следующее: 1) проведение тихоокеанской конференции типа хельсинкской 1975 г., 2) запрещение распространения и наращивания ядерного оружия, 3) проведение переговоров о сокращении активности на Тихом океане военных флотов, в первую очередь кораблей, оснащенных ядерным оружием, 4) сокращение вооруженных сил и обычных вооружений в Азии, 5) обсуждение мер доверия и неприменения силы.

Это выступление фактически систематизировало цели, методы и направления новой советской политики в АТР. В отличие от предшествующих советский инициатив по созданию системы безопасности в Азии, представляемых в конкретном и готовом виде, это было своего рода приглашением к совместному обсуждению проблем и поиску решений.

Однако стремление СССР переносить «хельсинкский процесс» на почву АТР игнорировало специфику данного региона, где в отличие от Европы, существовало много противоречий и конфликтов, поэтому оно не получило отклик со стороны АСЕАН и других стран региона.

Значительную эволюцию претерпела и позиция СССР по вопросу советского и американского военного присутствия в ЮВА. М.С. Горбачев заявил, что «если бы США отказались от военного присутствия, скажем, на Филиппинах, мы бы в долгу не остались» /11.

В интервью влиятельной индонезийской газете «Мердека» от 21

июля 1987 г. М.С. Горбачев развил эту программу, дополнив ее, в частности, предложениями о значительном снижении военной активности на Тихом и в Индийском океанах. Советский Союз поддержал объявленную в декабре 1987 г. Пномпенем идею национального примирения, расценив это как шаг создавший решающие предпосылки для продвижения вперед процесса политического урегулирования.

М.С. Горбачев заявляя, что хотел бы свести к минимуму военный фактор в АТР и создать международную систему безопасности, сократить морские вооружения, в речи в Красноярске в сентябре 1988 года объявил, что если США пойдут на ликвидацию военных баз на Филиппинах, то СССР будет готов, по согласованию с правительством СРВ, отказаться от пункта материально-технического обеспечения в бухте Камрань.

Однако эти инициативы Советского руководства не нашли поддержки ни США, ни их союзников в Азии. Но несмотря на это Москва продолжала делать попытки изменить ситуацию в Азии и определила свою политику следующим образом:

- свертывание военного присутствия в Восточной Азии в результате вывода войск из Монголии и сокращения численности сухопутных сил в восточных районах СССР;

- нормализация отношений с КНР с учетом позиции Китая относительно необходимости ликвидировать препятствия для улучшения советско-китайских отношений;

- нормализация отношений с Японией;

- установление дипломатических отношений с Южной Кореей в контексте оздоровления обстановки на Корейском полуострове.

В советской политике в Азии произошел принципиальный отход от блоковой, конфронтационной модели международных отношений. Был взят курс на поиск баланса интересов всех государств региона с тем, чтобы региональные проблемы и конфликтные ситуации решались сообща всеми заинтересованными сторонами - большими и малыми странами - сведя роль силового фактора к минимуму. СССР предпринял ряд односторонних шагов, направленных на укрепление доверия, уменьшение военного противостояния в регионе.

С июля 1987 г. Советский Союз практически перестал увеличивать количество ядерного оружия на азиатской части своей территории. Кроме того, в соответствии с Договором с США об уничтожении ракет малого и среднего радиуса действия были уничтожены аналогичные ракеты в азиатской части СССР.

Улучшение советско-китайских отношений, а также сближение позиции США и СССР в ходе советско-американских контактов на высшем уровне, процесс мирного урегулирования камбоджийской проблемы позволили АСЕАН возвратиться к концепции ЗОПФАН.

На третьей встрече в верхах по случаю 20-летия АСЕАН в Маниле в декабре 1987 года впервые была сформулирована позиция Ассоциации по глобальным проблемам, а идея ЗОПФАН была поставлена в повестку дня как стратегическая задача. При этом упор был сделан на создании в Юго-Восточной Азии зоны, свободной от ядерного оружия (ЗСЯО), которая объявлялась составным элементом концепции «зоны мира».

Малайзия, выступившая инициатором, взяла на себя обязательство разработать проект договора, приняв за образец заключенный в 1986 г. Договор о безъядерной зоне в южной части Тихого океана, известный как договор Раротонга.

В Маниле также был подписан Протокол поправок к Договору о дружбе и сотрудничестве в Юго-Восточной Азии, согласно которому странам за пределами АСЕАН давалась возможность присоединиться к нему. Прежде всего это был жест в сторону Восточного Индокитая, открывший возможности для асеановских антагонистов - СРВ, НРК и НДРЛ, стать участниками процесса региональной интеграции после урегулирования камбоджийской проблемы.

Новой формой решения проблем безопасности в ЮВА в период окончания холодной войны стали так называемые Джакартские конференции по Камбодже. АСЕАН и негласно лидировавшая в ней Индонезия не хотели упускать из своих рук инициативу в установлении субрегионального мира. Основания для таких претензий имелись - великие державы традиционно не доверяли друг другу. Вашингтон, а вслед за ним и Пекин прямо заявили, что будут следовать за АСЕАН в поисках выхода из камбоджийского кризиса. Инициативы АСЕАН были поддержаны М.С.Горбачевым в выступлении в Красноярске, когда он предложил сотрудничество и с США, и с Китаем в создании переговорного механизма по проблемам безопасности в АТР. Им был предложен проект из 7 пунктов для установления мира и безопасности в АТР. Анализ его содержания позволяет выделить следующие задачи. Во-первых, это ликвидация ядерного оружия в регионе. Во-вторых, необходимость сотрудничества всех государств, имеющих отношение к этому региону, с целью сокращения морских вооружений в АТР. В-третьих, создание комитета в составе представителей Республики Корея, Советского Союза, Японии, Китая и КНДР для решения проблемы сокращения воздушно-морских сил. В четвертых, отказ США от их военных баз, дислоцированных на Филиппинах, и СССР от военной базы в Камраньском заливе. В-пятых, в целях обеспечения безопасности и предотвращения инцидентов в открытом море и воздушном пространстве над ним проводить многосторонние совещания, связанные с решением этих проблем. В-шестых, созыв, международной конференции для обсуждения вопросов создания до 1990 г. зоны мира в Индийском океане. В-седьмых, учреждение совещательного органа для разработки и реализации этого проекта.

В декабре 1988 г. советское руководство объявило о планах сокращения своих вооруженных сил на азиатской территории страны на 200 тыс. человек, в том числе 120 тыс., дислоцированных на Дальнем Востоке. Начальник штаба ОВД генерал Лобов, посетивший Манилу в январе 1989 года, заявил, что придет время, когда СССР в одностороннем порядке откажется от своего военного присутствия в регионе. Тихоокеанский флот сокращался на треть. Из его состава было выведено 16 кораблей, из них 3 крупных надводных и 7 подводных лодок.

На обстановку в АТР весьма благоприятно повлияло завершение вывода советских войск из Монголии, Афганистана и вьетнамских - из Кампучии, и советских моряков с базы Камрань в СРВ.

Даже такие масштабные односторонние инициативы СССР не нашли поддержки у США. Вплоть до 90-х годов официальный Вашингтон подчеркивал, что холодная война в Азии, в отличие от Европы, еще не закончилась и что было бы преждевременным заниматься поисками архитектуры для новой эры, так как в Азии, не произошло изменения, равноценного краху Варшавского Договора в Европе.

Лишь в августе 1990 г, после переговоров в Иркутске Госсекретарь США Бейкер и министр иностранных дел СССР Э.Шеварднадзе официально заявили об окончании холодной войны в Азии, что как и в Европе, стало возможным ввиду политики компромиссных уступок в рамках нового политического мышления и улучшения отношений СССР с ведущими тихоокеанскими странами -США, Японией, Китаем.

Их сотрудничество со странами АСЕАН позволило в результате выйти на взаимоприемлемое решение, реализация которого в конце концов сняла камбоджийский вопрос с международной повестки дня в ходе двух этапов Парижской конференции по Камбодже 1989 и 1991 года.

§ 2. РФ – АСЕАН: к тихоокеанскому согласию

АСЕАН в целом спокойно пережила окончание холодной войны и крах двухполюсного мира прежде всего потому, что ей удалось дистанцироваться от борьбы двух систем и играть «свою игру».

Что же касается внешней угрозы обычно консолидирующей позиции АСЕАН, то она, по мнению лидеров Ассоциации, не исчезла, а лишь видоизменилась. Учитывая, что Россия уже исключалась из числа потенциальных источников нестабильности в АТР, а также перемены в американских региональных приоритетах, проявившихся в ликвидации баз на Филиппинах, на авансцену региона вышел Китай.

В этой связи в странах АСЕАН краткосрочные и среднесрочные перспективы сохранения мира и стабильности в Юго-Восточной Азии оценивались в целом как достаточно благоприятные, за исключением района Южно-Китайского моря, что связывали с позицией КНР. В целом же, как подчеркивали аналитики АСЕАН, в регионе исчезла прямая угроза со стороны крупных держав.

Проблемы же военно-политической безопасности в сфере двусторонних отношений между странами ЮВА находились на еще более низком уровне конфликтности. Большинство из них осталось в латентном состоянии и непосредственной угрозы для региональной безопасности, по мнению асеановских аналитиков, не представляет.

Обеспечив в начале 90-х годов региональную в масштабах всей ЮВА безопасность, АСЕАН превращается в инициирующий фактор создания системы безопасности в АТР.

Главы государств и правительств стран-членов АСЕАН на саммите в Сингапуре в 1992 г. урегулирование существующих и предотвращение новых конфликтов в регионе и более общую задачу - обеспечение стабильности, мира и безопасности в ЮВА предлагали обеспечить на региональном уровне преимущественно политическими методами.

С этой целью лидеры АСЕАН заявили о том, что они приветствуют присоединение всех стран ЮВА к Договору о дружбе и сотрудничестве, имея ввиду в перспективе вступление стран Восточного Индокитая и Мьянмы в АСЕАН. В Сингапурской декларации содержался призыв расширить Ассоциацию за счет новых членов из ЮВА, создать безъядерную зону в регионе и приглушить конфликт вокруг архипелага Спратли.

В результате изменения общего баланса сил в АТР, резкого сокращения политической и военной роли Вьетнама в Восточном Индокитае, а также быстрого усиления военно-стратегических позиций Китая в этом регионе трансформировалась и сущность концепции ЗОПФАН. Если раньше она была направлена в основном как бы внутрь организации, то в 90-е годы начала приобретать все более региональный и суперрегиональный характер, охватывая всю ЮВА и весь АТР в целом.

Новый подход, по мнению российского востоковеда В.Ф.Урляпова, строился на идеях так называемого открытого регионализма, которые предполагают участие асеановских стран во всех важнейших экономических и политических инициативах в АТР, направленных на обеспечение безопасности. Это, в частности, выразилось в том, что если ранее такие крупнейшие представители АСЕАН, как Индонезия и Малайзия, достаточно негативно относились к вовлеченности великих держав в решение субрегиональных проблем, то теперь участие четырех ведущих стран АТР - США, Японии, Китая и России - в решении проблем безопасности ЮВА активно приветствовалось.

Концепции, которые были созданы для решения проблем, возникавших во время холодной войны, были переориентированы на новый этап в развитии международных отношений, и главной проблемой для АСЕАН стало не то, как избежать вовлеченности внешних держав в дела ЮВА, а поддержание стабильного баланса между ними в АТР. Приобрела популярность теория, согласно которой максимальная открытость асеановских стран для внешнего мира, гарантирует им обеспечение безопасности.

Необходимо стало учитывать и возрастающее значение невоенных факторов нестабильности. На первый план вышли так называемые «новые вызовы»: экономическая безопасность (решение проблем экономического роста, неравномерности развития, борьбы за источники сырья), экологическая безопасность, а также решение демографических, продовольственных проблем, борьба с наркобизнесом, транснациональной преступностью, проблема морского пиратства.

Неизменная установка АСЕАН как организации - избавление ЮВА от доминирования внерегиональных держав делала для Ассоциации неприемлемым установление в мире монополярной модели. Многополюсность - естественная цель асеановского подхода к преобразованию международных отношении, поэтому «открытый регионализм» предполагал подключение к взаимодействию по вопросам обеспечения региональной безопасности всех государств АТР, включая США, Россию, Китай, Японию, Индию, что отразило стремление стран-членов АСЕАН обеспечивать безопасность в регионе не столько на основе «баланса сил», сколько на основе «баланса интересов».

Требовалось гармонизировать усилия всех заинтересованных держав с целью создания новой модели поддержания стабильности и безопасности в Азиатско-Тихоокеанском регионе на основе многостороннего диалога и сотрудничества.

Инициативу организации такого многостороннего диалога взяла на себя АСЕАН, объединявшая к тому времени наиболее динамично развивавшиеся страны ЮВА.

В конце 80-х - начале 90-х годов в политических кругах государств АТР дискуссии фокусировались вокруг нескольких основных инициатив по созданию структуры безопасности. Предлагавшийся Австралией азиатский вариант СБСЕ предусматривал механизм взаимодействия в форме многосторонней министерской конференции; американцы выступили с инициативой расширения формата АТЭС за счет военно-политических вопросов, параллельно США выдвигали идею создания нового тихоокеанского сообщества; а РФ - системы коллективной безопасности в регионе. Предлагалось также обсуждать вопросы безопасности на встречах военных руководителей стран региона, проводившихся на базе организуемых американцами семинаров по линии Главного командования сил США на Тихом океане.

Угроза того, что эта важнейшая тематика окажется под патронажем одной из великих держав, да еще и с ограниченным, а не широким участием всех политических сил в регионе (в состав АТЭС в то время не входили Индия и Россия, на военные семинары не приглашался кроме них и Китай), означала, что инициатива в решении вопросов стабильности уйдет от асеановцев, и им придется безоговорочно ориентироваться на Вашингтон и его союзников.

Асеановская дипломатия отвергла все вышеуказанные идеи, исходя из того, что предлагавшиеся ими региональные механизмы неизбежно оказались бы под контролем региональных лидеров АТР - великих держав.

Так как в АТР не было структур и механизмов для решения актуальных военно-политических проблем, в первую очередь для обеспечения безопасности, это в итоге послужило для большинства стран региона стимулом к поиску собственного азиатского механизма, способного на ранних стадиях улаживать конфликты и содействовать мирному разрешению противоречий.

Если в годы холодной войны рост влияния одних держав тут же «компенсировался» «приглашением» странами АСЕАН в регион других, то в 90-е гг. интенсивное развитие внешнеполитического диалога АСЕАН с ведущими мировыми державами и центрами силы позволило создать форум для рассмотрения проблем безопасности.

Основа такого механизма была заложена на IV встрече на высшем уровне 1992 года в Сингапуре, в декларации которой подчеркивалась необходимость проведения с партнерами по диалогу после встреч министров иностранных дел АСЕАН консультаций по вопросам обеспечения безопасности в регионе. Путем повышения роли диалоговой системы с ведущими державами АТР лидеры АСЕАН стремились оказывать влияние на их политику в регионе и побудить их принять асеановские правила игры.

Было предложено создать под эгидой АСЕАН с широким представительством, но без властных полномочий форум для рассмотрения вопросов стабильности и безопасности в Азиатско-Тихоокеанском регионе в целом. Подобный подход совпадал с российскими представлениями о новой модели обеспечения безопасности в АТР на основе сотрудничества.

Важной составляющей регионального взаимодействия по вопросам безопасности, генератором идей стала оформленная в 1993 г. неформальная диалоговая структура Азиатско-тихоокеанский совет сотрудничества по вопросам безопасности (АТССБ), объединившая ученых и специалистов-международников различных стран региона.

Статус России как ведущей ядерной и крупнейшей евроазиатской державы, постоянного члена Совета Безопасности ООН, а также необходимость защиты и продвижения национальных интересов на Азиатско-Тихоокеанском направлении безусловно требовали подключения страны к этому и другим механизмам поддержания региональной безопасности.

В конце июля 1993 г. расширенная конференция министров иностранных дел стран-членов АСЕАН в Сингапуре с участием представителей стран-наблюдательниц, включая Россию и т.н. партнеров по диалогу приняла решение об учреждении нового консультативного органа для координации политики в области безопасности – Регионального Форума АСЕАН (АРФ).

25 июля 1994 года в Бангкоке состоялось первое заседание Форума АСЕАН, в работе которого приняли участие министры иностранных дел стран АСЕАН, партнеров Ассоциации по диалогу (США, Япония, Канада, Австралия, Новая Зеландия, Южная Корея, ЕС) и по консультациям (Россия, Китай, Вьетнам, Лаос), и наблюдателя - Новая Гвинея - всего 18 государств. Члены АСЕАН считают Форум механизмом, позволяющим создать свою азиатскую систему региональной безопасности, поскольку Ассоциации «не понравилась» Хельсинская модель с ее институционным подходом и упором на права человека. АРФ поставил своей задачей «развивать конструктивный диалог и консультации по представляющим взаимный интерес вопросам политики и безопасности». АРФ воплощал в

себе асеановский принцип «открытого регионализма» (сплочение внутри региона ЮВА и одновременно сотрудничество с внешним миром), а также ещё раз подтверждал роль АСЕАН как ведущей организации в структурировании безопасности в ЮВА и в АТР в целом. Создание АРФ явилось первым шагом, направленным на образование структур обеспечения безопасности в АТР.

АРФ предоставил возможность ведущим державам взаимодействовать друг с другом. В условиях, когда отношения между РФ, США, Китаем и Японией стали определяющими в обеспечении стабильности в АТР, но эти страны еще не достигли взаимопонимания по вопросам безопасности, АРФ является единственным форумом, где они могут встретиться для такого диалога. Державы устраивал тот факт, что Ассоциация выступила в качестве равноудаленной от основных мировых центров «площадки» для проведения регулярных встреч, а сложившиеся в Ассоциации механизмы согласования решений и процедуры, основанные на учете интересов каждого партнера, гарантируют, что ни одна страна или группа стран не сможет в многостороннем формате навязывать какие-либо неприемлемые решения.

Концепция безопасности, основанная на сотрудничестве, исходит из принципа общего участия. Это участие не предполагает обязательного наличия формальных институтов взаимодействия, напротив, поддержание неформального диалога представляется более эффективным, что и нашло свое отражение в деятельности АРФ.

Участники АРФ одобрили цели и принципы асеановского Договора о дружбе и сотрудничестве в качестве кодекса международных отношений и уникального дипломатического инструмента международного сотрудничества, а также асеановский принцип консенсуса. Таким образом, мировое сообщество признало и позаимствовало асеановский дипломатический механизм.

Приглашене России в качестве члена Регионального Форума фактически было признанием стратегических позиций России в регионе и ее влияния на процессы, происходящие в нем. В выступлении на Форуме в Бангкоке 25 июля 1994 года А.В. Козырев заявил, что в России расценивают его как начало процесса, ведущего в будущем к созданию регионального сообщества безопасности.

А.В. Козырев от лица России высказался за укрепление режима нераспространения ядерного оружия, представил на обсуждение предложения о разработке кодекса и регистра торговли оружием в регионе, создании регионального центра мониторинга и контроля за передачей технологий военного и двойного назначения.

Он предложил начать разработку многосторонних мер доверия в регионе путем создания «горячих линий» связи между странами - участницами Форума:

- обеспечения прозрачности военных доктрин и бюджетов; установления контактов между военными ведомствами, командованием родами войск; уведомления об учениях и маневрах, приглашение на них иностранных наблюдателей;

- создания зон и рубежей ограниченной активности ВМС в проливах на оживленных морских коммуникациях; прекращения испытаний оружия и проведения учений в этих акваториях;

- заключения соглашений о предотвращении опасной военной деятельности;

Дискуссия показала, что участникам Форума оказалась близка предложенная Россией цель - создание сообщества безопасности в Азии и на Тихом океане.

В итоге участники форума высказали одобрение российским предложениям и заявили, что не представляют себе продвижения к безопасности в АТР, а тем более ее достижения без участия Российской Федерации.

Присоединение в 1995 г. к АСЕАН Вьетнама, второй в регионе страны после Индонезии по численности населения, обладающей значительным материальным потенциалом, существенным образом меняло баланс сил в регионе, в частности в Южно-Китайском море, где не прекращается спор вокруг принадлежности островов архипелага Спратли. К тому же АСЕАН с помощью нового члена - Вьетнама - вышла к южным границам своего главного «визави» в Азии - континентального Китая и объективно стала еще более заинтересована в сотрудничестве с РФ.

1 августа 1995 года состоялся второй Асеановский региональный форум с участием 19 министров иностранных дел стран АСЕАН и партнеров по диалогу в Дар-эс-Саламе (Бруней), где были приняты «концептуальные основы» деятельности АРФ.

Основной целью АРФ провозглашалось содействие миру, безопасности, стабильности и процветанию в Азиатско-Тихоокеанском регионе. Важным моментом явилось признание участниками АРФ того факта, что концепция всеобъемлющей безопасности включает в себя не только военные, но и политические, экономические, социальные и другие аспекты.

В документе особый упор был сделан на поэтапный подход и достижение консенсуса, столь импонирующие азиатскому менталитету. Постоянно подчеркивалось., что АРФ - это «развивающийся процесс», при котором продолжение движения не менее важно, чем конечный результат, а неформальность - ключ к успеху.

В частности, было намечено, что деятельность АРФ, направленная на достижение поставленной цели в три этапа:

• на первом этапе Форум будет содействовать становлению мер доверия в АТР;

• на втором - развитию механизмов превентивной дипломатии,

• на третьем - налаживанию механизмов урегулирования конфликтов в регионе.

Были определены и организационные вопросы работы АРФ. В основу правил и процедур положены преимущественно практикуемые в АСЕАН нормы: решения принимаются консенсусом на основе консультаций без голосования и не носят юридически обязывающего характера. Ежегодные министерские сессии являются высшим органом Форума, в ходе которых обсуждается весь комплекс проблем, затрагивающих безопасность стран-членов и региона в целом, определяются дальнейшие направления и формы сотрудничества в этой сфере. Они проводятся в столице одного из асеановских государств (в порядке ротации) сразу после завершения очередного совещания министров иностранных дел стран-членов АСЕАН. Заступающий в должность на следующий срок председатель Постоянного комитета АСЕАН возглавляет также и деятельность АРФ. В межсессионный период созываются совещания старших должностных лиц на уровне заместителей министров иностранных дел на которых также обсуждаются наиболее актуальные проблемы АТР, подводятся итоги сотрудничества за год и готовятся рекомендации для доклада министрам на очередной конференции.

Рассмотрение вопросов ведется ограниченным составом представителей (от каждой страны - министр и два эксперта). Повестка дня определяется заранее, однако не носит жестко фиксированного характера. Свободный ход дискуссии предполагает обсуждение любых тем, касающихся региональной безопасности.

Учитывая деликатный характер многих вопросов, рассматриваемых участниками АРФ, было решено, что деятельность Форума между сессиями будет осуществляться по двум направлениям: мероприятия, проводимые по официальной, межправительственной линии (так называемая «первая дорожка» - Track One), и мероприятия на неофициальном уровне (семинары, «круглые столы» и т.д.), в работе которых будут принимать участие представители научных, общественных и других неправительственных кругов, а также выступающие в частном качестве официальные лица (так называемая «вторая дорожка» - Track Two). Взаимные усилия «первой» и «второй дорожек», по мнению идеологов АРФ, внесут огромный вклад в становление мер доверия в регионе.

На втором Форуме АРФ все участники зафиксировали, что АСЕАН берет на себя обязательство быть основной движущей силой в АРФ.

А.Козырев заявил, что АРФ представляет собой великолепный механизм для совместного поиска новой модели безопасности в Азиатско-Тихоокеанском регионе, - механизм, который отражает характерные черты региона и сможет, достойно противостоять угрозам региональной безопасности.

На форуме Москва представила проект декларации «О принципах безопасности и стабильности в АТР», некоторые положения которого были использованы в документах Форума.

Было одобрено предложение Российской Федерации провести весной 1996 года в Москве совещание экспертов стран-членов АРФ по обсуждению российского проекта декларации «О принципах безопасности и стабильности в Азиатско-Тихоокеанском регионе», который в Брунее в свете спора вокруг островов Южно-Китайского моря был расценен как важный вклад в выработку «кодекса поведения» стран АТР.

АРФ-2 показал, что он в силу своей представительности, географического охвата и масштабности обсуждаемых проблем становится важным инструментом обеспечения безопасности и стабильности не только на региональном, но и глобальном уровне. Но участие РФ в его работе оставалось пока единственным эффективным проявлением ее сотрудничества с Ассоциацией.

14-15 декабря 1995 г. в Бангкоке проходила 5-я встреча в верхах стран АСЕАН. Ассоциация подтвердила свое стремление активизировать переговорный процесс в рамках регионального форума по проблемам безопасности при сохранении в нем своей центральной роли. Важным итогом встречи стали подписание десятью странами субрегиона Договора о создании в ЮВА зоны, свободной от ядерного оружия, что рассматривалось как важный и неотъемлемый шаг на пути реализации идеи ЗОПФАН. После вступления документа в силу ядерные державы могли присоединиться к нему в качестве гарантов безъядерного статуса ЮВА путем подписания дополнительного протокола.

В Бангкоке было решено расширить повестку дня АРФ в области обеспечения безопасности, включив в нее такие проблемы как корейский вопрос, обстановка в районе Южно-Китайского моря, в Южной Азии и др.

Учитывая, что большой объем работ по согласованию вопросов безопасности осуществляется в неофициальном формате (встречи «второй дорожки»), которые дают концептуальную пищу дискуссиям по официальной линии, Россия организовала первый международный семинар по принципам безопасности и стабильности в АТР, прошедший в Москве в апреле 1996 г. Признанием позитивного вклада России в региональное сотрудничество в АТР стало предоставление ей в 1996 году накануне встречи Форума в Джакарте статуса полномасштабного партнера АСЕАН по диалогу.

Новые шаги по укреплению безопасности и сотрудничества в АТР обсуждались на третьем региональном форуме АСЕАН, который состоялся в Джакарте (июль 1996 г.). В работе совещания принимали участие делегации уже 21 государства. Новыми странами-участниками стали Камбоджа, Мьянма и Индия.

Оставаясь консультативным по форме, Форум, тем не менее, продемонстрировал, что он постепенно начинает играть роль единственного и своего рода уникального переговорного механизма по вопросам безопасности, позволяющего сопоставлять и согласовывать позиции стран, подводить их к компромиссным решениям в сфере мер доверия, принципов межгосударственных отношений.

Делегация России, которую возглавил министр иностранных дел Е.М.Примаков, заявила, что Россия поддерживает идею создания в Юго-Восточной Азии зоны, свободной от ядерного оружия, и подтверждает готовность России присоединиться в соответствующей форме к Балийскому договору 1976 года о дружбе и сотрудничестве в ЮВА.

С российской стороны внимание участников Форума было привлечено к подписанному между Россией, Казахстаном, Киргизией, Таджикистаном и Китаем в апреле 1996 года в Шанхае Соглашению об укреплении доверия в военной области в районе границы.

Внесенная Россией инициатива - международные семинары по разработке принципов безопасности и стабильности в АТР была отмечена в позитивном плане участниками Форума, высказавшимися за продолжение этой практики в рамках выработки «кодекса межгосударственного общения» стран АТР.

На третьей встрече АРФ в июле 1996 г. была образована еще одна рабочая группа - совещание по оказанию помощи при стихийных бедствиях.

В 1997 г. МИД РФ активно работала в направлении создания системы безопасности в АТР. Глава российской делегации, заместитель министра иностранных дел Российской Федерации Г. Б. Карасин, выступая в мае 1997 года в Малайзии на встрече старших должностных лиц (СДЛ) стран-участниц АРФ, сделал акцент на разъяснении практического и концептуального вклада РФ в укрепление безопасности в АТР, на подписанных в Москве российско-китайской декларации и пятистороннем соглашении по мерам доверия и по сокращению вооруженных сил вдоль общей границы, проинформировал о шагах России по расширению сотрудничества с АСЕАН.

В июле 1997 года в Малайзии прошла «неделя» АСЕАН, открывшаяся четвертым региональным форумом по безопасности. «Назрел вопрос о переходе к практическим шагам, реальной демонстрации готовности отойти от менталитета «холодной войны»,- так прокомментировал Е. М. Примаков задачи государств АТР. /12

Проводя курс на активную дипломатию «по всем азимутам», Россия выступила с большим количеством инициатив. Среди них: создание условий для поддержания ядерными державами договора о Зоне, свободной от ядерного оружия в ЮВА, присоединение к асеановскому Договору о дружбе и сотрудничестве, выработка кодекса норм и принципов взаимоотношений в регионе на базе, в частности, российского документа «О принципах безопасности и стабильности в АТР».

Российская делегация предложила предпринять шаги по укреплению доверия в районах общих границ стран - членов АРФ, осуществить дополнительные стабилизационные меры: отказаться от проведения военных учений, направленных против соседнего государства, установить прямые связи между штабами ВС, исключить на взаимной основе из военных доктрин упоминания друг друга в качестве потенциальных противников, закрепить в военных доктринах положения о готовности рассматривать друг друга в качестве партнеров по укреплению безопасности.

Министр иностранных дел предложил создать действенный механизм по обнаружению зарождающихся конфликтов, представлять в асеановский форум по безопасности более подробные данные, чем в ООН по отдельным видам вооружений, способным, дестабилизировать ситуацию в регионе.

Особо отметив ключевую роль Ассоциации в АРФ, Е.М.Примаков заявил, что Россия неизменно заинтересована в диалоге с АСЕАН как с самостоятельным полюсом силы и политического влияния в формирующемся многополярном мире и готова к конкретному обсуждению вопроса о постепенном переходе к следующему этапу деятельности Форума - превентивной дипломатии, естественно, с учетом позиции каждой страны-участника с упором на практическую реализацию согласованных и обсуждение новых мер доверия и параллельно начать обсуждение тех вопросов, которые находятся на стыке с превентивной дипломатией.

Высказав убеждение, что АРФ на правильном пути, и Россия видит в нем основообразующее звено формирующейся в АТР системы безопасности, Е. М. Примаков предложил параллельно с согласованием мер доверия в военной области на многосторонней основе продолжать линию на укрепление мер доверия в двусторонних отношениях, в первую очередь между странами, имеющими общие границы, отметив, что удачным примером этого стали соглашения между Китаем, а также Россией, Казахстаном, Киргизией и Таджикистаном. С учетом того, что в последнее время в АРФ явно набирает динамику тема сотрудничества на море и, считая это направление одним из наиболее перспективных для укрепления доверия между участниками Форума, российская делегация представила целый пакет мер в этой области.

Министр иностранных дел РФ сообщил, что российская сторона подготовила обобщенный проект Декларации о руководящих принципах взаимоотношений в АТР - «Тихоокеанское согласие» с тем, чтобы вынести его на обсуждение участников планируемой Владивостокской конференции в рамках неофициального формата, а итоги этого обсуждения доложить министерской сессии АРФ.

Участники АРФ дали высокую оценку подписанной Российской Федерацией и КНР в апреле 1997 г. Декларации о многополярном мире и формировании нового международного порядка, а также Шанхайскому соглашению о сокращении вооруженных сил в районе границ между Россией, КНР, Казахстаном, Киргизией и Таджикистаном, что было расценено как пример превентивной дипломатии и упрочения безопасности на принципах равноправного сотрудничества, с учетом интересов друг друга и окружающего мира. Россия призвала всех участников АРФ присоединиться к Договору о всеобъемлющем запрещении ядерных испытаний, а также к соблюдению Договора о нераспространении ядерного оружия.

Вместе с тем министр иностранных дел РФ отметил, что у России, как к у других ядерных держав, есть ряд известных замечаний по Договору о безъядерной зоны в ЮВА, вступившему в силу в марте 1997 года, а также по Протоколу о присоединении к нему других государств, которые она готова обсудить.

Россия предложила по «возможности» привлечь КНДР к участию в Форуме, что могло бы способствовать обеспечению мира и стабильности на Корейском полуострове. Российские идеи и инициативы нашли отражение в итоговом документе сессии, где говорится о важности развития позитивных отношений между Российской Федерацией и странами АТР.

У участников АРФ постепенно формировалось понимание реальности угроз и невоенного характера, так называемых «новых угроз безопасности», таких как: разбалансированность валютно-финансовой системы (приведшая к разрушительному азиатскому кризису 1997-1999 годов), нарастание торгово-экономических противоречий, ухудшение экологической ситуации на планете, обострение социально-экономических проблем в ряде стран, продовольственная проблема, международный наркобизнес и терроризм.

В 1998 г. в своем выступлении на пятой сессии Асеановского регионального форума в Маниле Е.М. Примаков констатировал, что валютно-финансовый кризис, начавшийся в Восточной Азии, внес тревожные моменты в региональную обстановку, и заявил о готовности России подключиться к коллективным усилиям по поиску путей выхода из сложившейся ситуации, принять конструктивное участие в их обсуждении.

Е.М. Примаков констатировал, что подземные ядерные испытания в Южной Азии весной 1998 г. серьезно дестабилизировали региональную и глобальную ситуацию, и высказался за придание режиму нераспространения универсального характера за счет присоединения к нему всех без исключения государств, в том числе, разумеется, Индии и Пакистана.

Выступая за постепенный переход к следующему этапу деятельности Форума — превентивной дипломатии, российский министр иностранных дед особо подчеркнул заинтересованность России в диалоге с АСЕАН как с самостоятельным полюсом силы и политического влияния в формирующемся многополярном мире и участии в АРФ – основообразующем звене формирующейся в АТР кооперативной безопасности.

В качестве своего вклада в развитие межсессионной деятельности АРФ Россия провела в апреле 1999 г. в Москве встречу по одному из наиболее актуальных направлений сотрудничества - ликвидации последствий стихийных бедствий, а в апреле 1999 г. во Владивостоке состоялась международная конференция под девизом «К всеобъемлющей безопасности и сотрудничеству в АТР», на которой на обсуждение участников был вынесен обобщенный российско-асеановский проект Декларации о руководящих принципах взаимоотношений в АТР под названием «Тихоокеанское согласие». Сопредседателями конференции стали ректор Дальневосточного государственного университета В.И.Курилов и ректор МГИМО (У) А.В.Торкунов. Российскую делегацию на конференции возглавлял А.П.Лосюков, Генеральный секретарь МИД России. В основу проекта декларации был положен принцип добровольного соблюдения международного права, включая Устав ООН. В этом документе должное внимание уделялось также современной тенденции к формированию качественно новой многополярной системы коллективной безопасности государств. Поскольку региональная безопасность является составной частью всеобщей безопасности, в проекте предусматривалась поддержка повышения эффективности деятельности ООН. Цель проекта состояла в том, чтобы с учётом общемирового опыта и специфики АТР выявить доминирующие принципы цивилизованных отношений государств в регионе, которые должны составить основу формирования здесь нового регионального порядка XXI века.

Натовские бомбежки Югославии весной 1999 г., осуществлённые в обход Совета Безопасности ООН, поставили под вопрос позитивные результаты, наработанные в международных отношениях за последнее десятилетие, породили беспокойство государств за свою безопасность, в том числе и в АТР.

Однако, в своем выступлении на шестой сессии АРФ в Сингапуре в 1999 г. новый министр иностранных дел Российской Федерации И.С. Иванов охарактеризовал положение в АТР в целом как стабильное. Он отметил, что, несмотря на осложнение ситуации в мире и в АТР, можно считать, что позитивную динамику, обретённую с момента после окончания глобальной биполярной конфронтации, удалось сохранить.

На седьмой сессии АРФ в Таиланде в 2000 г. Россия подтвердила свою позицию в отношении поэтапного и комплексного движения всех пяти ядерных держав к цели ядерного разоружения, ещё раз заявила о своей поддержке усилий стран АСЕАН по созданию безъядерной зоны в Юго-Восточной Азии, отметив, что эта безъядерная зона - реальный вклад в нераспространение ядерного оружия и упрочнение региональной стабильности.

Российская делегация выразила озабоченность планами США и Японии по созданию систем противоракетной обороны театра военных действий (ПРО ТВД) в Северо-Восточной Азии, указав, что их реализация узким составом участников и без учёта интересов других стран может привести к подрыву сложившегося баланса сил, возрастанию напряжённости в конфликтных точках АТР, новому витку региональной гонки вооружений. И.С. Иванов отметил, что растущую поддержку в регионе получают идеи построения многополюсного мира, который отражал бы складывающиеся новые реалии, повышал степень сбалансированности международных отношений в целом. Ещё раз был подтверждён конструктивный вклад в этот процесс представительств военных ведомств и необходимость дальнейшего расширения их участия во всех мероприятиях Форума.

Проект Декларации о руководящих принципах в АТР «Тихоокеанское согласие», обсуждённый на Владивостокской конференции, был признан участниками приемлемой основой для продолжения дискуссии.

Российская сторона добивалась сохранения и наращивания позитива, накопленного за последние годы в региональных делах, в том числе путём дальнейшего повышения эффективности деятельности существующих в АТР структур диалога, прежде всего, самого АРФ. Высокую оценку участников Форума получила информация о практическом вкладе России в развитие процесса АРФ. Это - проведение Московского заседания экспертов по проекту Декларации о руководящих принципах взаимоотношений в АТР «Тихоокеанское согласие», а также заседания по сотрудничеству в ликвидации последствий стихийных бедствий, состоявшейся в Ханое под сопредседательством России и Вьетнама.

Рассматривая ситуацию в АТР Президент В.В.Путин констатировал, что к сожалению, в регионе по-прежнему сохраняется немало «горючего» материала. На пороге третьего тысячелетия здесь нашли питательную среду терроризм, религиозный экстремизм и сепаратизм, транснациональная преступность. До конца не преодолено и взаимное недоверие, порожденное многими годами отчуждения. «По этим вопросам мы настойчиво ищем взаимоприемлемые решения на всех уровнях, во всех организациях, созданных для этих целей». /13

В 2001 г. в Ханое на восьмой сессии регионального форума АСЕАН министр иностранных дел РФ заявил о необходимости наращивания усилий мирового и регионального сообществ в целях обеспечения стратегической стабильности, укрепления режимов ракетного и ядерного нераспространения.

И.С.Иванов подчеркнул, что актуальной остается задача более тесного взаимодействия стран региона в целях сохранения и приумножения позитива, накопленного за последние годы в АТР. Этому призвано содействовать повышение эффективности действующих в АТР структур диалога, прежде всего самого АРФ.

В этом контексте важное значение имела дискуссия о направлениях его будущей деятельности. Принятие сессией Концепции и принципов превентивной дипломатии применительно к АТР стало, несомненно, значительным шагом на пути укрепления АРФ и повышения его потенциала реагирования на новые вызовы в области региональной безопасности.

Беспрецедентный вызов, брошенный международными террористами всему цивилизованному человечеству 11 сентября 2001 года, заставил участников диалога по-новому взглянуть на иерархию вызовов и угроз в АТР, выдвинув на первый план в региональной повестке дня задачу совместной борьбы с террором. Отмечалось, что АРФ учитывая его всеобъемлющий и универсальный характер, может составить организационную основу сотрудничества в противодействии терроризму, став, таким образом, органической частью глобальной контртеррористической системы.

В октябре 2001 г. Председатель АРФ выступил с заявлением, осуждающим терроризм, а в ноябре 2001 г. была принята на 7-м саммите Ассоциации Декларация о совместных действиях в борьбе с терроризмом. Террористическая атака на США способствовала более тесному сотрудничеству стран АСЕАН, которые опасаются общей угрозы со стороны радикальных исламистов (около половины населения ЮВА - мусульмане), а также со сторона сепаратистских движений, часто действующих под религиозными лозунгами.

Тематика борьбы с терроризмом широко обсуждалась на девятой сессии АРФ в Брунее летом 2002 г. К брунейской сессии были подготовлены Декларация АРФ о финансовых мерах противодействия терроризму и набор контртеррористических рекомендаций участникам Форума, что позволило сделать важный шаг на пути налаживания взаимодействия государств региона в борьбе с терроризмом, превращения АРФ в организационную базу сотрудничества в противодействии новым угрозам и вызовам безопасности.

Оценивая развитие министры констатировали, что террористические акты 11 сентября 2001 года в США оказали сильнейшее воздействие на обстановку в области безопасности, признали важность усиления всеобщей глобальной кампании по противодействию терроризму. Они подтвердили приверженность принципам, зафиксированным в соответствующих резолюциях СБ ООН, касающихся предотвращения и противодействия актам терроризма.

Были также одобрены региональные и международные усилия по борьбе с ним, в частности Декларацию экономических лидеров АТЭС, принятую в октябре 2001 года в Шанхае, Декларацию 7-го саммита АСЕАН о совместных действиях против терроризма, принятую в ноябре 2001 года в Бандар-Сери-Бегаване, Декларацию Шанхайской организации сотрудничества и провозглашенные пятым саммитом «АСЕАН+3» в 2001 году обязательства лидеров государств-участников вести совместную работу по противодействию терроризму, а также Алмаатинский акт и Декларацию об устранении терроризма и содействии диалогу между цивилизациями, принятые на первом саммите Совещания по взаимодействию и мерам доверия в Азии (СВМДА). Министры подтвердили приверженность усилению двустороннего, регионального и международного сотрудничества, направленного на всестороннее противодействие терроризму.

На 10-ой сессии АРФ в Пномпене в 2003 г. была одобрена Декларация по финансовым мерам противодействия терроризму, подготовленная в Брунее. В ней говорится, что участники АРФ быстро и решительно внедрят меры по борьбе с финансированием терроризма, которые ООН определила как обязательные, заблокируют доступ террористам к финансовым системам, будут сотрудничать с другими компетентными международными организациями с целью борьбы с финансированием терроризма, и отмыванием денег.

Были также одобрены Рекомендации странам-участницам АРФ по предотвращению терроризма, предусматривавшие в частности:

- представление Председателю АРФ списка соответствующих национальных контртеррористических структур и перечень мер, принятых в ответ на угрозу терроризма на национальном, двустороннем и многостороннем уровнях, с целью определения возможных сфер будущего сотрудничества в рамках АРФ и обмена информацией и разведывательными данными, в том числе посредством электронных и других каналов связи;

- содействие в разработке механизмов противодействия терроризму на национальных и региональных уровнях, в том числе посредством сотрудничества с соответствующими региональными и международными институтами.

Особое место борьбе с терроризмом уделено и в совместной Декларации министров иностранных дел Российской Федерации и Ассоциации государств Юго-Восточной Азии. Стороны признали важность вопросов, которые могут оказывать влияние на ситуацию в сфере региональной безопасности, таких как терроризм, сепаратизм, организованная преступность в различных ее проявлениях, включая незаконный оборот наркотических средств, контрабанду психотропных веществ, незаконный оборот легкого и стрелкового оружия, преступления в сфере высоких технологий, незаконную миграцию и торговлю женщинами и детьми. Они полагают, что эффективно противостоять этим явлениям можно путем укрепления всеобъемлющего двустороннего, регионального и международного сотрудничества на всех уровнях.

Стороны решительно отвергают все акты, методы и практику международного терроризма и выражают готовность активизировать сотрудничество в противодействии этому глобальному злу, подчеркивая, что борьба с международным терроризмом должна вестись на основе принципов международного права, включая положения Устава ООН. /14

В целом следует сказать, что Россия с первых дней существования Асеановского регионального Форума активно включилась в его работу, участвует в проводимых в его рамках мероприятиях как по первой, так и по второй «дорожкам». Многие российские предложения относительно путей налаживания сотрудничества, обеспечения мира и безопасности в АТР были поддержаны другими участниками АРФ. Россия совместно с Вьетнамом являлась сопредседателем межсессионной рабочей группы по ликвидации последствий стихийных бедствий.

Заметный интерес вызвала российская инициатива, лежащая в русле работы Форума над концепцией превентивной дипломатии. Это - разработка Декларации о руководящих принципах межгосударственных отношений в АТР «Тихоокеанское согласие». Продолжается совместная с АСЕАН работа по окончательному согласованию текста Декларации, после чего предполагается вынести ее в качестве российско-асеановской политической инициативы на рассмотрение всех членов АРФ.

Важная роль России в деятельности Форума по борьбе с международным терроризмом, за безъядерный мир в регионе не подлежит сомнению и позитивно воспринимается всеми его участниками.

Заключение

1. Вплоть до середины 80-х годов развитие отношений между СССР и АСЕАН происходило в контексте конфронтационных процессов холодной войны, а в годы перестройки и после развала СССР шло лишь осторожное прощупывание возможностей установления официальных контактов.

2. Переходность состояния каждой из сторон - России и АСЕАН в начале 90-х годов предопределяла сложность как взаимной оценки друг друга, так и поисков эффективных путей взаимодействия. Тем не менее

удалось наметить такие сферы сотрудничества между АСЕАН и Россией как политическое, экономическое с упором на развитие торговли, технологическое и военно-техническое сотрудничество в свете .расширения закупок российского оружия странами АСЕАН и взаимодействие по обеспечению стабильности и безопасности в АТР.

3. Став членом Организации Азиатско-тихоокеанского сотрудничества в 1997 г. и участником асеановского регионального форума (АРФ) по вопросам безопасности 1994 г, партнером АСЕАН по диалогу 1996 г., Российская Федерация все более нуждается в развитии всесторонних отношений с АСЕАН, так как это активно влияет на упрочнение экономических и политических позиции страны в бассейне Тихого океана.

Для России приобретение партнеров в лице стран-членов Ассоциации также важно и в свете отношений с США, Японией и великим китайским соседом. Недаром Президент России В.В.Путин подчеркивает, что отношения с АСЕАН выделились в последние годы в самостоятельное направление российской внешней политики.

4. Расширение сотрудничества с АТР будет способствовать большей сбалансированности внешнеэкономических связей, преодолению крена в торговле в сторону стран Европы. Это позволит России на деле использовать уникальные преимущества евроазиатской державы, что создает предпосылки для формирования в перспективе евроазиатского экономического пространства.

5. Чтобы оптимально вписаться в АТР, России, наряду с сохранением приоритетного направления в СВА, предстоит опереться и на ЮВА. Не следует зауживать ее экономические и политические ориентиры в АТР лишь «классическим треугольником» стран - соседей - Южной Кореи, Китая и Японии, а максимально диверсифицировать связи с АСЕАН. Тем более, что роль Ассоциации в международных отношениях в АТР и мире с учетом возобновившегося экономического роста будет увеличиваться. Особого внимания заслуживает активизировавшееся военно-техническое сотрудничество с членами АСЕАН.

6. Одна из основных задач России в Восточной Азии состоит в формировании региональной системы коллективной безопасности с участием максимального числа государств, включая США, Японию, Китай, Россию, Республику Корея, КНДР и АСЕАН, которая превратилась в существенный фактор влияния на развитие всей системы международных отношений в регионе, став своего рода «ядром» международного сотрудничества на самой широкой базе в сфере безопасности в рамках созданного ею Асеановского регионального

форума – АРФ.

7. РФ и АСЕАН успешно взаимодействуют в рамках АРФ. По ряду проблем (меры доверия, превентивная дипломатия и др.) у России и АСЕАН достигнута высокая степень взаимопонимания. Не случайно именно российско-асеановский совместный проект «Тихоокеанское согласие» лег в основу обсуждения в рамках форума вопросов «кооперативной безопасности».

Активное участие России в Региональном форуме АСЕАН по вопросам безопасности, содействует укреплению его в качестве одной из важнейших опор новой системы безопасности в АТР.

Примечания

1. Международная жизнь. № 6, 2001, С. 59
2. Материалы XXV съезда КПСС. – М., 1976. С.6.
3. История международных отношений и внешней политики СССР, том третий, 1970-1978 годы, редактор тома профессор Г.В.Фокеев, с. 290.
4. Проблемы Дальнего Востока. 1989, № 1 с. 6.
5. Правда. 22.07.1991
6. Малетин Н.П. АСЕАН: три десятилетия внешней политики. - М.,1999. с. 173
7. ИТАР-ТАСС 07.03.1996, С. 16-17.
8. Независимая газета. 23.02.1999.
9. Дипломатический вестник № 8, 1999. С.18.
10. Брежнев Л.И. Ленинским курсом . Т.4. – М., 1974. С.382.
11. Перестройка неотложна, она касается всех и во всем. Сб. материалов о поездке М.С.Горбачев на Дальний Восток 25-31 июля 1986, с.30.
12. ИТАР-ТАСС 27.07.1997
13. Дипломатический вестник № 12, 2000. В.В.Путин. Россия: новые восточные перспективы.
14. См. Текст Декларации. // Дипломатический вестник № 7, 2003.

서미애

　　서경대학교 노어노문학과 졸업
　　백러시아 국립대학교 국제관계학 석사
　　모스크바 국립 국제관계대학교 국제관계학 박사
　　(주)태진기술 러시아사업 팀장
　　서경대학교 유럽어학부 강사
　　한남대학교 경영학부 강사

러시아의 동아시아 외교전략

저　자 / 서미애
발행인 / 조유현
발행처 / 늘봄
편　집 / 박현숙

등록번호 / 제1-2070 1996년 8월8일
주　소 / 서울시 종로구 충신동 189-11
전　화 / (02)743-7784
팩　스 / (02)743-7078

초판발행 / 2004년 10월 25일

ISBN 89-88151-43-7 93340